高职高专系列教材

中国历史文化概论

主　编　程杰晟

副主编　高朝阳

参　编　张耀卫　张　珂　张笃川

机 械 工 业 出 版 社

本书是编者在长期从事中国历史文化教学与研究的基础上，结合实际经验和教学的需要精心编写的，主要内容包括中国历史文化的基本理论、中国传统文化的基础、中国古代哲学与宗教文化、中国古代礼仪与制度文化、中国传统物质与民俗文化以及中国传统艺术与工艺美术文化。全书内容兼容并包，知识深入浅出，既有一定的理论高度，又有极强的实用性和阅读性，可供普通高校、高等职业院校及成人教育学院的学生和教师在教学和研究中使用，也可供中国历史文化爱好者和普通读者阅读。

　　为方便教学，本书配备电子课件等教学资源。凡选用本书作为教材的教师均可登录机械工业出版社教育服务网 www.cmpedu.com 免费下载。如有问题请致电010-88379375 联系营销人员。

图书在版编目（CIP）数据

中国历史文化概论/程杰晟主编. —北京：机械工业出版社，2010.8（2022.7 重印）
高职高专系列教材
ISBN 978-7-111-31525-4

Ⅰ．①中…　Ⅱ．①程…　Ⅲ．①文化史—中国—高等学校：技术学校—教材
Ⅳ．①K203

中国版本图书馆 CIP 数据核字（2010）第 154005 号

机械工业出版社（北京市百万庄大街 22 号　邮政编码 100037）
策划编辑：徐春涛　　　　　　　责任编辑：徐春涛　安虹萱
封面设计：鞠　杨　　　　　　　责任印制：邹　敏
北京中科印刷有限公司印刷
2022 年 7 月第 1 版第 11 次印刷
184mm×260mm・14 印张・342 千字
标准书号：ISBN 978-7-111-31525-4
定价：39.00 元

电话服务　　　　　　　　　　　网络服务
客服电话：010-88361066　　　　机 工 官 网：www.cmpbook.com
　　　　　010-88379833　　　　机 工 官 博：weibo.com/cmp1952
　　　　　010-68326294　　　　金 书 　 网：www.golden-book.com
封底无防伪标均为盗版　　　　　机工教育服务网：www.cmpedu.com

前　　言

"人心惟危，道心惟微；惟精惟一，允执厥中。"

——《古文尚书·大禹谟》

中国历史文化博大精深、源远流长，这不仅是中华民族生生不息的基础，也是推动现代化建设不竭的精神动力。掌握中国历史文化的基本知识，是普通高等院校学生提高综合素质的一个重要途径，也是从总体上提高我国国民素质的要求。

本书的编写和出版是在高等旅游职业教育快速发展的形势下进行的，而我国高等旅游职业教育是在改革开放以后随着旅游业的发展而产生的，具有起步晚、发展快的特点。正因如此，高等旅游职业教育在课程建设和教材开发方面还有提高的空间。"中国历史文化"是旅游职业教育各专业的一门重要的基础课，根据专业特点和学生未来职业发展的需要，对中国历史文化课程的学习既要有一定的广度，又要有一定的深度。本书正是根据这种需求，并结合多年的实际教学经验，同时依据《关于全面提高高等职业教育教学质量的若干意见》（教高【2006】16 号文）的精神编写而成，内容兼容并包，知识深入浅出，既有一定的理论高度，又有极强的实用性和阅读性。

本书由郑州旅游职业学院程杰晟担任主编并编写第一章、第二章、第三章和第四章；由高朝阳担任副主编并编写绪论部分；由张耀卫编写第五章、第六章、第七章和第八章；由张珂编写第九章、第十章、第十一章和第十二章；由张笃川编写第十三章和第十四章。

在编写的过程中，本书参考了国内外许多同行的研究成果，同时得到了一些单位和同志的大力支持与帮助，在此一并表示衷心的感谢。

由于编者水平有限，加之时间仓促，缺点和错误在所难免，恳请有关专家、同行和广大的热心读者批评指正。

编　者

目　　录

第四篇　中国传统艺术与工艺美术文化

绪 论

如何看待中国历史文化，是近代至当前乃至今后较长一个时期内颇有影响的问题；正确看待中国历史文化，须建立在基本了解和认真研究的基础上。

第一节　中国历史文化的发展进程

一、中国历史文化的滥觞与肇造——史前时代到商周

1．石器时代

旧石器时代是原始文化的奠基期。我国历史文化发轫于史前旧石器时代，历经中石器时代和新石器时代，母系社会和传说的三皇五帝时期到夏朝建立之前这段时期，对于我国历史文化具有极其重要的奠基意义。

我国境内旧石器时代的人类化石和文化遗物分布广泛，材料极为丰富，至今已在全国26个省、市、自治区内发现了三四百处旧石器时代遗址。所有这些，对于中国历史文化产生、形成和发展完善于本土都起到了强有力的支撑作用。如旧石器时代早期的元谋猿人、蓝田猿人、北京猿人以及近些年来发现的巫山猿人遗址都证明了中国是人类发源地之一，更是历史文化的缔造地之一；旧石器时代中期大荔人（陕西大荔）、马坝人（广东马坝）、丁村人（山西丁村）、长阳人（湖北长阳）、许家窑人（山西阳高）等遗址表明我国先民们已经掌握了人工取火等与自然力作斗争的基本技能；旧石器时代晚期的山顶洞人、河套人遗址以及柳江人（广西柳江通天岩，是蒙古人种南方类型的代表）、麒麟山人（广西来宾）、峙峪人（山西朔县）、左镇人（中国台湾迄今发现最早的晚期智人遗址）、建平人（辽宁建平）、资阳人（四川资阳）、榆树人（吉林榆树）、下草湾人（江苏泗洪）、小南海人（河南安阳）等遗址表明当时我国境内大部分地区都有了人类活动，因而也就有了在不同地域进行文化创造的可能。

距今一万年左右，我国境内先民进入了新石器时代。新石器时代是我国原始文化繁荣的时期。磨制石器和石器钻孔技术的普遍运用是新石器时代的主要标志，而陶器的大量使用，则是新石器时代文化的主要内容，以至"鼎鬲文化"被称做中国特有的文化。我国境

内已经发现的该时期文化遗址达六七千处之多。河北徐水县南庄头遗址发现的陶器碎片经鉴定为一万年前左右的遗物，表明当时的生产力水平有了极大提高，母系氏族公社逐渐走向繁荣。值得注意的是，北京西南周口店的山顶洞人遗址，7 000年前辽河流域的查海文化、兴隆洼文化，山东泰沂地区的后李文化，关中地区的大地湾和老官台文化，中原地区的裴李岗和磁山文化，长江下游的浦江上山文化、河姆渡文化（两者俱在浙江省境内），长江中游的彭头山文化、城背溪文化和石皂文化等发现突破了黄河流域一元中心论的传统认识。尤其是在山顶洞人遗址发现的迄今为止最早的缝纫工具——骨针，表明服饰文化的肇始，遗骨周边的赤铁矿粉表明葬仪和灵魂不死理念甚至宗教的萌生。河南新郑1973年发现的裴李岗文化是中原地区迄今发现最早的新石器时代早期文化遗址，其石制磨盘、磨棒表明粮食的精加工技术的出现；新密的原始陶塑、舞阳贾湖七孔骨笛的出土表明艺术创造力的提升；一些陶器上面的刻画符号甚至具有文字的意味。河姆渡遗址与仰韶文化系统的半坡文化（陕西西安）是我国母系氏族文化繁荣的标志。住房建筑出现了南北的差异，原始的耜耕农业取得了相当的成就，为我国历史文化的起步提供了必备的物质条件。从旧石器时代晚期到新石器时代都是母系氏族时代，中华民族的汉民族所拥有的姓氏起源于母系氏族时代（即旧石器时代中晚期）已为人们所公认。

　　距今五千年左右，是我国原始文化发展到极盛的时代。中原地区的龙山文化、辽河流域的红山文化、江南地区的良渚文化是其最突出的标志。龙山文化于1928年首先发现于山东省章丘县龙山镇城子崖遗址，其分布范围很广：东到黄海之滨，西到陕西省的渭河中游，北含辽东半岛渤海湾沿岸，南达鄂、皖、苏三省的北部。这一范围基本与商朝控制范围一致，说明龙山文化同夏、商奴隶制国家的出现有着密切的关系。考古材料证明，龙山文化的建筑技术有了显著进步，农业成为主导型的生产部门，人们还掌握了凿井技术，骨和玉石成为装饰品的原材料，并且有了贫富分化和阶级差别，黑陶在龙山文化中最具代表性。红山文化是我国北方地区的新石器时代文化，距今约五六千年，延续时间达两千年之久，1933年前后发现于内蒙古自治区赤峰市郊的红山后遗址。它以西拉木伦河、老哈河流域为中心，分布面积达20万平方公里，主要分布在内蒙古和辽宁、河北、吉林三省的交界地带。它是中原文化和北方草原文化互相碰撞而产生的，内涵十分丰富。其手工业达到了很高的境界，形成了极具地方特色的陶器装饰艺术和高度发展的制玉工艺。红山文化的玉器可分为工具和兵器类、动物雕塑类、"饰品"类。其中的玉猪龙，鼻子前伸，嘴紧闭，双眼突起，眼尾细长上翘，头上刻着方格网状纹，脊背有长鬃，但无足、爪、角、鳞、鳍，代表了早期中国龙的形象，是迄今为止我国最早的龙形玉器，有"中华第一玉雕龙"之称。良渚文化是我国长江下游太湖流域重要的古文化，1936年首先发现于余杭市良渚镇，距今约四五千年。良渚文化遗址主要分布在东到上海，南至钱塘江，西以茅山、天目山为界，北达宁镇地区边缘的长江以南，围绕太湖大致呈三角状，其影响达浙东、浙西南、皖南、华南、山东、苏北等地。分布于余杭境内的"良渚遗址群"，是良渚文化的中心。玉器是良渚文化的精髓。良渚文化的玉器，达到了中国史前文化之高峰，其数量之多、品种之丰富、技艺之精湛，均为同时代其他部族望尘莫及。其制陶工艺也很进步，以黑陶为主。一些陶器、玉器上还发现了许多单个或成组具有表意功能的刻画符号，有学者称之为"原始文字"。一般认为，良渚文化时期原始氏族制度瓦解，中期以后可能已处于中国古文明的始创阶段，其礼制已经开始萌芽，为中国后来礼制大发展打下了基础。

2．夏商西周

夏商西周是中国历史文化摆脱原始文化的初期，也是中国历史文化走向成熟的重要阶段，中国文化的特殊面貌开始形成；也有学者将夏商西周称为中华文明的古典时代。

夏商西周的物质生活逐渐丰富，人们通过自己的努力掌握了越来越多的自然和科学知识，从自然界获取生存资料的能力进一步增强，在文化上取得了很大进展，这一时代遗留下来的历史文化成果有辉煌灿烂的青铜器、历法和成熟的文字—— 甲骨文等。河南偃师二里头文化的考古发现，夏代虽仍大量使用骨器、石器，但已经有了青铜器。到商周，青铜器才实现全面兴盛。除此之外，先民们根据长期对自然、物候的观察，制定了我国迄今最早的历法——《夏小正》，即以定朔法制定的"夏历"，也称农历、旧历、阴历，实为阴阳历（有阴历的成分，即平均历月等于一个朔望月；又有阳历的成分，即设置闰月以使平均历年为一个回归年，并设置二十四节气以反映季节即太阳直射点的周年运动的变化特征）。至今，全球华人及朝鲜半岛和越南等国家，仍使用夏历来推算传统节日，如春节、中秋节、端午节等，其影响之深远充分反映了我国历史文化以农业为基础的特性。另据相关文献记载，夏商时期，国家制度和机器日趋健全，当时建立的国家机构有许多都担负着文化管理的职能。商代由掌理卜筮和记事的"贞人"书写与保存的典册，便是中国最早的一批文献—— 甲骨文。商人尊神重巫，率民以事神，青铜器的纹饰以狞厉恐怖为特征，体现了强烈的神本文化的特色，这是人类思维水平尚处于蒙昧阶段的产物。神本文化向人本的过渡契机是商周之际的社会大变动。周人以武力推翻殷商、平定叛乱后，就开始了制度和文化上的双重创新。制度上，其建立了兼具政治权力统治和血亲道德制约双重功能的宗法制，影响深入中国社会机体；文化上，周人确立了把上下尊卑等级关系固定下来的礼制和与之相配合的情感艺术系统，即"制礼作乐"。周代的礼制是周代制度文化、行为文化和观念文化的集中体现，它既是典章制度的总汇，又是政治生活、经济生活、社会生活和家庭生活的各种行为规范的准则。西周的分封制、宗法制、学校制度也对后世产生了深刻影响。在思想方面，周公发展了敬天保民、明德慎刑的主张，开创了中国传统文化中民本思想的先河，这也是西周统治思想的理论化。由此，中国历史文化从神本走向人本，从而为后来春秋战国时代中国历史文化的大转型准备了条件。

二、中国历史文化的整合和新面貌—— 春秋战国到秦汉

1．春秋战国

公元前 770 年，周平王东迁洛邑，开始了东周时代。习惯上，东周分为春秋和战国两个阶段。春秋战国到秦汉，是我国历史发展的重要时期。铁器的广泛使用和牛耕的推广促使生产力发生了巨大的跃进：私田大量开垦，中国的农耕由粗耕进入了犁锄时代，从而造成生产关系的大变化。按照有关学者的主张，春秋战国时期，中国的奴隶制走向全面衰落，社会制度呈现"礼崩乐坏"的态势，各个诸侯国为争霸称雄纷纷进行了变法改革运动，奴隶制逐渐被封建制所替代。"士"阶层崛起，他们各自站在不同的立场上对社会现象发表意见、提出主张，从而出现"百家争鸣"的局面。因此，春秋战国是奴隶社会向封建社会的过渡时期，是国家的嬗变与精神文化的探讨时期，也是思想文化发展的黄金时期。这一时期各家学派的思想成就对当时甚至后世都产生了极其深刻的影响，因此也有学者将春秋战

国时期称为中国文化的"轴心时代"。这一时期的历史文化名人辈出，其中孔子、孟子、老子、庄子、管仲、邓析、墨子、孙子、屈原等人早已为大众耳熟能详。

2．秦和两汉

公元前 221 年，灭掉了其他诸侯国的秦国建立了秦王朝，随后开始了一系列加强中央集权的有力措施，甚至在文化上也采取了集权主义。所谓"车同轨"、"书同文"、"行同伦"以及统一货币、度量衡，修建万里长城，开挖灵渠，修建驰道等巩固统治的措施，不仅加强了国家的统一和内部的经济交流，对于文化也产生了相当重要的影响。虽然秉承法家血脉的秦朝采用严刑峻法导致了自身的早亡，"焚书坑儒"的残暴行为历来受人诟病，但其在中国历史和文化史上的地位却是不容置疑的。可以说，秦朝不仅促进了大一统思想的深入人心，对于国内各具特色的地域文化交流融通和中国历史文化的全新面世也起到了极大的作用。秦始皇作为千古一帝对于中国历史文化的贡献是不可磨灭的。

两汉在中国历史上是中华民族形成的重要时期、国家发展的重要阶段，其文化产品也众彩纷呈。在思想上，从"与民休息"的黄老之学到"罢黜百家，独尊儒术"的治国思想的转变为中国历史文化的发展确定了走向，那就是以儒家为核心、博采众家之长，从而实现自身的发展和进步。汉代对文化经典进行了初步整理，儒家五经的出现就是一例。这一时期的史学、文学辉煌灿烂：有《史记》、《汉书》、《后汉书》等巨著问世，有以司马迁为代表的伟大史学家，有乐府诗等新的文学体裁出现。另外，佛教向中国的传入也是中国文化发展史上的一件大事，它不仅丰富了中国人的精神世界（增加了彼岸理论），还刺激了中国本土宗教——道教的初步形成。

由此，作为"轴心时代"之后的历史时期，秦汉两代是中国历史文化展现出不同以往面貌的重要阶段，新生地主阶级的积极开拓、锐意进取、大气磅礴成为这一阶段中国历史文化的重要表征。

三、中国历史文化的融汇与完善——三国、两晋、南北朝

1．社会和历史背景

东汉末年，政治昏暗，群雄并起，军阀割据混战，周边少数民族不断内迁，阶级矛盾、民族矛盾都处于不断激化的状态。于是，中国进入了长达数百年的分裂和动荡时期，其间只出现了西晋的短期统一。然而，这一时期的文化却出现了前所未有的新局面：不同门类、不同地域、不同民族的文化，不同派别的学术，针锋相对的世界观、价值观和人生哲学以及不同的治国理念产生了激烈的碰撞与摩擦，即文化的冲突，然而就是这样的冲突使得中国历史文化在吸纳了不同的文化因素后日趋完善，并逐渐发展为博大精深的文化类型。

2．文化聚合与演变

首先，东汉以来的社会现实使人们对儒学的信心有所动摇，道家的思想受到一些人的重视，于是有学者提出"援道入儒"，试图以道家的"玄"、"虚"、"无"等概念来充实儒家的理论体系，从而在社会上出现了一股"玄学"思潮，儒家和道家开始相互接近。社会中有些人行为出格、标榜个性、逃避现实，完全背离了儒家"入世"、"有为"的人生理想，如"竹林七贤"和消极避世只求舒适、恬淡的田园生活的陶渊明的出现，就是这一时期的典型历史文化现象。

其次，佛教的传入使得中国思想文化领域出现了激烈的争锋，尤其是王充、范缜的朴素唯物主义思想对佛教的有神论和唯心主义哲学体系发难，使思想界为之一新，但这也暴露了儒学本身的不完整性和不系统性。另一方面，道教在吸收了道家思想精华的基础上，借鉴了佛教的理论系统和仪轨形式，兼容神仙思想、阴阳五行理论，从而经由太平道、五斗米道的雏形阶段一步步建立了自己的传播路径和信徒市场。于是，开始了三教并行，三教相互影响、相互补充的历史时期，乃至于"南朝人士偏于谈理，故常见三教调和之说"，奠定了三教合一的初步基础。

再次，由汉末开始的少数民族大规模内迁，加速了中原地区的民族融合，也促进了不同民族文化的冲突和磨合，对于中国历史文化包容性和多样性的形成起到了关键作用。中国历史文化中农耕与游牧两种不同经济基础的文化类型开始了由相互敌视转向相互依赖、相互融通的新局面。尚文尚武的不同偏好后来最终汇聚为文武并重的历史文化传统。

三国两晋南北朝时期的社会动乱引发了中原居民的迁徙浪潮，中原文化向江南传播，并促进了江南地区的经济开发与文化进步，还形成了今天我国汉族一个独特群体——客家人的第一个来源。这种不同区域的文化相互融通，对于中国历史文化的发展也是大有裨益的。

这一时期，原有的正统理念受到冲击，任何人只要有实力、受到民众拥护就可以建立自己的政权；并非只有皇室贵胄才可以称王称帝，少数民族也能建立王朝或帝国，这对于"中华"、"中国"的名号成为中华各民族共同拥有的宝贵财富具有重大的意义。北方的少数民族进入中原后，以鲜卑人为代表，逐渐接受了汉族文化，最终融合到汉族当中，也是我国民族发展史上的大事。

与此同时，不同的政权采用了不同的治国模式和思想，如少数民族的"以猛治国"、"以教治国"和汉民族的"以儒治国"、"以法治国"并存，从而为后世提供了治国的宝贵思想和实践经验，在我国历史文化宝库中闪耀着不灭的光辉。

另外，文学、史学领域都有光辉璀璨的巨著问世。文学方面，以曹氏父子为代表的建安文学，陶渊明、谢灵运的田园诗，乐府民歌，文学评论著作《文心雕龙》等都很杰出；史学方面有陈寿的《三国志》、范晔的《后汉书》、沈约的《宋书》、魏收的《魏书》和萧子显的《南齐书》等，这些史书后来均收入"二十四史"。除此之外，南齐人臧荣绪的《晋书》是唐代修撰《晋书》的蓝本；东晋常璩的《华阳国志》、法显的《佛国记》，梁释慧皎的《高僧传》以及北魏郦道元的《水经注》都很有名。艺术方面，石窟艺术是南北朝时期雕塑艺术的代表，其中最著名的有敦煌莫高窟、大同云冈石窟和洛阳龙门石窟。敦煌千佛洞始建于前秦建元二年（366 年），其内有大量的壁画和彩塑，被誉为世界艺术宝库。龙门石窟位于今河南洛阳南伊水西岸，始凿于北魏宣武帝景明元年（500 年），现存 1 352 窟，佛造像9.7 万余尊。绘画与书法在魏晋南朝时期也有发展：著名画家有东晋时期的顾恺之、刘宋的陆探微和萧梁的张僧繇；著名的书法家则有东晋王羲之父子。王羲之是这一时期最为著名的书法家，官至右军将军，故人称王右军。其著名作品有《兰亭序》和《道德经》等。魏晋时期最著名的数学家是刘徽，撰有《九章算术》和《重差》（即《海岛算经》）等。南朝刘宋的祖冲之则把圆周率 π 值精确到了 3.141 592 6 和 3.141 592 7 之间，是当时最精确的数值。北魏著名的农学家贾思勰所撰《齐民要术》是当时最为著名的一部农书，也是今天研究古代农业经济的重要参考资料。此时期名医辈出，王叔和的《脉经》是我国第一部脉学著作，奠定了脉学的理论基础。皇甫谧长于针灸，其著作《针灸甲乙经》是我国第一部针灸学专著。东晋葛洪著有《肘后卒救方》，记录了当时许多有用的药物和药方。

总之，三国两晋南北朝作为中国历史上的特殊时期，国家遭遇了分裂、人民遭受了苦难；但中国历史文化在遇到前所未有的危机的时候，顽强地生存下来，而且走向了新的辉煌，显露出其超强的生命力和自我完善的能力。

四、中国历史文化的繁盛——隋唐

1．社会和历史背景

在经历了长期战乱和分裂后，隋唐重新走向统一。隋唐两朝政治相对清明，专制集权更趋完善，三省六部制的中央集权格局定型并为历代王朝所效仿，尤其是科举取士的实行，使士族门阀遭受沉重打击，普通地主走向政治舞台，成为主导；传统的封建小农经济得到长足的发展，商业繁荣，国力强盛；水陆交通发达，民族关系密切，中外交流频繁。这一时期的经济文化和社会获得了全面进步。隋唐两代是中国历史文化的繁盛时期。

2．历史文化繁荣的表现

思想上，六朝之后儒学再次复兴，儒、道、佛三家并行并日显综合之势。佛教的中国化进程加速，佛教宗派竞相出现，尤其禅宗是佛教中国化的突出成果。从波斯来的火祆教、摩尼教、景教和从大食来的伊斯兰教也在国内流传。尽管它们彼此之间有着争斗，但争斗已不再是主流。

文学方面，古文运动将唐代散文推向高潮，唐诗繁荣，群星辉映。韩愈、柳宗元是著名的散文家，大小李杜是著名的诗人。他们都有大量作品流传于世，是唐代文学繁荣的主要代表。随着城市经济的发展，传奇小说也发展起来了，现存最早的当属王度的《古镜记》。唐传奇可分为四类：一是别传；二是剑侠；三是爱情；四是神怪。唐代传奇继承了南朝志怪的传统，标志着中国古典小说的形成。

这一时期的艺术也有不同前代的特点。隋炀帝时设立了燕乐、清乐、西凉、龟兹、天竺、康国、疏勒、安国、高丽九部乐，最著名的音乐家是万宝常，著有《乐谱》；唐太宗时设十部乐，唐玄宗时更有皇帝梨园子弟，开中国戏曲先河。唐代舞蹈分健舞和软舞，盛唐流行霓裳羽衣舞，传说杨贵妃就是著名的舞者。隋唐雕塑多以宗教为题材，整洁而庄严富丽，著名的昭陵六骏、四川乐山大佛、龙门卢舍那佛是出色的代表作品。尤其龙门卢舍那佛表现出很强的中国特色，是佛教艺术中国本土化的明证。隋朝画家展子虔的《游春图》是国内现存的最早的古名画。展子虔掌握了绘画的空间技法，可创造出咫尺之中备千里之趣的意境。唐初名画家有阎立德、阎立本兄弟，其后有吴道子、王维、李思训、张暄、周仿、韩干、韩滉等。其中以吴道子最为著名，有"画圣"之称。这一时期，书法名家辈出，众体皆备，是我国书法史上继往开来的重要阶段。初唐的虞世南、欧阳询、褚遂良和薛稷四人称为"初唐四家"，继承了王羲之和王献之的书法风格，极大地提高了唐代的书法艺术水平。虞世南以字体匀圆柔秀著称；欧阳询以笔力劲险强健闻名，代表作有《九成宫醴泉铭》，称为"楷书第一"；褚遂良则工于隶书；薛稷师承褚遂良。唐后期的颜真卿和柳公权等人都创立了各具风格的书体：颜真卿笔法遒劲，浑厚方正，人称颜体，代表作为《多宝塔碑》；柳公权的书法博采众长，人称柳体，代表作为《李成碑》。他们代表了唐代书法的最高水平，具有很高的艺术价值。孙过庭的《书谱》是中国历史上对书法研究影响最大的专门著作，该书对书法的渊源流派和知名的书法家进行了简要精辟的评论，很是难得，表明我国书法艺术已经走向了理论化阶段。

唐代史学成果丰硕。唐太宗时别置史馆于禁中，由宰相监修，从而确立了官修史书制度，对后代的修史制度产生了重大影响。刘知几的《史通》和杜佑编纂的《通典》两部史学著作的产生奠定了唐代史学在我国史学史上的地位。《史通》是我国第一部系统的史学评论专著，指出史学家必须具备才、学、识三长，对后世史学的发展起到了极大的推动作用。《通典》是我国第一部记载典章制度的通史著作，对上起传说时代的黄帝到唐代宗时期的每一典章制度都追根溯源，有重要的史料价值。唐代张说、李林甫修订的《唐六典》，记载职官编制与执掌、沿革，为唐代官制专书。苏冕撰《唐会要》记述了唐代文物典章制度的因革损益，为断代典制史研究的开山之作。另外，纪传体史书大量出现，唐时修成的有《晋书》、《梁书》、《陈书》、《北齐书》、《周书》、《隋书》、《南史》、《北史》八部，称"唐八史"。

隋唐时期的科技也很有成就。隋代天文学家刘焯制定了《皇极历》，最早提出了等间距二次内插法，测定岁差为每76.1年差1度。唐代天文学家张遂，法号一行，在世界上首次实测子午线的长度，并编制了《大衍历》，根据日影实测来确定历法，他甚至还发现了恒星位置移动的现象。唐代的李淳风设计了"浑天仪"，还著有《十部算经》；王孝通著有《辑古算经》，提出了三次方程式的正根解法。隋代名医巢元方著有《诸病源候总论》，系统论述了疾病分类与鉴别诊断方法，是我国历史上第一部病因病理学著作。唐代名医孙思邈著有《千金方》和《千金翼方》，总结了前代医学成果，他被后人尊称为"药王"。苏敬编订的《唐新本草》，收录了药物800余种，是世界上第一部由国家颁布的药典，比欧洲最早的《佛罗伦萨药典》早了800年。隋代李春设计建造的赵州桥，是世界上最早的一座空撞券桥，位于河北赵县。

五、中国历史文化的继续发展——五代、宋、元

五代、宋、元时期，中国历史文化处于继续发展中，文化表现极为丰富。不论是宗教、哲学还是史学、文学、艺术，都比前代有了更加深入的发展，尤其是科技成就引人注目。

1．宗教

宋元时期，宗教领域众彩斑斓。宋真宗和宋徽宗时，道教的地位超过了佛教，宋徽宗甚至将《万寿道藏》全部刊印，这是中国第一部国家刊印的道藏。宋代道教分为以陈抟、张伯端为代表的内丹派和以符水治病而著名、以龙虎山的天师道为代表的符箓派两大派系。此外，基督教、伊斯兰教、摩尼教、婆罗门教以及犹太教也得到一定的传播。

2．哲学

宋元哲学主要是后人以"存天理，灭人欲"为口号的理学。理学（实际上是综合各派儒学，吸取佛道精神而出现的哲学化的儒学，又称为宋学；因其围绕"理"的范畴而讨论，故名；又称"道学"）在宋代形成，南宋时期逐渐兴盛，元代成为官学。主要代表人物有北宋的周敦颐、张载、程颢和程颐（他们被称为"理学的先驱者"），南宋的朱熹、陆九渊。两宋理学的集大成者是南宋的朱熹。元代理学则以许衡、刘因及吴澄三大理学家为代表人物。反对理学的元代思想家邓牧的异端思想也颇有影响。他在《伯牙琴》一书中，猛烈抨

击暴君酷吏，指出皇帝是最大的掠夺者和剥削者，他幻想建立理想的国家——皇帝官吏都是民选产生，无盗贼、无战争，人人劳动、自食其力，人与人的关系融洽友善，都有君子之风。但他寄希望于玉皇上帝的主宰，陷于逃世的幻觉之中，局限性也很明显。

3．史学

宋元史学成就卓然：新的史学体裁——纪事本末体和纲目体出现，开辟了新的史学领域，如金石学；设立了专门的机构和史官来编纂本朝实录、国史、会要等当代史著；地方志书和各种类书出现。

这一时期的史学名著有北宋司马光的《资治通鉴》、欧阳修的《新唐书》、南宋袁枢的《通鉴纪事本末》、朱熹的《资治通鉴纲目》、郑樵的《通志》和元代马端临的《文献通考》等。胡三省的《资治通鉴注》成为后人读《资治通鉴》必不可少的参考书。其在书中倾注了自己的民族气节和爱国热情。此外，两宋私家修史之风很盛，其中突出的成就有李焘的《续资治通鉴长编》，专门记北宋九朝史事，是由当代人记当代事的第一部史著；李心传的《建炎以来系年要录》，记高宗一朝史事；徐梦莘的《三朝北盟会编》记宋徽宗、宋钦宗和宋高宗三朝同金的和战关系等。两宋时期，志书成就颇大，其中突出的有：乐史的《太平寰宇记》、王存的《元丰九域志》、王象之的《舆地纪胜》等全国性的志书，范成大的《吴郡志》等地方性志书。孟元老的《东京梦华录》，专记北宋开封城的情况；周密的《武林旧事》、吴自牧的《梦粱录》，专记南宋杭州的状况，也有极高的史料价值。金石学主要著作有欧阳修的《集古录》、吕大临的《考古图》、王黼的《宣和博古图》、赵明诚的《金石录》、洪遵的《泉志》以及洪适的《隶释》等。除方志和金石学有所发展外，还出现了大型类书的编纂。北宋编纂的大型类书主要有《太平御览》、《太平广记》、《文苑英华》和《册府元龟》，号称"四大类书"。

元代官修的史籍有元顺帝时丞相脱脱主持修成的《宋史》、《辽史》、《金史》。其中《宋史》篇幅多达496卷，是正史中篇幅最长的一部，开创了中国史学史上各民族史学家合作修史的先例；此外还编有《大元一统志》和《经世大典》等；另有用蒙文编写的类似《实录》的《脱卜赤颜》。

科技史学方面产生了北宋著名的科学家沈括的《梦溪笔谈》，这部著作总结了我国古代，特别是北宋时期自然科学的辉煌成就，内容广泛、影响深远。

4．文学

宋元文学以宋词和元曲为突出代表。

词又称长短句，它源于民间，始于唐朝，兴于五代，而盛于两宋。五代赵崇祚的《花间集》是我国最早的一部词选集，著名的词人有被称为"花间词人"的冯延巳、李璟、李煜，他们的诗绮丽香软，对宋代影响很大。

两宋的词人很多，作品数量巨大，其中影响较大的有：北宋的晏殊（开创了西江词派，并与其子晏几道合称为二晏）、柳永、苏轼、李清照等；南宋的陆游、辛弃疾。宋词按其格调又分为以苏轼、辛弃疾为代表的豪放词派和以柳永、李清照为代表的婉约词派，各有特色。

元代文学上最突出的成就是元曲。元曲包括剧曲和散曲两种。剧曲又称杂剧，在元代盛行一时。代表剧作家有关汉卿（代表作《窦娥冤》）、白朴（代表作《梧桐雨》）、马致远

（代表作《汉宫秋》）、郑光祖（代表作《倩女离魂》），他们四人被称为"元曲四大家"。马致远又凭借其《天净沙·秋思》被称为"秋思之祖"。除这四人外，还有以《西厢记》而名闻天下的王实甫。散曲是元代的民歌，也产生了许多优秀的作家作品。流行于南方地区的南戏（又称传奇），与杂剧一起成为后来我国戏曲的重要源头。元代还产生了许多优秀的少数民族史诗，如蒙古族的《元朝秘史》、藏族的《格萨尔王传》和《米拉日巴传》等。

5. 艺术

五代时，西蜀南唐开始设立画院，北宋设立翰林图画院，产生了众多著名的画家。荆浩的山水画，采吴道子和项容之长于一体，著有《画山水诀》，总结了画山水的经验。董源的画"多写江南真山，不为奇峭之笔"。后蜀的黄筌和南唐的徐熙以花鸟画最为著名，有"黄家富贵，徐熙野逸"之说。宋徽宗也是一流画家，他的《柳鸦芦雁图》和《芙蓉锦鸡图》最具代表性。南唐画院中的周文矩和顾闳中都是以善画人物而著称，顾闳中有《韩熙载夜宴图》，周文矩有《重屏会棋图》。北宋张择端的《清明上河图》，是宋代风俗画的杰出代表，史料价值也很高。元代赵孟頫、黄公望、王蒙、吴镇等画家对后来的明清山水画有很大的影响。

宋代书法虽发展缓慢，却在中国书法史上占有重要地位，且有苏轼、黄庭坚、米芾、蔡襄被称为"宋四家"。宋徽宗还创立了别具一格的书法体——瘦金体。元代书法达到一个新的高峰，赵孟頫是元代书画世匠，书法称雄一世，被尊为中国古代书法典范"颜、柳、欧、赵"四体之一。

6. 科技

宋元时期的科技很有特色。宋代科技的代表性集中体现为印刷术、指南针和火药三大发明的完成和发展。宋代是雕版印刷的黄金时期，北宋庆历年间平民毕昇又发明了活字印刷术，这是一个划时代的技术创新，对世界文化的发展进步作出了巨大贡献。北宋时期，人们已经掌握了人工磁化的技术，指南针被广泛应用，沈括在《梦溪笔谈》中有地磁偏角的最早记载；在航船上安装指南针，对于世界航海事业的发展具有至关重要的推动作用。北宋曾公亮《武经总要》一书载有"火炮火药法"，记载了不同火药的配方，是世界上最早的火药配方和工艺程序记载；南宋末年的"突火枪"是世界上最早的原始步枪，此时发明的火铳，应该说是火炮的前身。北宋末年的将作监李诫以喻皓的《木经》为蓝本，编成的建筑史上的巨著《营造法式》，是我国最早的一部建筑学理论著作，使我国的建筑技艺走向了理论化阶段，对于周边国家如日本、朝鲜都有很大影响。

宋代重视医药事业。官方设立翰林医官院、太医局和"医学"，开展医学教育，还开设了国家药局。宋代医药的分科比过去更加完备：妇产科专著有北宋杨子健的《十产论》和南宋陈自明的《妇人大全良方》；儿科著作以北宋钱乙的《小儿药症直诀》为代表；法医学著作有南宋宋慈的《洗冤集录》，该著作系统地记述了尸检的各种方法，是世界上最早的一部司法检验专著，被译成了多种文字；针灸学方面，太医王唯一总结前代经验，用铜铸成了人体模型两具，刻画经穴、标注名称，作为针灸教学之用，并著有《新铸铜人俞穴针灸图经》。

该时期还有有"金元四大家"之称的金代名医刘完素（主张用寒凉药物攻热，后来被称为"寒凉派"）、张从正（主张用祛邪攻积，善于用汗、吐、下三法治病，被称为"攻下派")、李杲(治病主张以补脾胃为主,被称为"补土派")和元代名医朱震亨(认为人阳常有余而阴常不足,治病以滋阴降火为主,被称为"补阴派")。元代还有危亦林的《世医得效方》,其中关于麻醉药物的使用记录,是现今世界上已知的最早的全身麻醉记载;忽思慧的《钦膳正要》是一部讲究营养与食疗的专著,书中记载的阿拉吉酒,是见于我国史籍中最早的蒸馏酒。

天文学仍在发展。宋代天文学家苏颂和韩公廉合作制成了世界上第一座结构复杂、自动运转的"天文钟"——水运仪象台。元代天文学有较大发展,著名的天文学家郭守敬主持编修了先进的《授时历》,以 365.242 5 天为一年,和地球绕太阳一周的回归年的实际周期只相差 26 秒,与现今世界通行的阳历即格里高利历精度相当,但比其早了 300 多年,在我国一共行用了 364 年,是我国推算最精确和使用最久的历法。他还创制和改进了简仪、仰仪、高表、候极仪以及景符等多种天文仪器仪表。

元代有三大数学家——李冶(著有《测圆海镜》和《益古演段》)、朱世杰(著有《算学启蒙》和《四元玉鉴》,提出多元高次方程组的解法,对高阶等差级数和招差术有深入研究,是当时世界上具有首创性的最高成就)和秦九韶(著有《数书九章》,创造了"大衍求一术")。当时还产生了珠算,其对社会经济、文化的发展产生了积极的意义,算盘成为世界上最早的计算器。

元代的地理学也很有成就。都实曾受命考察了黄河源头,潘昂霄根据都实的调查写出的《河源志》,是现存最早的河源勘察报告,纠正了人们过去对黄河源的错误认识。朱思本绘制的《舆地图》是元代地理的一大重要成就,周达观的《真腊风土记》和汪大渊的《岛夷志略》也是重要的地理学著作,表现了元代人对域外地理状况的关注。

农学领域,王祯的《农书》是元代重要的农学著作,该书展现了中国古代农业发展的全貌,记述了各种农作物栽培的方法及农具、水利机械、手工业工具等内容。由鲁明善编辑、元朝政府颁布的《农桑辑要》,是有关中国古代农业生产经验总结的普及读物。该书的颁行对农业知识的传播起到了积极的作用。

五代至宋元,不同的历史发展阶段有不同的文化风貌。五代还具有隋唐的遗风流韵,大气犹在。北宋文化则是日臻精雅巧致,不论是宋词遣词造句上的字斟句酌、刻画人物内心手法上的追求完美,还是陶瓷在工艺上的精益求精,抑或绘画方面的一丝不苟,丝绸刺绣的巧夺天工,都显露出这样的倾向。元代文化创新虽然不多,却表现了游牧民族骁勇彪悍、积极进取的磅礴气势,然而其在政策上的民族隔离对后来中国历史文化的自我封闭也带有一定的导向意义。由此也可以说,五代至宋元是中国历史文化的承前启后阶段,中国历史上各种文化风貌均有展示并日渐深化。

六、中国历史文化的内部整理——明清(1840 年以前)

明朝至清朝前期是中国历史文化的内部整理时期,在文化领域出现了中国古代文化的总结现象。

1. 大型图书的编纂

永乐年间,明成祖敕令解缙率文士 2 100 余人修纂,历时 5 年编成我国古代最大的一部百科全书——《永乐大典》。全书 22 937 卷,11 095 册,辑入经、史、子、集各类图书七八千种，按韵目编排，保存了许多古代的佚文秘典。现存《旧唐书》、《旧五代史》等均系清人从《永乐大典》中辑出。

康熙、雍正时，由陈梦雷、蒋廷锡主持编纂了一部大型类书——《古今图书集成》。此书分为历象、方舆、明伦、博物、理学、经济6编，每编分为若干门类32典，6 109部，共10 000卷，1.6亿字，保存了大量的资料。它是仅次于《永乐大典》的一部大类书，也是现存最大的类书。

乾隆时，纪昀等著名学者160余人用11年时间编成了《四库全书》，它是我国最大的一部丛书，完整地保存了大量的古籍。全书分经、史、子、集4类，共收图书3 503种，79 337卷，3.6万册。书成之后，抄录7部，分别贮藏在北京、热河、沈阳、扬州、镇江、杭州，至今仍有4部保存完整。

2．思想学术领域正统思想的衰落和离经叛道的异端思想的兴起

明代，陆王心学逐渐取代程朱理学成为学术主流。尤其王阳明主张知行合一，认为知行不能分，知行合而为一，一念发动处便是行了，知行都是心生的，要使不善消灭在萌芽中。其代表作是《传习录》和《大学问》。其后学者王艮及泰州学派认为，良知是人们固有的，是"不虑而知，不学而能"的先验的道德观念。他们提出止至善的思想，强调用自身的儒家道德修养来约束自我，提出"明哲保身论"，还提出"百姓日用即道"的著名命题，认为"圣人之道，无异于百姓日用"，"凡有异者，皆谓之异端"，从而使学术更加贴近百姓日常生活。其著作有《焚书》、《藏书》、《续焚书》等。反对封建正统思想的思想家李贽在哲学上基本与王阳明保持一致，反对将"天理"与"人欲"对立起来，提出"不以孔子是非为是非"的思想，认为六经是史官过分赞美之语和孔孟之徒的记忆师说。他对封建礼教和文化专制持批判态度，认为"人人皆可为圣"，"圣人不曾高，众人不曾低"，尤其是批判道学"阳为道学，阴为富贵，被服儒雅，行若狗彘"。在文学创作上，他提出了童心说，童心即率性之真性、真心，他反对虚伪，提倡恢复真心、童心。王学在明代盛极一时，但"王学异端"的出现，使它失去了统治者的宠爱，到了清代，程朱理学重新抬头，形成了所谓的"宋学"。虽然当时也出现了一些"理学名臣"，并重刊了《性理大全》，但理学已经成为强弩之末，反理学的思想相当活跃。

明清之际，各种矛盾交织在一起，出现了具有唯物主义倾向的三大思想家——黄宗羲、顾炎武和王夫之。三大思想家的贡献各不相同：黄宗羲主要体现在政治方面，顾炎武体现在治学方面，王夫之则体现在哲学方面。但作为同一个时代的思想家，他们也有许多相同之处：他们都是唯物论者，反对封建专制，批判封建君权，主张地方自治，提倡政治民主，同情人民等。

黄宗羲（世称梨洲先生，复社的领导人之一，曾参加反清斗争，后终身不仕）在哲学上认为"理为气之理，无气则无理"，批判了"无能生气"和"理在气先"的观点。在政治上，他猛烈抨击封建君主专制制度，认为君是"天下之寇仇、独夫"。在法治思想上，他主张以天下之法代替一人之法；在经济思想方面，他反对重农抑商，提出了"工商皆本"的主张。他著有《明儒学案》（我国第一部学术史著作）及《宋元学案》，从而开创了学案体例；在学习风气上，他反对空疏的学风，强调穷经读史，著有《明夷待访录》等。顾炎武（号亭林）是具有高度的民族气节的思想家。他在哲学上提出了"道寓于器"的命题。

政治上，他反对君主专制，将"亡国"与"亡天下"区别开来，认为"天下兴亡，匹夫之贱，与有责焉"；提出以众治代替独治。他在治学上提出"博学于文，行己有耻"的主张，其学术思想最突出的特点是讲求经世致用，以明道救世作为治学的宗旨。他开了清代考据学的先例，著有《日知录》和《天下郡国利病书》等。王夫之（字船山，湖南衡阳人，隐居石船山，世称"船山先生"）有著作百余种，400余卷。其哲学著作是《张子正蒙》，史学著作是《读通鉴论》。他发展了张载的唯物论思想，是古代唯物主义思想的集大成者，他认为行是知的基础，是检验知的标准，行在第一。在理欲关系上，他反对"去人欲，存天理"，认为天理是在人欲中的。谭嗣同曾对他有所评价："五百年来，真通天人之故者，船山一人而已。"

　　清代考据大师戴东原，精于名物训诂，是清中叶学者中成就最大的。他认为气是宇宙的本源，人的情欲是自然合理的，"人生而后有欲、有情、有知三者，血气心知之自然也"，理存于欲，以理杀人比以法杀人更残酷。

　　中国古代史上最后一位思想家、中国近代思想界的开路先驱龚自珍批判当时社会是"日之将夕，悲风骤雨的奄奄待毙的衰世"，因此渴求人才，提倡"不拘一格降人才"，他主张穷则变，变则通，提倡更法改革。

3．考据学的兴盛

　　清初兴起的以考据为治学内容的考据学，又称"汉学"。乾隆、嘉庆时，考据学达到极盛，形成了乾嘉考据学派。他们推崇汉代的许慎、郑玄等人，热衷于文字音韵、名物训诂、校勘辑佚，用考据之法解释经史，故号"汉学"。因其学风朴实，又称"朴学"。乾嘉学派主要从事古文字学和古音韵学的研究，在古籍的整理、考订、校勘、辨伪和辑佚方面取得了成就。乾嘉学派主要分为皖派和吴派，皖派的代表人物是戴震，吴派则以惠栋为代表。段玉裁的《说文解字注》是文字学研究中的里程碑，王念孙的《广雅疏证》是训诂学的代表作，王昶的《金石萃编》是金石学的代表作。考据学最有名的三大著作是：钱大昕的《二十二史考异》，其对除《旧五代史》、《明史》之外的22部官定正史进行了大量的文字校勘工作；王鸣盛的《十七史商榷》，其对自《史记》至《新五代史》的17部正史进行了文字校勘，尤其对其中的典制、史事、人物及史书、作品体例等方面予以评论，是史籍考证方面的力作，对学术发展有一定的贡献；赵翼的《廿二史札记》，其对《史记》至《明史》的"二十四史"进行了全面的介绍和评论。

　　乾嘉学派的校勘、辑佚，对整理古代文化遗产作出了贡献；而校勘、辑佚本身就是疑古、辨伪，这在一定程度上打破了人们对儒家经典的迷信与盲从。考据学兴起的主要原因在于君主专制中央集权的高度强化带来的统治者大兴文字狱的文化高压政策，使文人不敢触及现实问题而钻入故纸堆查根问底。学术的脱离现实、回避社会矛盾，知识分子的思路狭窄、闭塞视听，预示了历史文化变革的到来。因此，嘉庆以后，考据学走上了衰落的道路。

4．史学的发展

　　清代史学有了较大的发展。官方组织修纂了一大批很有价值的著作，如《清实录》、《明史》、《大明一统志》、《大清一统志》以及"续三通"和"清三通"等。这些著作卷帙浩瀚，资料丰富，都有很高的史学价值。出现了大批私人撰述的各种体裁的史学著作：编年体有谈迁的《国榷》、毕沅的《续资治通鉴》，纪事本末体有谷应泰的《明史纪事本末》等。学术专著最有特点，除顾炎武的《天下郡国利病书》、顾祖禹的《读史方舆纪要》外，还有章学诚的《文史通义》。章学诚积 30 年写成的这部史学评论专著，首倡六经皆史，提出史家必须具备才、学、识三长外，还要有史德，史德即著述者的心术。他尤其强调史学的经世致用，发前人之所未发，是史学领域的创新。

5．文艺领域以各种方式影射现实、摆脱古意开创新风、带有综合色彩的作品和艺术形式不断涌现

罗贯中的章回体小说《三国演义》、施耐庵的英雄传奇小说《水浒传》、吴承恩的长篇神话小说《西游记》和兰陵笑笑生的我国第一部由文人独立创作的长篇言情小说《金瓶梅》被誉为明代"四大奇书"。明代还有著名的"三言二拍"，即冯梦龙的《喻世明言》、《警世通言》、《醒世恒言》，凌蒙初的《初刻拍案惊奇》和《二刻拍案惊奇》，它们都是很有影响的文学名著。其中，《金瓶梅》以一种特殊的方式描绘出中国封建社会后期的市井风貌，具有一定的社会和历史价值。清代曹雪芹的《红楼梦》是这一时期最著名的文学作品。他通过对贾、王、史、薛四大家族的盛衰描写，展现了封建社会由盛到衰的历史画卷，以影射的笔法暗喻了中国封建社会走向没落的大趋势，从而成为中国小说史上的最高峰。另外，蒲松龄的《聊斋志异》鞭挞了当时的世态炎凉、政治黑暗，是中国古代文言小说的一个里程碑；吴敬梓的《儒林外史》是一部批判性的现实主义作品，揭露了科举制度的弊病以及儒林的丑恶，具有积极的社会意义，启迪了晚清谴责小说。

作为综合艺术形式的戏曲在明清迅猛发展。明代产生了康海的《中山狼》、王世贞的《鸣凤记》和徐渭的《四声猿》等有影响的作品；而最负盛名的剧作家汤显祖以著名的《临川四梦》（即《牡丹亭》、《南柯记》、《邯郸记》、《紫钗记》）被后人称为"东方的莎士比亚"。清代戏剧上承明代传统，受其影响较大。洪昇的《长生殿》通过描述唐明皇与杨玉环的爱情故事，歌颂了生死不渝的爱情。孔尚任的《桃花扇》以秦淮歌妓李香君和复社文人侯方域的恋爱故事为主线，写出了当时人们的亡国之恨、故国之思，"借离合之情，写兴亡之感"。但总的说来，清代传奇剧逐渐走向了衰落，代之而起的是丰富多彩的地方戏。乾隆、道光年间形成了集全国戏曲精粹的京剧，成为中国戏曲发展史上的高峰。

明初书法有 "三宋二沈"，即宋克、宋璲、宋广、沈度和沈粲；文征明诗、文、书、画堪称四绝；后期以董其昌和米万钟最为著名，时有"南董北米"之称。

明代绘画取得了很大的成就。前期著名画家有赵原、边文进、王绂等。其中王绂以善画墨竹而著名。明代中叶以后，画坛名家辈出：张伟人称江夏派，孝宗曾赐他画状元的印章；而江南的沈周、文征明、唐寅和仇英充分吸取前人诸派之长，取得了突出的艺术成就，被后世称为"明四家"。嘉靖时的徐渭，自辟蹊径，创泼墨花卉。明末的董其昌、陈洪绶等人，在绘画上也有相当大的成就。清代画坛上成就最大的是清初的八大山人（朱耷），他是明代遗民，他的作品多暗含反对民族压迫之意。值得关注的是清代中期的扬州画家（即号称"扬州八怪"的金农、郑燮、罗聘、黄慎、李方膺、高翔、汪士慎和李鱓），他们敢于摆脱清初的临古风气，主张个性，作品不拘一格，以清新取胜，成为我国绘画艺术史上的一个新流派。

6．科技方面具有总结意义的巨作不断出现

明代名医李时珍用 26 年心血，于万历六年（1578 年）写成《本草纲目》。《本草纲目》集历代本草之大成，记载药物 1 892 种，附方 11 096 则，涉及自然科学的许多领域，是我国 16 世纪以前医药学丰富经验的总结，也是我国医药宝库中的一份珍贵遗产。明末农学家徐光启与利玛窦合作，在天启七年（1627 年）前后写成《农政全书》60 卷，提出了自己的一些见解，系统地总结了我国的农业文献。宋应星的《天工开物》是世界历史上第一部有关农业和手工业的百科全书。全书 18 卷，对作物栽培、粮食加工、熬盐、制糖、酿酒、榨油、造纸等一系列农业和手工业生产技术进行了总结，被称为"中国 17 世纪的工艺百科全书"，他本人也被称为"中国的狄德罗"。清代还有《广群芳谱》和《授时通考》等农学著作。明末地理学家徐弘祖，毕生致力于实地考察，最终写成了伟大的地理学著作《徐霞客游记》。该书以游记的形式，记述了他数十年的考察经历，并科学地解释了许多地理现象，尤其是他在世界范围内第一次对我国西南地区的石灰熔岩地貌进行了考察，使《徐霞客游记》成为世界熔岩考察的最早文献。

除此之外，科学家梅文鼎的《古今历法通考》是我国第一部历学史，他的数学巨著《中西数学通》，几乎总括了当时世界全部的数学知识，达到我国数学研究的最高水平。蒙古族历算家明安图在乾隆时任钦天监监正，著有《割圆密率捷法》，成为我国用解析方法进行圆周率研究的第一人。

清代在康熙年间组织绘制了《皇舆全览图》，这是亚洲当时所有的地图中最好的一幅，而且比当时所有的欧洲地图都更精确。

清代的园林建筑在世界上享有盛名。不少建筑保存至今，反映了东方建筑的特色。特别值得一提的是江西人雷发达主持修建的故宫三殿及其他园林建筑。圆明园可以说是囊括我国各地名园甚至西方造园技巧的集大成之作。承德的避暑山庄和外八庙、西藏的布达拉宫和北京的雍和宫，都反映了我国建筑方面的杰出成就。

总之，由于社会形势的变动，中国历史文化在明清时期呈现出前所未有的总结趋势。在思想精神领域，人性的压抑、封闭和保守成为主流。历史文化其他方面的概括总结、弃旧图新都表现出内部整理的整体特色。明末清初的西学东渐成为当时文化界的一件大事，中西两种文明开始了初步接触。

七、中国历史文化的低谷与重生——近现代

1．社会和文化背景

晚清时期，社会矛盾愈加尖锐，外部矛盾不断发展，最终导致了巨变的发生。1840 年鸦片战争后，中国社会进入半殖民地半封建阶段，外来工业文明急速涌入，辉煌的中国古文明逐渐遭到侵蚀，中国历史文化进入了低谷时期，遭遇空前的危机，进入裂变的时代。

2．中国近现代历史文化的发展与表现

大体来讲，中国近现代历史文化经历了以下阶段。

（1）在鸦片战争的冲击下，封建营垒中的士大夫们进行的不自觉的近代文化运动。

（2）在甲午战争失败和更深重的民族危机的刺激下，资产阶级知识分子进行的近代文化启蒙和文化建设运动。

（3）在辛亥革命开启的民主主义思潮的推动下，小资产阶级知识分子掀起了以人的解放为中心内容的文化革命运动。

（4）1919 年以后的新民主主义和社会主义文化运动，中国历史文化以崭新的面貌重生。

　　总体上看，中国近现代文化具有两大特征：一是文化的多元性表现非常突出；二是文化研究与社会政治互为表里、相互影响，民族矛盾造成文化研究中的民族与国家意识觉醒。

　　中国近现代文化的多元性表现在：西学的传入在思想界引起轩然大波，新学与旧学、中学与西学之争以及振聋发聩。自由主义、保守主义等多种文化流派兴起，引起了激烈论辩。

　　鸦片战争及后来中国在一系列对外战争中的战败使有识之士不断思考深层的原因。于是，先有魏源"师夷长技以制夷"的呼吁，表明其在认识到中国文化也有缺陷和不足后产生了向外来文化学习的愿望；及至洋务运动时期，张之洞"中体西用"主张的提出将西方工业文明定位为中国文化传统的附庸，但是，这仍然只是中国与西方在军事技术上的差距，而不是问题的根本。作为洋务运动最大成果的北洋水师全军覆没于中日战争，标志了洋务运动救国和强兵幻想的破灭。对于传统文化，逐渐出现了不同的声音。严复引进的"物竞天择，适者生存"的进化论观点被人们用于社会和政治生活，资产阶级革命派知识分子越来越寄希望于国家的西化。于是，思想文化领域出现了越来越多背离传统文化的现象，最终酿成新文化运动中人们提出以"打倒孔家店"的旗帜来反对中国文化传统。中国近现代后期的社会和文化，延续了传统与西方理念并存的局面。

第二节　中国历史文化的相关概念

一、历史与文化

1. 历史的概念

　　在西方语言中，"历史"来自希腊语 historia，意为"一个人的调查记录"。《新不列颠百科全书》解释英语的"历史"（History）：这是一门研究事件（影响国家和民族的事件）的编年纪录之学科，它奠定于对原始史料的考证基础之上，并对这些事件的缘由作出解释。《苏联大百科全书》对"历史"（История）的定义：История，来自希腊语 historia，意为对于过去事件的叙述，对于已认知的、研究过的事件的叙述。其含义包括两个方面：①自然界和社会上任何事件的发展过程即广义的历史，宇宙史、地球史、各个学科史——物理史、数学史、法律史等均可列入这一含义；②一门研究人类社会具体的和多样性的过去之学科，以解释人类社会具体的现在和未来远景作为宗旨。这是指的历史学。

　　汉语的"历史"是"历"和"史"两个单音节词的合成词，汉代许慎《说文解字》云："历，过也，传也。史，记事者也；从又持中，中，正也。"两个词综合起来的意思，就是"对过去的事情所作的客观的记录"。这与西方对历史的认识不同，使黑格尔产生"中国古代只有记录而没有历史"的看法。

　　对"历史"一词的认识分歧其实在于对历史的广义与狭义、历史与历史学的区分不清。"历史"可以定义为：人类过去活动留下的纪录，有文字、实物、遗迹等，对国家民族而言，是全体国民共同拥有的记忆。广义的历史包括自然史和人类史，狭义的历史仅指人类社会的发展进程。中国历史则指中国社会起源、发展和演变的过程。中国史学家尹达在《中国史学发展史》中对历史学进行了定义：史学是通过利用史料来研究和描述人类历史的学科。它包括人们占有史料、认识历史以及历史研究、历史编纂的理论和实践。历史学家往往使用多种来源的史料进行历史研究，包括文字记录、口述历史以及考古发现；进入到近现代社会之后，多媒体资料也成为历史学家考察历史的重要史料来源。关于历史学的地位，白寿彝先生曾说："历史科学是唯一的科学。"马克思也有类似的说法。

2. 文化的概念

"文化"是我国近年来历史与社会研究中最热门的概念。特别是在 20 世纪 80 年代，出现了许多讨论文章，文化概念几乎被运用于历史与社会研究中的每个学科领域。到 90 年代，文化仍是许多学者乃至社会所关注的重要课题之一。实际上，20 世纪初以来，西方学术界已将文化概念的提出认为是"现代社会科学……的最主要成就之一"。不过，文化概念最早是由人类学家提出的，文化学却长期从属于社会学。

不同学科领域以及不同文化体系，甚至不同时期，人们对"文化"一词的理解有着重大的不同。

著名的美国人类学家克里弗德·吉尔兹曾这样描述"文化"在 19 世纪末作为人类学的中心概念被提出来后，对 20 世纪社会科学的巨大影响："（人类学意义上的文化概念）在思想的地平线上突然喷薄而出，帮助解决了如此多的根本性问题。因此，它似乎也能解决所有根本性的问题，每个人像抓住那使阿拉伯神话中的宝藏洞开的咒语（"芝麻开门"）一样抓住它，把它当成是打开新的实证科学的钥匙，当成是可以在其上建立一套新分析方法的中心概念。文化概念的突然流行和声势显赫是由于每个敏感而活跃的思想家都采用它，在各种学术环境中，为各种目的运用它，并采用无论是进一步抽象或是派生的方式去发展它的内涵。"因此，对于文化一词的含义，就出现了大量不同的解释。据统计，各个领域的学者对文化一词给出的定义就有数百种之多。

美国人类学家林登认为，"社会遗传即文化。文化作为一般词语意味着人类的全部社会遗传，作为特殊词意味着一种特殊社会遗传。"美国人类学家克鲁伯在《今天的人类学》一书中对文化的定义："文化是一整套行为的，和有关行为的模式。该模式在某一特定时期内流行于某一群体，并且，从研究的角度和研究所覆盖的范围来看，这些模式即使在与其他模式相关联中仍显现出非连续性和可被观察性。"政治学家吕希安·佩恩说文化是"指导一种政治制度（运行）的那些政治态度、信念和规则"。

民族学家认为文化的概念应为包括"某一社会人类活动的、物质的、技术的、智慧的和艺术的诸方面"的总和，是一个特殊民族（或人群）的生活方式，或"社会生活的形式和程序的总和，精神和体力劳动的手段和结果的总和"。

社会学家认为，"文化是在社会交往中直接地和非直接地"学会的。它包括至少 5 个层面：认知层面，关于物质世界和人类社会的知识；信念；价值和规范；符号；行为的非规范方式。文化体现为 3 个主要方面：物质文化；语言，"艺术、科学、运动和宗教"；"所有具有象征性价值的东西——是非观念、信念、规则和规范，关于身份的适当的文化定义，道德的和审美的价值"。

也有学者认为"文化是一套从历史上获得的关于生活的分开的或含蓄的设计图样，它们会被所有社会成员或某个特殊社群所采用"。这种说法就有些匪夷所思了。

最权威、流行最广的定义是英国人类学家爱德华·泰勒 1879 年的著作《原始文化》中提出的："从人种学的广阔角度来理解……文化是人作为一个社会成员所获得的那些能力和习惯的复杂整体，包括知识、信念、艺术、道德观、法制观念、习俗等。"

　　在西方语言中，"文化"一词起源于古拉丁词"colere"，指"居住、培植、保护、尊崇"。后来，从 colere 派生出了另一个词"cultura"，意思是"土地耕种"。罗马政治家西塞罗把"精神修养"比做"耕耘了的生长果实的土地"。文艺复兴时期，随着学者们对古希腊罗马学术产生浓厚兴趣，西塞罗对 cultura 的用法获得了传播。16 世纪以后，cultura 开始同人的发展的概念紧密相连了。德国学者塞缪尔·冯·普芬多夫（1632—1694）用 cultura 指个人或社会的智慧和情操方面的发展，包括所有由人创造的，而不是自然给予的。18 世纪中叶，"civilization"一词在法国被广泛使用，意为"文明"。德国学者以 kultura 为法语"文明"的同义语，也指"成为文明的人和受到教育的人的一般过程"。德国思想家赫尔德（1744—1803）在其著作中将"文化"作为一个名词来使用，其内涵被理解为某一特定社会的生活方式总和。赫尔德认为，每一个民族都有自己固有的和特殊的文化形式。这种认识非常接近于人类学和民族学的文化概念。再后来，出现了 culture，文化一词借助英语大流行而传播到了全世界。

　　西方关于文化一词的理解侧重于精神层面。例如，文化被定义为"精神心灵受到细致培养的结果……欣赏口味的高尚化；文明的思想层面"（《牛津英语词典》）；"特殊的思想智慧发展形式，一个民族的文明状况"（《牛津高级英语词典》，1954 年版）；"由于训练和经验，人的身心精神的发展"，"人类社会在人文学科和自然科学以及思想智力发展方面的证据"（《牛津现代高级英汉双解语词典》，1989 年版）；"对文学艺术、音乐等的高度发达的理解"（《袖珍牛津英语词典》1986 年版）。

　　在中文中，文化一词古今差异很大。

　　汉语中的"文化"一词是由意为"文身"和"转化"的两个词分别发展出来的。

　　在金文和甲骨文中，"文"字最早象征一个人前胸被刺以图案或挂了一串贝壳。从这种最初形式，渐次发展出"文身"、"符号"、"交叉线条"、"象形文字"以至"文章"等意思。"文"字包含从文身或修饰人身到修饰自己的外表行为和掩饰内在感情的意义。

　　后来，"文"有了更为抽象的含义：与暴力性或武力相对的、诉诸于思想或道德感召力的，或具有和平性和人性的特质；与粗糙的形式相区别的、人类的行为、风俗，社会制度中被修饰过的特征、性质，如《论语》，"周监于二代，郁郁乎文哉，吾从周"，"文王既没，文不在兹乎。天之将丧斯文也，后死者不得与于斯文也"；"文之于礼乐，亦可以为成人矣"，"故远人不服，则修文德以来之"。

　　按《说文解字》，"化"字是从"匕"字转化而来。"匕"在甲骨文中像一个人倒立，象形孕育时期的人，含义包括：倒立的人；变化。后来在其左边加了一人字旁成为"化"，意为站立的人。新的"化"增添了抽象意义，指生命的一种能动的、被塑型的过程或教化的过程，或通过受教育和思想灌输而使一个人的内在和外在符合社会规范，在遗传和社会的影响下逐渐成熟，而成为一个被社会接受的人的整个过程。

　　中文中，"文化"作为一个政治道德概念而不是社会科学的概念而出现。它由两个构成字的含义合成。其最早的渊源在《易·象卦》："刚柔交错，天文也；文明以止，人文也。观乎天文，以察时变；观乎人文，以化成天下。"

　　迄今为止发现的"文"、"化"连用的最早记录是汉代的刘向《指武·说苑》中："圣人之治天下，先文德而后武功。凡武之所兴，为不服也。文化不改，然后加诛。"这里，文和化分别作为副词和动词使用，意指以非武力的方式来教化、转变人。

　　文、化二字构成一个词来使用是由于两字含义的相互包含、渗透。晋代王弼在《十三经注疏》中解释，"文明以止，人文也……观乎人文以化成天下"为"止物不以威武而以文明人之文也……用此文明之道裁止于人，是人之文德之教"。"以化成天下者言圣人观察人文则诗书礼乐之谓当法此教而化成天下也"。在《说文解字》中有"礼乐天地之化也"。可见，文中有化，化中有文。两个词合而为一就是很自然的事情了。

文化作为一词使用，内涵既包括以非强制性的方式（道德说教）来建立和维持一种政治伦理秩序，也指那些体现了以这种方式建立起来的文明社会的成就和特征，如礼、乐、典章和制度等。由"文化内辑，武功外悠"，"设神礼以景俗，敷文化以柔远"等诗句可见，文化一词在中国文化中指以非暴力的、非强制性的方式来实现人的社会化，或者说实现一种政治道德秩序。但它也含有现代文化概念的某些内容，如体现了中国发达文明成就的行为方式、社会组织原则和观念等。

中国近代意义上的文化概念是西方概念中国化的产物，也是中国人在认识变化了的世界时，通过创造新概念来概括现实的结果，意指文明的智慧方面或一个民族社会的整个生活方式的西方文化概念在中国古典思想中并不存在。现在尚不清楚，是谁首先使用汉语中的"文化"来表达西方思想中的"culture"和"Kultura"的意思。有人推断可能是明治时期的日本人首先使用这两个中国字来翻译英语和德语中这两个词，后来传到了中国。

相比较而言，对"文化"一词较为贴切的解释是1995版的《现代汉语词典》："①人类在社会历史发展中所创造的物质财富和精神财富的总和，特指精神财富，如文学、艺术、教育、科学等。②……③指运用文字的能力及一般知识。"本书所讨论的文化是其第一种含义。

二、历史文化与历史文化学

"历史文化"一词是1982年由国家建设部在评选99座中国历史文化名城时所提出的。此后，历史文化名镇、历史文化名村等语汇日渐增多，历史文化一词遂被大家熟知。

然而，人们对历史文化一词的理解却有很大的差别。

有人认为历史文化就是历史，也有人认为历史文化等同于文化，还有人认为历史文化就是历史与文化的加总。

这些说法都不确切。实际上，我们应该明确历史与文化的关系是不能割裂和偏废的。缺乏文化支撑的历史不是真正的人类社会历史，没有历史渊源的文化只是苍白无力没有生命力的、暂时的社会现象。所以，历史文化应该是一个完整的、不可分割的有机整体，是历史与文化的血肉相融。

对历史文化下定义必须充分考虑到历史与文化的紧密关系。

历史文化是人类社会在长期历史发展进程中形成的，包含不同时代文化风貌的有机文化整体。其中可能会有相反相成的文化层面。它深刻影响了人类社会的发展进程，而且完全内化至一个民族或国民性格、气质的血脉之中。历史文化在现实中的表现就是各种各样的历史文化现象。中国历史文化则是指中国社会发展、演变过程中所展现的，有别于其他文明的，具有独特内质的文化风貌的总和。

历史文化学是一个崭新的学科，是对历史文化现象进行研究的一个边缘学科或交叉学科，同时也是综合学科。它不仅仅是历史学和文化学的交叉应用，还充分使用了人类学、考古学、心理学、行为学、社会学甚至系统论、控制论等多学科的成果。从一定意义上来说，它虽然离不开具体的历史，却更是文化学的分支，是亚文化学科。

历史文化学研究的近期目的是服从和服务于旅游业的发展进步，远期目的是从更深的层次和更广阔的领域来揭示人类社会发展和演变的规律并对人类社会未来的发展进行科学的预测。历史文化学大量使用相关学科的研究和分析方法，如心理分析、行为分析、社会学分析等，并用逻辑学的判断、推理等论证方法，对历史文化进行本体论研究，如功能论、结构论，发生学研究，如其发生发展和演进的规律，及对学科未来命运进行探索。其他常用方法还有比较法、分析法、例证法、反推法等。因此可以说，历史文化学使用的是综合的研究方法。其常用的术语有概念、理论、法则、特征、属性、精神、品性等。

由于文化本身就是人类的物质和精神劳动与生活的浓缩，因而历史文化实际上就是人类对历史文化影响下的自身进行研究的学科。这一学科对于正在和即将从事旅游业的人们来说显得尤为重要，我们可以通过对这一学科的研究和应用，更全面、更客观地了解人的思想和行为模式以及特例发生的可能性和意义，从而有利于为旅游者提供更加人性化、个性化的服务，提高我国旅游业的整体"软件"水平。

三、文化的结构、属性、特征和功能

1. 文化的结构

文化在结构上有很强的层次性。一般认为，文化分为 4 个层面。

（1）物质即物态文化层面——文化的表象。这一层面指人的物质生产活动及其产品的总和，即可以被感知的具体实在的事物，如器物、饮食、建筑等。

（2）制度文化层面——文化秩序和规则。这一层面指人们在社会生活中建立起来的约束自身行为、协调相互关系的准则，包括政治制度、经济制度、婚姻家庭制度、礼仪制度等。

（3）行为文化层面——文化中能动的、人的方面。这一层面指人们在长期共同生活和互相交往中约定俗成的习惯或禁忌，属于社会集体的行为模式或倾向，带有共同的特征。

（4）心态文化层面——文化的核心和精华。这一层面指的是精神文化或社会意识，即社会心理和社会意识形态，包括价值观念、审美情趣、思维方式，以及体现这些心理和意识的文艺作品。

2. 文化的属性

文化的属性包括以下 6 个方面。

（1）历史继承性。所有的文化都具有历史继承性，也就是说，文化是来源于历史的，都有一个发展的过程，是依赖人类世世代代的传承而保留至今的。

（2）地域性。不同的地域的人们有不同的思维模式、行为方式，所以文化也就带有了很强的地域特点。这也是"一方水土养一方人"的道理所在。

（3）时代性。文化也带有时代性的特点，不同时代有不同的价值观念、审美情趣等。

（4）民族性。不同民族的思维和行为方式是不同的，甚至有很大的差异。

（5）多样性。由于地域或自然、经济等多方面因素的综合作用，人类的文化表现出多样性。如世界文化既可以按时间分类，又可以按地域分类。人们常说的英国人绅士、美国人随意、法国人浪漫、德国人严谨就是表明这些国家文化的不同。

（6）独立性。文化的独立性指的是文化作为与经济基础相关但又带有很强精神性的社

会现象，可能会与时代的发展相脱节，或超前、或滞后。当文化超前于时代时会引领社会进步，反之则会起到迟滞社会发展的不良作用。如我国封建文化中的重男轻女观念对于时代和社会的进步就是一种阻力。

3．文化的特征

区别于其他社会历史现象，文化具有 4 个基本特征。

一是规范特征，指人们对是与非、好与坏、美与丑、善与恶等的价值判断趋同。

二是艺术特征，指文化包括文学、音乐、绘画、舞蹈、歌唱、装饰等感觉层面。

三是认知特征，指文化包括对自然环境、历史传统等方面的认知。

四是器用特征，即物质与精神的实用性，指文化包括人们生存所需要的工具、用品等。

上述 4 个特征，也可称为 4 个基本要素，涵盖了文化的各个方面。其中以规范特征最为重要，是文化中具有决定性意义的本质要素。不同文化之间质的差别，主要表现在规范的区别上，即表现在价值标准上的分歧。本书的论述，主要就是从价值规范的意义上使用文化一词。

4．文化的功能

从个人角度看，文化对于塑造个人人格、实现个人的社会价值发挥着重要作用；从社会看，文化起着整合和导向的作用，同时也有一些负作用。值得注意的是文化的社会功能。

（1）社会整合功能。这种功能指的是文化在协调与规范群体成员的行动、理顺社会结构内部关系所发挥的价值整合、规范整合、结构整合作用。其中价值整合是最基本和最重要的，它使社会（或群体）成员对行动产生共同的价值认同。规范整合是使规范内化为个人的行动准则，进一步使人们产生共识或规范认同，从而把社会成员的行为纳入一定的轨道和模式，以维持社会秩序。结构整合是指文化对社会整体系统结构的协同效应所发挥的整合作用。统一的文化能通过一定的规范、制度等，使社会整体结构成为一个协调的功能体系，最终起到增强民族团结、维护社会秩序、保证社会良性运行的作用。

（2）社会导向功能。导向功能指文化推动社会进步的功能。首先，文化给人提供知识，将本社会或群体的各种知识、价值和行为规范一代代传递下去。文化还能通过自身新的发现与发明带给人们新的知识，包括新理论、新科学、新技术等。第二，文化能有效地协调社会工程管理，通过目标调适、机构和制度的调适、人员行为的调适等，促成全社会协调与行动一致，实现社会管理与控制。第三，文化在巩固社会进步的新成果、建立和维护新制度方面起着不可或缺的作用。

（3）反向功能。美国功能论者默顿认为，在实际的社会中，违反社会规范的情形时有发生。反向功能多发生在两种情况下：一是文化滞后，即非物质文化落后于物质文化的发展时，或者说精神文化落后于物质文化时，文化就会阻碍社会进步；另一种是在负文化团体中，如地下社会及其他边缘团体，其内部规则，显然对社会发展不利。

第三节　中国历史文化的相关理论问题

一、中国历史文化的生态环境

相对于其他国度而言，中国历史文化具有的明显的自身特色，传承数千年至今魅力不减，并不断向外传播，造就了久负盛名的汉语言文化圈，不仅影响了东方甚至影响了整个世界。按照世界著名汉学家李约瑟博士的说法——1450 年之前的中国文化绝对领先于西方，此后才逐渐落后。今天的中国，再次成为整个世界关注的焦点之一。究其原因，除前所述及的结构方面的原因外，中国文化萌发和产生、形成以及完善过程中的生态环境也是不能忽略的原因。可以说，正是由于包括自然地理、生产方式和社会制度在内的特殊的生态环境的综合格局，决定了中华民族独具特色的社会心理特征；中国人正是在这样的生态环境里创造了独具东方魅力的、绚丽多姿的历史文化。

1. 自然或地理环境

伴随中国历史文化萌发成长的地理环境特征突出：疆域广大、腹地辽阔，地形复杂、地貌齐全，气候类型完备，民族多样、人口众多。

按照今天的地理概念而言，中国位居北半球的东亚大陆，太平洋西岸。中国国土最北端在黑龙江省漠河以北的黑龙江主航道的中心线上（北纬 53°34′），最南端在南沙群岛的曾母暗沙附近（北纬 3°51′），南北延伸 5 500 公里，跨纬度约 50°。中国国土最东端在黑龙江省的黑龙江和乌苏里江的主航道会合处（东经 135°05′），最西端在新疆维吾尔自治区的帕米尔高原上（东经 73°附近），东西距离 5 200 公里，跨经度将近 62°，时差在 4 小时以上。

中国陆地总面积约为 960 万平方公里，约占全球陆地面积的 1/15，亚洲面积的 1/4。中国还有 300 余万平方公里的蓝色国土即海洋。在世界各国中，中国国土面积排在前 5 名。

中国陆地疆界长 2 万多公里。同中国陆地接壤的邻国：东北有朝鲜，北有俄罗斯和蒙古，西和西南有哈萨克斯坦、吉尔吉斯斯坦、塔吉克斯坦、阿富汗、巴基斯坦、印度、尼泊尔和不丹，南有缅甸、老挝和越南。

中国东部毗邻海洋，海岸线总长度为 3.2 万多公里。其中大陆海岸线，北起鸭绿江口，南至北仑河口，长达 1.8 万多公里。环绕中国大陆边缘的海，自北至南为渤海、黄海、东海和南海，与太平洋连成一片。中国是世界上岛屿最多的国家之一，其中近 86% 分布在杭州湾以南的大陆近海和南海之中。台湾岛东部海岸及钓鱼岛、赤尾屿等岛屿的海岸直接濒临太平洋。

同中国隔海相望或水域相连的国家有韩国、日本、菲律宾、马来西亚、文莱和印度尼西亚等。

正是如此辽阔的疆域和腹地纵深的地理环境造就了中华文化的广度和深度。

除此之外，中华文化的滋生地，地形复杂、地貌齐全。我国拥有许多名山大川、江河湖海，按照文化分区来看，几乎没有可相提并论者。中国的地势西高东低、北高南低，甚至有人说是西北高东南低，与上古神话中天塌西北、地陷东南相符。

从地形构成看，山地、高原和丘陵约占全国土地面积的 2/3，盆地和平原约占 1/3。山脉多东西走向，河流因而也多东西走向，自西向东构成了落差显著的三级阶梯分布：第一阶梯——青藏高原，平均海拔 4 000 米以上，极高山相对高度较低，湖泊、盆地星罗棋布，长江、黄河、澜沧江等亚洲大河都发源于此；第二阶梯——青藏高原以北以东及东南，有蒙古高原、黄土高原、云贵高原及塔里木盆地、准噶尔盆地、四川盆地等，浩瀚高原与巨大盆地相间分布，海拔降到 2 000～1 000 米；第三阶梯——北起大兴安岭，中经太行山，南至巫山一线以东及云贵高原东缘以东，即古往今来一直较为发达富庶的东部地区，其平均海拔低于 500 米，其中相当大的一部分地区为丘陵，东北平原、华北平原、江淮平原、江汉平原等是第三阶梯中最低平的地带，滨海地带的海拔更是低于 50 米。

中国独特的地形分布呈 C 形，恰似我国传世家具太师椅，背有靠山，直面海洋。有人认为，就是这样的领土造就了中华民族平和的心态、雍容华贵的气质和宽广的胸怀。

我国还有除山地、高原、盆地、平原、丘陵 5 种最重要的常态地貌类型以外的特殊地貌分布，如冰缘地貌、海岸地貌、冰川地貌等。其中冰缘地貌，仅青藏高原和大兴安岭北段，类型就有 45 种以上。我国是世界上冰缘地貌类型最多的国家。如此复杂的地理环境，其经济、文化意义自不待言。

气候方面，我国除地中海气候外，其余的气候类型均可找到。我国从南到北（除青藏高原高寒区外）跨越了赤道带、热带、亚热带、暖（南）温带、中温带和寒（北）温带 6 个温度带。全国面积的 70% 为亚热带、暖温带和中温带。由于大陆东部的季风气候显著，我国大部分地区受来自太平洋和印度洋夏季风的影响，夏半年雨热同季，温度和水分条件配合良好，为发展农业提供了优越条件。特别是占全国面积 26% 的亚热带地区，温度高而降水丰沛，不仅风光独特，且适宜种植水稻和多种亚热带经济作物，与世界其他同纬度地区降水稀少导致的荒漠景观迥然不同。西北内陆和青藏高原则为降水较少的干旱地区。

总体来讲，中国有史以来的地理和自然环境并没有太大的变化。但是受全球性气候变化和人类活动对自然环境的影响，我国的温度和湿度还是有所改变，其对中国历史文化产生了或多或少的影响。

第一，优越的地理环境为中国历史文化的产生、形成和延续提供了优厚的背景条件。

第二，复杂的地理环境造就了中国历史文化的多样性和不平衡性。

第三，半封闭的地理环境既使中华文化可以独立自成系统地孕育成长，不受外来过多的干扰，又在一定程度上造成了中华文化的封闭性。

2. 物质或经济环境

我国先哲素有"民以食为天"的精辟论述，而"万物土众生"的俗语又明确表达出我国先民的生活资料来源于自然环境。因此，孕育了中国历史文化的经济环境就是研究中国历史文化不能忽略的重要方面。

实际上，我国先民的生产方式属于一个大农业的概念，农耕、游牧、渔猎、采集、捕捞、工商都同时存在，并不局限于种植。只不过农耕业与游牧业是古代中国农业社会的两种基本经济模式，农耕经济是中国传统自然经济的主体。其他经济模式如渔猎、采集、工商虽也长期存在，但不占据重要地位。对中国历史文化造成决定性影响的民族要么是农耕民族，要么是游牧民族。汉族作为农耕民族无疑发挥了核心的作用。

综上所述，中华大地独特的地理环境为中华民族提供了以农耕业为主的生产方式。六七千年前的彩陶文化时期，我国先民就进入以种植业为基本方式的农耕时代。上古传说，神农氏就是因为"教民耕农"而得名。考古证据显示，在距今约 6 000 年的仰韶文化遗址就已经出现了农耕文明的痕迹——粟的种植很广，是仰韶时期的主要粮食作物。在西安半坡遗址，还发现了储粮窖穴的遗迹，窖内底部残存厚达 18 厘米的粟粒，估计有数斗，说明粮食产量已达到一定的水平。这是目前人类最早的谷物栽培记录。仰韶文化分布区主要是黄土高原，中华农耕文明正是在这片黄土地上滋生。考古学界甚至有可以将我国农耕历史追溯至万年以前的证据。

几乎与黄土高原产生仰韶"小米文化"同时，华东沿海的中国南方如河姆渡文化遗址、江汉流域新石器文化遗址均发现人工栽培的水稻，这也是目前所知人类最早的水稻栽培的记录，从而缔造了"稻作文化"。可见中国的农耕业同时发祥于黄河、长江流域。但由于种种原因，农耕业首先在黄河中下游达到较高水平，使其成为中国古代的政治、经济和人文中心。随着农业生产力的发展，特别是铁制农具和牛耕的普及，经济中心出现了东进、南移；政治中心则有东移和南北摇摆的现象。

商周时期，农耕业已经成为中原华夏民族社会生活资料的主要来源；春秋战国时期，农耕业得到长足发展。《孟子·梁惠王》等文表现出当时的谷物生产、蚕桑业及小家畜饲养是人们衣食的基本来源。历代王朝都注重发展农业，提倡"耕战"；帝王们都把"重农固本"奉为治国的不易之道，下劝农令，以"帝亲耕，后亲蚕"之类的仪式和奖励农事的政令鼓舞天下农夫勤于耕作。自唐以后的千年间，中国农耕区不断扩大，甚至日趋普及。

我国西部的干旱、半干旱地区，在远古条件下不适宜农耕；但其丰富的草原资源，为游牧经济的发展奠定了基础。中国有四大类型的草原——湿润地区的草甸草原、逐渐向西的干草原、荒漠区的山地草原和高寒草原。干草原分布在草甸草原的西侧（两者基本以大兴安岭为界），是我国具有代表性的游牧业地区，放牧业历史悠久，放牧经营方式比较典型，造就了我国乃至世界历史上影响巨大的游牧民族。

我国的游牧经济已有数千年的历史。甲骨文的记载可将其追溯到 3 000 多年前的殷商时代。甲骨文《卜辞》中即有关于畜牧的记载，马、牛、羊、鸡、犬、豕六畜在当时已驯养成家畜，而且用作祭祀的牺牲品。此后各朝代为了战争、农耕及乘骑的需要，都比较重视马和牛的驯养。我们可以从诸多文献看到游牧经济的特点——"天苍苍，野茫茫，风吹草低见牛羊"，这是自然状况；"无城郭、耕地，逐水草而居，居无定所；住敖包，喝奶茶，家家有车马，毛皮为衣，牛羊为食。与农耕民族互市就是交换粮食、茶叶和布帛、铁器等物品。欧阳修在《明妃曲》中描述道："胡人以鞍马为家、射猎为俗。泉甘草美无常处，鸟惊兽骇争驰逐。"虽然，历史上民族之间的战争在所难免，但中国历史文化中游牧民族与农耕民族的贡献是绝对不能抹杀的。

中国地理环境的优越和农耕经济的早熟，促使中华民族在世界上最早跨入文明时代，从公元前的数世纪到 16 世纪，中国一直是世界经济最发达、文化最先进的国家。中国早在 6 世纪就形成了世界上最卓越的、系统完整的耕作理论；欧洲人使用木犁耕地时，中国的汉代已推广铁犁；欧洲人在 18 世纪才发明条播机，中国早在汉代便已使用；欧洲还是休闲制一年一熟时，中国已进入轮作复种阶段达到两年三熟或一年两熟；欧洲人长期实行放牧、粗放经营，中国早就有家禽舍饲，进入定居生活、精耕细作。我国还是世界上最早的水稻生产国，相传在 3 000 年前的周代，水稻就开始从我国传到国外，我国也是世界上饲养家蚕、织造丝绸、栽培果树和种茶、制茶最早的国家。在水利工程方面，中国更有不少举世瞩目的创造：早在公元前 251 年，战国时代的李冰就主持修筑了驰誉世界的都江堰；著名的郑国渠和灵渠也是在 2 000 多年前建成的大型水利工程。所有这些，都是辉煌的农业文明，为文化的理性化和哲学化提供了物质条件。

在农业发展基础上，我国的手工业生产也曾长期居于世界领先地位，并由此产生了对人类历史进程发生革命性作用的四大发明——指南针、造纸术、火药和活字印刷，这是中华民族奉献给人类文明的伟大科技成果。中国巧夺天工的工艺品、纺织品，曾长期风靡世界市场。造船业的发达，使中国最早开辟了亚、非两大洲之间的海上交通。设计合理、工程卓绝、至今犹存的赵州桥领先于世界 1 000 多年；气势雄伟的万里长城，是人类建筑史上的奇观。我国的冶炼术、炼丹术、瓷器、漆器、酿酒、染色、兵刃、食品等方面的技术也世上独有，灿烂辉煌。

中国历史文化长期领先，是建立在农耕经济充分发育的基础上，而中华文化在近代的落伍，又恰恰是小农业与家庭手工业向工业文明——商品与市场经济转型迟缓造成的。西方工业文明兴起时，自给自足的封闭型农耕经济的模式成为中国摆脱不了的桎梏，积重难返，自然使这一时期的文明落伍于近代文明。

中国传统自然经济对中国历史文化特质形成的影响为：造就了和谐精神、务实精神、重农思想和民本观念。其对民俗也有相当影响，在此不再赘述。

3. 社会制度环境

纵观中国历史文化所依托的社会环境，在漫长的历史进程中，中国的社会结构虽然发生过种种变迁，但由血缘纽带维系的宗法制度长期得以保留；封建中央集权君主专制日趋强化并长期延续。由此，中国历史文化的社会制度环境可以概括为宗法专制的社会制度。

宗法制度起源于原始社会后期的父家长制，而以嫡长子继承制、分封制和宗庙祭祀制度为标志，历经历史积淀，最后导致了深远的历史文化影响——父系单系世系原则盛行、家族制度得以维系、"家国同构"的社会格局形成。

具有很强的再生能力和包容性的中国封建制度长期延续，君主专制长期存在、中央集权不断强化并走向极端。中国封建社会较早确立地主—自耕农土地所有制，而这种体制具有较大的灵活性，劳动者同生产资料结合成男耕女织的生产单位——农户，农户有较高的自主支配和自主经营权，因而生产积极性比较高。其次，中国的封建制度在政治上较早确立了中央集权的专制政体，维护了国家的"大一统"，有利于社会的安定和发展。再次，中国的封建制度在文化上较早确立了实用理性体系，使中国避免了陷入宗教迷狂和神学独断论的歧途。中国之所以创造了世界上最辉煌的封建文明，正得益于此。

同时，由于中国封建制度的长期积淀和影响，小农业与家庭手工业结合的自然经济难以解体，宗族制对人身的拘束，礼教思想、宗法观念对人心的束缚等，都使中国的前资本主义社会进展迟缓，商品经济、市民阶层难以获得充分发育，因而，中国社会的发展始终在原有的轨道内缓步运行。

宗法专制的社会制度环境导致了中华文化的"伦理型"特征和"政治型"特征，两者相互交织，造就了伦理—政治型文化范式，其典型的代表性架构就是"内圣外王"。

"内圣外王"是古代修身为政的最高理想，指具有圣人的内在才德，对外施行王道。

"内圣外王"最早出自《庄子·天下篇》："是故内圣外王之道，暗而不明，郁而不发，天下之人，各为其所欲焉，以自为方。"天下之治道术者所追求的"内圣"是人格理想——"不离于宗，谓之天人；不离于精，谓之神人；不离于真，谓之至人。以天为宗，以德为本，以道为门，兆于变化，谓之圣人；以仁为恩，以义为理，以礼为行，以乐为和，熏然慈仁，谓之君子。""外王"是政治理想——"以法为分，以名为表，以参为验，以稽为决，其数一二三四是也，百官以此相齿；以事为常，以衣食为主，蕃息畜藏，老弱孤寡为意，皆有以养，民之理也。"由此我们可以看出，《庄子·天下篇》的"内圣外王"是儒、道、法三家思想结合的产物。通俗地讲，"内圣"就是修身养德，要求人有德行；"外王"就是齐家、治国、平天下。

虽然"内圣外王"一词不是直接出自儒学和孔子之说，但《庄子·天下篇》作者所阐述的"内圣外王之道"与孔子的儒家思想有相通之处，这就为儒家采用这一术语提供了理论依据。宋代以来，随着儒、道、释三教合流，理学出现，随之开始用"内圣外王"来阐释儒学，使"内圣外王"越来越彰显儒家色彩。

"内圣"与"外王"的结合就成为典型的伦理—政治型文化范式。其在政治上表现为儒、法合流，在文化上反映为伦理政治化和政治伦理化，突出地表现为内圣外王的心态，即修身齐家治国平天下的人生理想和追求。这在中国的学术、思想和国民的精神追求上，都有相当的反映。

二、中国历史文化的结构

关于中国历史文化的结构问题，应该注意到以下几种观点。

一是"儒家一统说"，认为中国历史文化就是儒家思想主导，其他学派都属细支末流。

二是"儒道互补说"，认为中国历史文化就是儒、道两家相互补充而成。

三是"外儒内法说"，认为中国历史文化外似儒家主宰，实则由法家提供了重大的理论支持。

四是"三教合一说"，认为中国历史文化实际上就是儒、道、释三教相互融合汇聚一体的结果。

这些说法虽都有道理，然而要将其概括为中国历史文化的结构就显得各有偏颇，都犯了以偏概全的错误。

中国历史文化主体能够续存至今，不曾消灭和断层，与其结构的超强稳定性有着密切的关系。我们认为，这样来描述中国历史文化的结构更接近真实：中国历史文化拥有广泛和雄厚的物质和精神基础上形成的三角形的超稳定结构。

首先，中国传统文化拥有广泛而雄厚的基础。

大量的原始思想和崇拜、大量的民间及神秘主义思想、朴素唯物主义与万物有灵的有神论、民俗信仰、种种自发意识和群体无意识行为、边缘化的学术流派等都是其强大的牢不可摧的基础。

其次，在此基础上，竖立着由儒、道、释三家相互渗透、相互扶持、相反相成的文化凝聚而成的完美统一体。

儒、道、释是相互渗透、互为表里的，虽然彼此间有着不同甚至相反的主张，却在一定的高度上实现了整合，构成了中国传统文化的三极。

儒家思想在中国传统文化中拥有着特定的基础和核心地位。孔孟儒学自形成后，经历了汉代董仲舒、贾谊等人的完善，受到统治阶层的赏识，成为占据统治地位的主流官学思潮。此后，儒学不断受到各王朝统治者的推崇，甚至于宋明理学家们根据发展了的社会现实进行了更加符合统治者口味的改造，使其得到了下起市井平民上至帝王将相的普遍信奉。

不论是以仁为核心、以礼为外衣的价值体系，还是操守和伦理观念、积极入世的人生理想，"大一统"的政治理念都获得了广泛的拥护。出于政治的需要，儒家学者们又吸收了包括法家在内的各家学派的合理思想，使儒家思想成为一个庞大的、深邃的，具有治国和人生双重意义的博大系统。

道家学派在中国文化中无疑具有独特的、无可替代的作用，主要表现为其"道法自然"、"无为而治"、"以柔克刚"、"以弱胜强"的理论不仅在思想政治领域，而且在社会人生方面颇具智者意味。当道教兴起后，道家思想有了更为坚定的继承者（虽然，道教还融会了阴阳五行、神仙精怪等神秘文化，但道家思想的核心地位毋庸置疑）。当儒家"入世"（修齐治平）、建功立业的人生理想难以实现的时候，隐居山林或求仙问道这种消极避世的生活方式比主张"来世说"或奔赴西天极乐世界的佛教更容易为具有一定知识和人文素养的人所接受。再者，道家和道教虽也曾在某些历史时期受到褒扬，但其核心思想的无为与帝王将相的有为毕竟存在着根本矛盾，因而只能在政治舞台上昙花一现。不过，吸收了道家思想的道教以其独特的方式如远古神话保存了全民族最原始久远的记忆，在文明传承中功不可没。

佛教来到中国以后，虽经受了"三武一宗"之厄和来自中国固有的儒家和道家的挑战与批判，但其在主流上却不断受到来自上层社会的提携和推崇，尤其在隋唐，佛教本身加速了中国化进程。禅宗、净土宗等教义简单明了、修行便捷随意的本土宗派出现了，加上唐宋以后诸如梵呗、经变等易于被广大知识较为匮乏的群众接受的文艺宣传手段的出现，使一般民众更容易被其所吸引而成为信徒，这与道家、道教一开始就以繁复的经典文献面貌出现不同，对于普通民众具有更大的亲和力。这也是佛教在中国得到普遍尊崇的文化心理原因。

在中国文化史上，儒、道、释共同构成了全体国民的内心和现实世界：进可攻、退可守，生可有为，亦可退而求其次，以得到内心的和谐。以这样的思想为内核，加之道家的与世无争、佛教的六根清净以及各自的清规戒律体系，与儒家三从四德、三纲五常的伦理相配合，并用法家主张的恢恢法网作为后盾，这一类型的文化当然具有超稳定的结构。正是有了这样的文化结构，才造就了中国人气宇轩昂、潇洒飘逸、侠骨柔情的独特气质和性格。

三、中国历史文化的内外特征

1. 内在特征

由于成长环境的特殊，中国历史文化具有以下内在特征。

（1）内在统一性。中国文化在其历史发展的长河中，逐渐形成了一个以华夏文化为中心，同时汇集了国内各民族文化的统一体。这个统一体发挥了强有力的凝聚作用，在中国历史上的任何时刻都未曾分裂和瓦解过，促进了国家的统一和进步。这一特征是在任何其他国家和民族的历史文化中都难以见到的。

（2）内在连续性。中国历史文化不像古埃及、古巴比伦和古希腊罗马文化那样，在发展中出现过断档和空白，发生间隔或跳跃甚至湮没失传，而是一环扣一环地延续着从未中断。以文学而言，从诗经、楚辞、诸子散文、汉魏诗赋、南北朝骈体文和传奇，到唐诗、宋词和唐宋散文、元曲、明清小说，一直传承着现实主义和浪漫主义两大传统。甚至于某些物质的东西虽不再流传，精神的财富依然在发扬光大。

（3）内在包容性。中国历史文化能够兼收并蓄，既由于国土的广袤，也由于经济生活曾经有太多在当时不可预知、不可抗拒的影响因素造就了民族文化的坦荡胸怀。这样的包容性不但表现为中国历史文化内部诸子百家在争鸣中能够取长补短、相互融汇，汉民族文化长期吸收周边少数民族的文化（历史上曾经出现过不少强大民族融入汉族的情况），也表现为其对外来文化能敞开博大的胸怀，有扬有弃地吸收，如佛教的中国化。

（4）内部多样性。中国文化虽然是一个完整的统一体，但因中国地域广大、民族众多，所以内部的区域文化和民族文化又呈现出显著的差异，如历史上形成的楚文化、晋文化、秦文化、燕赵文化、齐鲁文化、吴越文化、巴蜀文化以及蒙文化、苗文化、藏文化和很有特色的伊斯兰文化等。甚至不同地区的同一民族文化也有显著的区别。

2．外在特征

对于中国历史文化的外在特征，学术界一直有着分歧。

（1）哲学特性说。冯友兰（1895—1990）认为，中国文化具有以儒学为主导的哲学特性，儒学提供了丰富的人生智能，凝结成中华民族特有的心理素质，塑造了中国传统农民和知识分子的特殊性格。

（2）宗教特性说。任继愈（1916—2009）认为，中国文化是儒、道、释三教合一，儒学以及后来的宋明理学在实质上都是宗教。三教合一的思潮构成了唐宋以后直到鸦片战争前后近千年的宗教史和思想史。

（3）美学特性说。李泽厚（1930—）认为，中国文化的传统是社会政治和哲学始终占主导地位，并且同兵农工医四大实用文化联系密切，它的哲学追求是美感和乐感，而不是苦感和罪感。

（4）伦理特性说。梁漱溟（1893—1988）认为，中国文化以人伦关系为基本，讲究父慈子孝、兄友弟恭、君贤臣忠等，追求群体互助，同西方世界的个人本位和自我中心很不相同。

以上主张，均有其合理意义，然而从整体上来观察中国历史文化，又都不能将其概括全面。尤其是儒学是否具有宗教性一直存在争议。我们认为，中国历史文化具有多面性，从不同学术角度来看，其同时具有以上 4 个外在特征。

四、中国历史文化的精神

中国历史文化的精神即中国文化的主体精神，实质就是中华民族的民族精神。

五千年的灿烂文化，孕育了我们民族特定的思维方式、价值观念、审美情趣、道德风尚，形成了全民族共同认同的心理素质和精神风貌。这种民族精神，始终在中华文化的发展过程中起着主导作用，处于核心地位，由此形成的中华文化优秀传统，是我们民族文化的主流和精华。中华文化蕴含的中华民族精神，是我们民族世世代代生存、繁衍、发展的思想基础，是我们民族统一、自强自立的精神支柱，是维系全体中国人的精神纽带，是至今仍然具有强大生命力的宝贵的精神财富。中华文化的基本精神广博深厚，具有极大的凝聚作用、激励作用、导向作用、整合作用，是一个包含着诸多要素的思想体系。其中包括：天道运行、天人合一的宇宙观；天下为公、世界大同的理想追求；贵和执中、和而不同的哲学理念；自强不息、刚健有为的进取精神；励志报国、以天下为己任的爱国情操；刚正不阿、宁折不弯的民族气节；以民为本、舍己为人的价值观；崇礼重德、重义轻利的伦理观。

其中最为重要的 4 个基本方面——敬祖爱国、崇礼重德、贵和执中、自强不息，已经完全融入全体国民的精神气质中，与国人日出而作，日入而息，凿井而饮的传统生产生活方式相适应，成为政治和社会生活中必不可缺的主要内容。

不可否认的是，中国历史文化还有相当浓郁的人文色彩、思维的整体主义倾向、浪漫与务实两大传统的巧妙结合以及尚文与尚武并重的思想理念。

五、中国历史文化的突出表现

中国历史文化波澜壮阔、五彩缤纷，在世界上独树一帜。其突出表现为：源远流长、多元一体、天人合一、以人为本、安土重迁、重德重生。

英国历史学家汤因比认为，在近 6 000 年的人类历史上，出现过 26 个文明形态，但是只有中华文化是延续至今而且从未中断过的文化。中国历史文化的第一个显著特点就是源远流长。中国历史文化不仅起源很久远，而且传承至今、流播海外，形成了世界上特色鲜明的汉语言文化圈。不仅如此，中国历史文化还焕发出崇高的感召魅力，吸引了诸多境内民族组成中华民族大家庭，甚至在世界上最具有独立性和文化特色的犹太民族来到我国也接受了中国历史文化。唐宋时期，大批犹太商人经过波斯和印度进入中国，其中聚居在开封的犹太移民有七大家族，他们有专设的教堂和希伯来学校，严格地按照犹太教规生活作息，中国的皇帝还赐给他们姓氏。中国以宽容的心态接纳他们的同时，他们也逐渐融入了中国文化。今天，留在开封的犹太寺院高悬的对联是："识得天地君亲师，不远道德正途；修在仁义礼智信，便是圣贤源头。"表现了极强的汉地文化色彩。其他外来文明如基督教、佛教等异域文化来到中国，也无一例外地中国化了。

中国历史文化长期以来就是多民族共同创造的结果。在中国国家发展史上，境内各个民族都作出了自己的贡献，中国历史文化也被深深打上了多民族的烙印。从中国历史文化发展来看，其起源于多个地区——黄河流域、长江流域、辽河流域等都是文明诞生地，都留下了先民文化创造的遗迹。诸多地域文化萌芽交流融通、汇聚一体，基于农耕、游牧、渔猎等不同生产生活方式的文化类型相互激荡，以中原汉族文化为核心，形成了核心突出、特色鲜明、五彩缤纷的中国历史文化，显示了其盛大的气象和博大的胸怀。至今，我们仍能清楚地感受到各种母文化的影响，但许多历史文化现象的源头已经难以确切辨别。这是多元一体的确切含义。

天人合一指的是天与人、天道与人道、天性与人性是相类相通的。其中包含了人与自然的和谐共处思想。中华民族主要是以耕耘为生的民族，在反复的耕作实践中，人们发现，善待土地就会得到相应的回报，否则就会忍饥挨饿，从而认定人与自然有着感应关系，坚信土地也和人一样也有人格与人性，自然也随之被贯以人格与人性。传统经济受制于自然，人类只能顺应自然而不能违背自然的意志，天人关系就在事实上成为人神关系。古代百姓朴素的理念开始上升到统治者的头脑中，是古代天人合一思想的萌芽。春秋郑国大夫子产认为"礼"是自然界的必然法则，人民必须按照天经地义的"礼"行事，反映出人与天相通、人事与天事相通的思想。战国孟子把天道与人性联系起来，他说："尽其心者，知其性也，知其性则知天矣。"孟子肯定人性与天性是一致的。要知天性，从了解人性即可得到。庄子认为，人与天都是由气构成，人是自然的一部分，因而天与人是统一的，"天地与我并生，而万物与我为一"。至于后来的董仲舒、张载等人，更是把天和人、天事与人事附会到一起，为天人相通学说推波助澜。董仲舒强调"天人之际，合而为一"，甚至说"天亦有喜怒之气，哀乐之心，与人相副，以类合之，天人一也"，并提出"天人感应"说。他认为天能干预人事，人的行为也能感应上天。他在《对贤良策一》中指出："国家将有失道之败，而天乃先出灾害以遣告之；不知自省，又出怪异以警惧之；尚不知变，而伤败乃至。"他相信人君的善政、人们的某些宗教仪式也能感动上天，促使其改变原来的安排。由此建立了一整套的封建神学体系。两宋时期，天人合一思想发展成为占主导地位的社会文化思潮，几乎为各派别的思想家所接受。张载在中国文化史上第一个明确提出了"天人合一"的命题。他认为，儒者"因明致诚，因诚致明，故天人合一，致学而可以成圣，得天而未始遗人"。在张载看来，人与天地万物都是由气构成，气是天人合一的基础。他在《西铭》中说："乾称父，坤称母，予兹藐焉，乃混然中处。天地之塞，吾其体；天地之帅，吾其性；民吾同胞，物吾与也。"肯定人是自然界的一部分。天地犹如父母，人与万物都是天地所生，都由气所构成，气的本性也就是人和万物的本性。张载还认为，性天相通，道德原则和自然规律是一致的。因而把"天人合一"当做人所应追求的最高境界，即天人协调。他在学术上主张"为天地立心，为生民立命，为往圣继绝学，为万世开太平"，更是启迪了一代又一代读书人。程伊川也认为："道未始有天人之别，但在天则为天道，在地则为地道，在人则为人道。"天人合一说的影响是深远的，除被后来的学者普遍接受外，还渗透于社会生活的各个层面：每有天灾人祸，皇帝总要下诏"罪己"，检讨为政的得失，以求上天的谅解；为人处世，要讲究"天理良心"；经济活动要"利用厚生"；伦理道德必须"尊亲配天"等。总之，天人合一思想认为，自然与人协调统一，人要遵循自然规律才可有所作为，即要"顺乎天，应乎人"。这种朴素的理念充分显示了中国古代思想家对于人与自然之间关系的正确认识。这与西方文化强调人要征服自然、改造自然才能求得生存和发展有着根本区别，有鲜明的中国特色。

中华文化中人的教化被看成是头等重要的事情。作为伦理类型的文化，它的主题是人，它的关系是人，它的目的和归宿都是人。以人为本，就是指以人为考虑一切问题的根本，就是肯定在天地人之间，以人为中心；在人与神之间，以人为中心。在中国历史文化元典中，人是宇宙的中心。天人之间，人为主导，人是目的，充分体现了以人为本的文化精神。以人为本必然对鬼神进行否定。殷商到周，早期宗教的天帝、鬼神等观念影响力便逐渐衰退，周的统治者从殷的灭亡中吸取了一定教训（今天我们仍用的"殷鉴"一词也由此而来），用"天"袭取了殷商"帝"的位置，冲淡了人格神的主宰地位，而且提出"天命无常"、"敬德保民"等思想，并从宗教观念中分离出"人德"的观念。春秋时期，"人德"观念进一步发展，人们开始对神提出怀疑。孔子认为，"天道远，人道迩"，提出"未能事人，焉能事鬼"，表现了"敬鬼神而远之"的谨慎与淡漠。虽然孔子也讲过"祭（神）如（神）在"，但在当时已经是对鬼神的否定了，只不过采取了曲折的方式。相反，孔子注重研究现实人生问题，竭力倡导"仁"的价值观，力图创造一个人人相爱、世界大同的理想社会。思孟学派和《易传》一派共同建构了儒学的宇宙观。思孟学派以"诚"为贯通天地的精神，认为只有以"诚"的精神创造出充实健康的人类社会时，才有充实健康的宇宙，意为宇宙并不处于人文世界之外，而是人文世界的一个组成部分。这种宇宙观充满对人类文化的自信，认为宇宙间并不存在一个更高的主宰，文化精神可以主宰天地。《易传》以阴阳二气的运作解释宇宙的变化，并把这种变化与人类两性的交合生殖行为联成神秘的一体。这样，宇宙的人文主义解释更具体地落实到"夫妇"这个最基本的伦理单元上而不是神鬼。中华文化的另一主干——道家也认为，自然界并不包含一种特别的意志。自然的本质是"无为"，是一个指引人类返璞归真的神秘存在。道家主张向自然学习，即"人法地，地法天，天法道，道法自然"。自然的意义是启示人类意识到自身局限性，然后以一种艺术的洞察力，领悟人生与世界的深奥内涵。正是中国历史文化这种以人为本的精神理念的影响，使中华文化呈现出独特的文化气象，中华民族建立起了艺术化的知识观和人生观，学术追求也更多地将目光投向现实人生与世俗事务管理。如管子就有"仓廪实则识礼仪，衣食足则知荣辱"。普通民众也更多地研讨生活本身的意义和价值，讲求用人类自身的力量促成现实问题的解决。如"求神不如求己"、"自己动手，丰衣足食"的大众精神形态就是人文主义的代表。再加上中庸之道的影响，民众为人处世以恰到好处为准则，不说过头话，不做过头事，举止有度，不走极端的传统，充满了人性关怀。艺术、制度、法律等都建立在人性基础上，为人的需要而设置，为满足人类自身需求为宗旨就是以人为本的体现。虽然，宋明理学有"存天理，灭人欲"的主张，但其绝非将"天理"与"人欲"截然对立，而只是在其间寻找新的平衡。

几千年来，中国人"日出而作，日入而息，凿井而饮"，与土地建立了极其亲密的骨肉亲情，在中国历史文化的血脉里，流淌着对土地浓郁的眷恋之情，这就是"安土重迁"。所谓安土重迁，就是安于故土，不肯轻易搬迁。《周易》说："安土敦乎仁，故能爱。"《礼记》称："不能安土，不能乐天；不能乐天，不能成其身。"华夏先哲认为，安于土地的人厚道朴实、富于爱心。如果不能安于土地，就不能乐观向上；不能乐观向上，就不能形成完整的人格。由此看出，"安土"这一心理实质上是中华民族最基本的心理特征之一。与土地的亲缘关系，直接影响到中华文化的各个层面。在政治上，"禹、稷躬稼而有天下"，至于后来封土建国（简称封建），"普天之下，莫非王土；率土之滨，莫非王臣"。历代统治者建立的日益完善的户籍管理体系，都来源于这种关系又强化着这种关系。土地是权力的根本所在，也是终极目标。"逐鹿中原"也好，开疆拓土也好，都是为了土地这一最基本的生产资料。在经济上，农业是国家的根本命脉。中国的节日，也多是由农时节气演化而来。农业生产的季节性与规律性，使华夏民族逐渐养成了重经验的思维习惯，这些经验的屡验不爽，逐渐积淀成传统；而传统的掌握者和传习者——老人（当时人的平均寿命很短），也由此获得权威和尊敬。有人说，中华文化崇古重老，其根源正在于此。安土自然而然地导致重迁。盘庚迁都时，对他的臣民没少费口舌。中国历史上的重大迁移都是在生存受到威胁的情况下不得已而为之。因此，华夏民族从没有对周围民族构成真正的威胁，即使中国在世界上强大得无以复加时，她对周围的领土也少有觊觎之心。中华文化以一种宽厚平和的心态观察世界。中华民族是一个热爱和平的民族。

安土重迁在文化上的意义是双重的。一方面，它栽培了文化的根系，成为文化稳定、民族发展的基石，带来数千年从未中断的文化传统的荣耀；另一方面，它束缚了文化的手脚，也使我们承受其所带来的前进之不易。中国任何形式的渐进式变革较之激进式变革更易于被人们接受。

中华文化强调人世间的价值，认为要使人世和谐，就要追求礼乐社会与仁民政治。而贯通礼乐社会与仁民政治的就是重德精神。所以在中华文化中重德（即重视道德修养）与重生（即重视人生价值）是统一的。就个人而言，道德修养是人生价值实现的崇高目标；就社会而言，一切道德规范的目的都是为了维护社会的稳定，创造一个君义臣忠、父慈子孝、夫敬妇从、兄友弟恭、朋友有信的理想社会。中华文化重德精神最明显的表现是将道德意识渗入政治领域，从而为君权至上的专制主义寻到一个道德"庇护所"。在中国传统社会中，国是家的放大，因此，国家一向被看成是人伦关系的总和。国君或皇帝是家庭中父的放大，是国家这个"大家庭"的家长，他既是国家政治组成的中心，也是社会人伦秩序的中心，从而把家庭伦理关系投射到国家政治上。国家常以推行道德观念代替具体制度的实施，其最典型的代表就是孔子的德治思想和孟子的仁政思想。孔子说："为政以德，譬如北辰，居其所，而众星共之。"意思是说，依靠道德来管理国家，就好比北极星处在它本身所在的位置，其他的星就会像臣子一样簇拥它。孔子认为为政必须有道德规范，统治者必须首先具备美德。孔子还说："政者正也。子帅以正，孰敢不正？"意思是说，行政就是扶正匡邪，管理者带头端正自己，谁敢不端正？可见，孔子所谈的一系列为政的问题实际上都是道德问题。在孔子看来，政令、刑罚的效果虽然明显，但有不及，不能从根本上解决问题。只有道德的力量无限，能够把人伦之道、内心之德，贯彻于日常生活中，使之成为一种规范的行为方式。秦推行法家路线，以刑罚为重而短命，刺激了儒家德治思想的发展。以董仲舒为代表，儒家思想配以阴阳五行学说，提出了"阳德阴刑"的理论。他认为"阳为德，阴为刑。刑主杀而德主生……王者承天意从事，故任德而不任刑"。这表明自汉代以后，儒、法趋于合流，但以礼、仁为中心的"德治"仍处于主导地位。董仲舒的理论对中国古代法律制度的形成产生了较大的影响。其中最重要的影响是道德法律化，即道德与法律合二为一，形成一种具有强制性的道德体制。儒家认为，治国首先在于统治者的道德示范作用，由上至下的道德启示可以产生由下至上的道德效法，于是政治、法律的着眼点由制度转向道德。道德法律化的直接效果是：首先，道德成了中国人"做人"的根本准则，失德就会受到严厉的制裁。所谓"乱臣贼子人人得而诛之"，"人而无仪，不死何为"，促使人们严格遵守各项道德规范，人人循规蹈矩。其二，有利于保证社会的稳定与发展。"礼仪之邦"的美誉也由此而来。但其中的陈腐说教，如"三从四德"，束缚了人的个性发展，影响到整个民族的创新活力，也直接阻碍了社会发展的进程。

我们把握中国历史文化的理论范畴，就是要取其精华，去其糟粕，推陈出新，善于从历史中继承和发展本民族和世界其他民族创造的优秀文明成果。

练 习 题

一、填空题

1. 中国历史文化的轴心时代指的是＿＿＿＿＿时期。两汉在思想上，从"与民休息"的黄老之学到"＿＿＿＿＿＿"是治国思想的转变，同时也为中国历史文化的发展确定了走向，那就是以＿＿＿＿＿家为核心，博采众家之长，从而实现自身的发展和进步。

2. 中国传统的生活方式是_____，来自中国历史文化的中国人的独特气质和性格是_____。

二、名词解释

历史文化　安土重迁　天人合一

三、简答题

1. 中国历史文化的主体精神有哪些？
2. 中国历史文化有哪些内外特征？
3. 中国历史文化具有什么样的结构形态？
4. 文化的概念是什么？你如何认识文化和文明的关系？
5. 请概括中国历史文化的生态环境和影响。

四、思考题

1. 学习中国历史文化对旅游业的发展有什么意义？
2. 结合中国历史文化的发展历程，你认为中国历史文化发展最重要的时期是什么？为什么？

第一篇

中国古代哲学与宗教文化

第 一 章

先 秦 哲 学

一、孔子和儒家思想体系的形成

孔子（前 551—前 479）名丘，字仲尼，春秋时期鲁国（今山东曲阜）人。孔子幼年丧父，大约 20 岁时在家乡办私学，以礼、乐、射、御、书、数诸科教授生徒。他有教无类，广收门徒，在中国教育史上作出了开创性的贡献。孔子在中年时一度从政，表现出特殊的政治才干。55 岁时，孔子率领弟子周游列国，宣传自己的政治理想；13 年间，他和弟子们历经卫、宋、陈、郑、蔡、楚等国，非但没能被重用，反而颠沛流离，历尽艰险，几次陷入绝境。孔子在 68 岁时返回鲁国，不再参与政治活动，把主要精力用在授徒讲学方面。为了教学的需要，他集中研究、整理了一批古代文献，编纂审定《诗》、《书》、《易》、《礼》、《乐》、《春秋》六经，为中国文化的发展奠定了基石。孔子是我国古代伟大的思想家和教育家，儒家学派创始人，世界最著名的文化名人之一。孔子对后世影响深远，虽说他"述而不作"，但他在世时已被誉为"天纵之圣"、"天之木铎"、"千古圣人"，是当时社会上最博学者之一，后世尊称他为"至圣"（圣人之中的圣人）、"万世师表"。孔子生活在奴隶社会濒临崩溃、封建社会正在形成的社会转型时期，针对当时的社会动荡，他极力主张恢复周礼（周代的社会制度），创立了儒学思想体系。孔子的儒学思想主要集中反映在由他的学生记录整理的《论语》一书中。其主要思想体现在以下几个方面。

1. 仁的思想

仁是孔子儒学的思想核心。孔子谈论任何问题，不论是讲为政还是讲做人，不论是讲求学还是讲交友，不论是讲修身还是讲处世，无不围绕着这个"仁"字。"仁"既是一切行为的出发点，又是人的一切行为的归宿；既是人安身立命的原则、人的最高道德信条，又是人所以为人的根本。有人统计，《论语》共有 15 900 字，而其中"仁"字出现了 109 次。

这足以证明，孔子的学说思想，无处不围绕着"仁"去展开。

仁是关于道德的学说。"仁"作为人的本性的最高表现是"孝悌"，即父义、母慈、兄友、弟恭、子孝；作为人的美德的最高概括是"爱人"。"仁"的核心是"忠恕"。孔子提倡"志士仁人，无求生以害仁，有杀身以成仁"，"克己复礼为仁"；主张将社会外在的规范化为个体内在的自觉；作为社会的个体成员应该"己所不欲，勿施于人"，"居处恭，执事敬，与人忠"，"恭则不侮，宽则得众，信则人任焉，敏则有功，惠则足以使人"等。孔子的仁学构筑了中国传统文化伦理、封建政治的基本框架结构。

2. 礼的思想

孔子主张以礼作为社会行为规范。孔子面对春秋时期"礼崩乐坏"的局面呼吁恢复周礼，而恢复周礼的办法是正名，即"君君、臣臣、父父、子子"；强调"名不正则言不顺，言不顺则事不成，事不成则礼乐不兴"。他希望把人们所有的活动都纳入到礼的规范之下，所谓"非礼勿视，非礼勿听，非礼勿言，非礼勿动"，并且把礼看做是实现其最高理想"仁"的重要途径，"一日克己复礼，天下归仁焉"，以此建立一套严格的社会等级秩序。

3. "为政以德"的德政思想

首先，为政要"宽"：滥用刑杀会众叛亲离。

其次，为政要"惠"：实行富民政策，只有人民富足了，国家才能够强盛。孔子到卫国，冉有问："像卫国，人口已经很多了，下一步做些什么事情呢？"孔子回答："让他们富足起来。"冉有再问："富足起来之后怎么办呢？"孔子回答："教导他们。"

第三，使民以时：役使老百姓要避开农忙时节，使百姓"劳而不怨"、"择可劳而劳之，又谁怨？"

4. 伦理和教育思想

孔子学说中最有价值的是其教育思想。他第一次提出"有教无类"，在一定程度上打破了奴隶主贵族对教育的垄断。在教学实践中，孔子强调"诲人不倦"、"循循善诱"，进行启发式教学，注意发挥学生主观能动性，在学生感到有问题时才加以指点："不愤不启，不悱不发。举一隅不以三隅反，则不复也。"注意因材施教，针对学生的不同情况给以不同的教育。这些思想在中国教育史上产生了无比深远的影响。

二、孟子对儒家思想的贡献

先秦儒家第二位大师孟子（约前 372—前 289）名轲，字子舆，邹国人。孟子三岁丧父，孟母艰辛把他养大。孟母对他管教很严，"孟母三迁"、"孟母断织"的故事成为千古美谈，使孟子最终成为一代儒圣，被称为"亚圣"。他终生以授徒讲学为业，全面发展了儒家学说。其思想主要反映在由他本人讲论并与弟子共同编定的《孟子》中。

民本思想是孟子政治思想的精华。他认为，对一个国家来说，"民为贵，社稷次之，君为轻"；"君有大过则谏，反复之而不听，则易位"；"诸侯危社稷，则变置"。所谓"易位"、"变置"都是撤换的意思。孟子还说："君之视臣如手足，则臣视君如腹心；君之视臣如犬马，则臣视君如国人；君之视臣如土芥，则臣视君如寇仇。"他把君臣之间的关系看成是在一定程度上相互对等的关系，没有天生的服从和隶属的义务，这和坚持"君君臣臣"之道的孔子有所不同。

孟子哲学的核心是"性善论"和"良知论"。他认为，每个人都具备道德观念的基本萌芽："恻隐之心，仁之端也；羞恶之心，义之端也；辞让之心，礼之端也；是非之心，智之端也。"四端就像人的四肢一样，与生俱来。有的人不能成为善人，不是人性有什么差别，而是由于他不去培养扩充这些善端，从而失去本性。孟子还说，"圣人与我同类"，"人皆可以为尧舜"，不承认人有先天的等级差别，这一思想具有积极的意义。宋以后，孔子被尊称为"至圣先师"，孟子被称为"亚圣公"。

三、儒家思想对中国社会和文化的影响

儒家思想对中国社会和文化产生了深刻的影响，尤其在汉武帝刘彻采取儒生董仲舒"罢黜百家，独尊儒术"的思想以后，儒家思想成为占统治地位的意识形态和中华民族传统文化的核心与主体，构成了中华民族精神文化的重要内容。它对中国社会和文化的影响是多方面的。

1. 对历代政治思想的影响

儒家思想有着浓厚的人文主义精神，认为人是宇宙的中心，所以历代的统治者在以儒家思想实行政治统治的时候，崇尚礼仪道德，以仁为本，实行仁政，主张"爱民"、"重民"、"以德治天下"。它要求君王勤政爱民，力行仁政，臣子也要以圣君的标准来为君王绳过纠错，有利于封建统治的延续和改良。但随着专制主义统治的日益加强，君权、族权、夫权等的扩大，儒学中制约君主的理论几乎成为一纸空文。儒学期望通过君王个人的道德感悟来约束自己而不是通过制度和法律来控制，体现出中国政治生活中强烈的"人治"特点。

2. 对个人修养和中华民族精神的影响

儒家历来重视人的自身修养和气节操守。孔子提倡"杀身以成仁"、"修己以安人"，孟子主张"舍身而取义"。他们都希望通过增强道德意识的自我约束力，铸造理想的人格，以追求理想政治的实现。在此基础上产生的克己奉公、以天下国家整体利益为重的观念已成为中华民族的优良传统。这一精神特别表现在无数仁人志士为国家利益牺牲个人利益乃至生命时的强烈的爱国主义精神中，显示了中华民族的强大凝聚力，铸就了中华民族的灵魂。

3. 对自然观念和社会伦理的影响

儒学重视人与自然、人与人之间的和谐统一，提倡天人合一、天人相通，主张"克己复礼"，以礼来规范人与人之间的关系，具有丰富的、协调各种人际关系的伦理理论和道德原则，可以改善以物质利益为中心而造成的冷漠的社会关系和家庭关系，重建和修正人们的人生信仰和做人之道。儒家提倡的敦厚真诚、勤俭朴实、谦虚好学、坚强乐观等仍是我们今天社会所倡导和认同的。

4. 儒家思想有着重要的现实意义

儒家思想中重人伦、求和谐、盼安定、讲诚信等观点，有利于社会的稳定和长治久安，在现代社会的管理中也是具有积极意义的。在国际政治上，儒家思想中的讲王道、不要霸道的理论，对于人们反对强权政治、维护世界和平同样有着积极意义。在经济管理上，儒学讲究发展的和谐性，为可持续发展提供了可贵的思想依据。在文化上，儒家弘扬集体观念、持中庸的观点，对多极文化并存和推行和平共处、共同发展的国际政策都有积极意义。

第二节 道家学派

一、老子与道家思想体系的形成

老子（约与孔子同时代），姓李名耳，字伯阳，又称老聃，后人称其为"老子"，楚国苦县（今河南省鹿邑县）人，我国古代伟大的哲学家和思想家，道家学派创始人，世界文化名人。老子生活在春秋时期，曾任东周藏室史（相当于国家图书馆馆长）。他博学多才，孔子周游列国时曾向老子问礼。老子晚年乘青牛西去，在函谷关（位于今河南灵宝）写成了五千言的《道德经》。《道德经》含有丰富的辩证法思想，老子哲学与古希腊哲学一起构成了人类哲学的两个源头，老子也因其深邃的哲学思想而被尊为"中国哲学之父"。老子的思想被庄子所传承，形成道家学派，道家学派从一开始便形成了丰富的思想体系。

1．老子"道法自然"的本体论与宇宙观

"道"是老子及其后来的庄子思想的核心，是最高的哲学范畴，所以他们被称为道家。"道法自然"有两层含义。

（1）"道"是世界的本原。"有物混成，先天地生，寂兮寥兮，独立而不改，周行而不殆，可以为天下母，吾不知其名，字之曰道。"就是说，有一个浑然一体的东西，生在天地之先。它可以成为天下万物的母亲，我不知道它的名字，就把它叫做"道"。老子还进而指出了世界生成的模式是："道生一，一生二，二生三，三生万物，万物负阴而抱阳，冲气以为和。"

（2）"道"是自然界普遍的、不可改变的、永恒的自然法则。"道常无为而无不为"，"独立而不改，周行而不殆"。在他看来，"道"的作用是自然而然的，任何事物都要遵守这种规律："人法地，地法天，天法道，道法自然。"

2．朴素的辩证法思想

（1）世界万物存在着互相矛盾的两个对立面："有无相生，难易相成，长短相形，高下相倾，音声相和，前后相随。"

（2）矛盾双方只有在相互比较中才有相对的价值："天下皆知美之为美，斯恶也。"

（3）矛盾双方又会在一定条件下互相转化："曲则全，枉则直，洼则盈，弊则新，少则得，多则惑。""多易必复难。""福兮祸所伏，祸兮福所倚。"

（4）事物的本质往往隐藏在它的对立面："大成若缺，大盈若冲，大直若屈，大巧若拙，大辩若讷，大智若愚。"

（5）事物的转化要经历一个过程："合抱之木，生于毫末；九层之台，起于累土；千里之行，始于足下。"所以要"图难于易，为大于其细"。

3．老子"无为而治"的政治思想

老子认为，既然作为万物起源的"道"都以自然为法则，那么统治者治理国家也应顺其自然，实行"无为而治"的方针："道常无为，而无不为，侯王若能守之，万物将自化。"又说："我无为而民自化；我好静而民自正；我无事而民自富；我无欲而民自朴。"在他看来，越是对老百姓宽厚，民风就越淳朴；越是严刑峻法，民心越是"不古"。他劝统治者"处无为之事，行不言之教"。和"无为而治"相联系，老子向往"小国寡民"的社会思想。他认为人在自然中具有重要地位和作用："故道大，天大，地大，人亦大。域中有四大，而人居其一焉。"其对人的肯定表现在回归自然、避世的观点之中。老子厌恶人世间勾心斗角和尔虞我诈，期望进入"小国寡民"的理想社会之中，在那里"甘所食，美其服"，"安其居，乐其俗"，"邻国相望，鸡犬之声相闻，民至老死不相往来"。老子的这一政治理想显然是幼稚的，不符合历史发展的规律。

为了达到这个理想，老子显然站在了儒学的对立面，他鄙视仁义礼智，认为任何文明都是腐蚀人心、败坏风气的："大道废，有仁义；智慧出，有大伪；六亲不和，有孝慈；国家昏乱，有忠臣。"他把仁义智慧看做"道"的对立物、理想社会的绊脚石，因此主张"绝圣弃智"、"绝仁弃义"、"绝巧弃利"，认为只有这样才能使"民利百倍"、"民复孝慈"、"盗贼无有"，从而回到"小国寡民"的理想社会状态。

老子政治思想中也有极其消极的内容，那就是其愚民思想。他认为，"民之难治，以其智多。故以智治国，国之贼；不以智治国，国之福。"从这种认识出发，他宣称："古之善为道者，非以明民，将以愚之。"圣人治理天下，对老百姓应该"虚其心，实其腹；弱其志，强其骨。常使民无知无欲，使夫智者不敢为也"。老子的这种愚民主张，和孔子的治国权谋一样，都是为统治者所设计的。历代的封建统治者，从老子这里吸取了不少帝王南面之术。这种愚民政策实施的结果是大大阻碍了社会进步，压抑了民智的开发，遏阻了民族精神的发展。

二、战国时期庄子对道家思想的发展

庄子（前 369—前 286）名周，字子休，战国时期宋国蒙城（今河南商丘）人，是继老子之后道家的主要代表人物，也是战国时期对道家思想的发展作出贡献的主要人物。他曾经做过漆园小吏，后隐居于穷闾陋巷，以织屦糊口。楚威王曾以千金聘其为相而不受。庄子与惠施为友，常与其切磋学问，著有《庄子》（道教称《南华经》），约 10 万字。其书富有哲理，想象丰富，主要有以下观点。

1．天道无为与宿命论

庄子的思想来源于老子。庄子的"道"是"天道"，把老子的理论神秘化，认为道是超越时空的无限本体，生于天地万物，无所不在；然而其又是自在无为的，在本质上是虚无的。他把老子的客观唯心论发展为主观唯心论。他以"物不胜天"（《大宗师》）作为中心理论，认为在"道"面前，人是无可奈何的，这种无可奈何叫做"命"："得者，失也，失者，顺也。安时而处顺，哀乐不能入也。""知其不可奈何而安之若命。"从而否定了人的主观能动性，具有宿命论倾向。但其中也包含了只有尊重客观规律，才能获得自由的合理因素。

2．万物齐同的思想——相对主义认识论

庄子把老子的辩证法思想发展为相对主义诡辩论，实际上是抹杀事物之间的界限，从而走向不可知论。如前所述，庄子认为既然在"道"面前人无可奈何，就只能"无为"。无为即无是非、无成败、无梦醒、无生死、无时间空间，"天地并"，"古今无"。他主张"齐是非"："是亦彼也，彼亦是也。彼亦一是非，此亦一是非。""齐物我"："我"与自然万物之间并无界限，"天地与我并生，万物与我为一"，最好取消"我"与"非我"之别，如"庄周梦蝶"等。"齐生死"："方生方死，方死方生"，"其生之时，不若未生之时"，故"生而不悦，死而不祸"。"齐大小"："天下莫大于秋毫之末，而太山为小。"细大不可分，也不必分。"万物一齐"，孰短孰长？"庄子认为客观事物的一切差别，都是人为的产物，因而也可以在主观上加以泯灭。

3．消极避世的政治思想

庄子的社会政治观同样继承了老子，他提倡"无君"的社会，认为正是因为有君王的存在、有圣人的存在，社会才有了纷争，才有了令人憎恨的"窃钩者诛，窃国者为诸侯，诸侯之门而仁义存焉"的不平等现象。进而他主张抛弃一切现有文明，回到原始社会状态以消除纷争："山无蹊隧，泽无舟梁；万物群生，连属其乡。""同与禽兽居，族与万物并，恶乎知君子小人哉！"

4．追求精神自由的思想

庄子认为既然人在"道"（自然）面前是无可奈何的，再以有限的生命追求无限的知识，人们将承受巨大的压力和痛苦。因此，人们应当追求精神上的解脱。他说："人生天地之间，若白驹过隙，忽然而已。"他认为生死不过是"假于异物，托于同体"，人应以"生为附赘悬疣"，以"死为决疣溃痈"，活着不如死了痛快。所以他自甘贫贱，自我麻醉，玩世不恭，与世无争，讥笑一切改造社会的努力，劝说人们不要为世所用，无用就是大用。庄子追求精神自由的积极意义是，告诫人们安时处顺，在逆境中学会自我解脱。

第三节 其他学派

一、墨家

墨家是中国古代主要哲学派别之一，约产生于战国时期。墨家学说是当时的社会下层人民的思想代表，其创始人是手工业者出身的墨子。墨子早年曾受过儒学教育，后来创立了一套自己的思想体系。墨家思想主要是"历物十事"，即尚贤、尚同、兼爱、非攻、节用、节葬、非乐、非命、天志、明鬼。在认识论方面，墨子提出了"三表法"，认为立论当推究来历、详实情和经实用考验，在中国历史上首次提出了对人的认识进行检验以及检验的标准。墨家在战国中期一度发展很快，成为显学，但自西汉儒学受到统治者的重视后，墨家学说几乎成为绝学。

二、法家

法家源于春秋时期的管仲、子产。他们注重组织和领导的理论和方法，具有冷静的眼光和理智的态度，精于各种利害关系的算计，尊奉冷酷无情的利己主义。战国前期的代表人物有李悝、商鞅、申不害、慎到等，后期则以韩非、李斯为代表。前期法家多为从政者，是当时政治变法的积极设计者、倡导者和组织者。尤其是商鞅在秦国的两次变法，使秦国迅速地强大起来。

韩非子是法家思想的集大成者。他的思想包括历史观、伦理思想和政治学说三部分。在理论上，他提出了进化的历史观、功利的道德观和集"法"、"术"、"势"为一体的政治观。他认为人类历史是一个发展的过程，社会不同发展阶段有各自的特点和主题，所以，应"世异则事异，事异则备变"；一切人与人之间的关系都可以归结为某种利害关系；政治上应该以"法"治国，以"术"治官，以"势"守之。"法"指除君王外人人必须遵守的规章制度。"术"指君王驭人的权术，高深莫测，喜怒无常，让人无法揣摩。"势"指君王的权势地位，这是推行"法"、"术"的保证。

韩非子的思想强调暴力和权术，鄙薄仁义道德，讲究运势而治人的权术。他的理论后来为秦国所利用，加速了秦统一中国的进程，但也加速了秦王朝的灭亡。法家思想一直是后来中国历代统治者秘而不宣的、十分重要的封建统治术。

三、名家

名家即辩者，又称刑名家，主要讨论名实关系和概念同异、离合问题。早期的"辩者"（名家）是春秋时期郑国人邓析，他能操两可之说，设无穷之辞。他是名家的创始人。战国时期的代表人物有公孙龙、惠施等。他们擅长论辩，探索了事物的同一性和差别性，对古代逻辑学的发展作出了贡献。

名家并无相同的政治思想或经济主张，仅仅是他们都以"名"为研究对象，并以此区别于其他学派。在名家内部，由于观点不同又形成若干派别，其中主要有合同异派和离坚白派，其代表人物分别为惠施与公孙龙，两派侧重点不同，各持一端。合同异派夸大事物普遍联系和变动不居的特性，犯了相对主义的错误；离坚白派则夸大事物的相对独立和相对静止性，犯了绝对主义的错误。

四、阴阳家

阴阳家是先秦时期以阴阳五行说为中心、以同类相应为基础，重视先兆征象、顺应四时规律的哲学流派。此流派多由古代天文家、占星家组成。他们在长期天象观测中，看到"天则有日月，地则有阴阳；天有五星，地有五行"，掌握了自然界阴阳五行变化的某些规律。他们把本来带有朴素唯物主义性质的阴阳五行神秘化，用五行生克的理论说明王朝的更替，以"五德终始"说为新兴王朝提供理论依据，使阴阳五行理论走向了唯物主义的反面，并赋予其强烈的神秘主义色彩。在我国古代，无论是阴阳家还是术数家，对社会的作用就是以天象来预测人事的吉凶祸福，从而把科学和巫术结合在一起。

阴阳家作为一个哲学流派，是科学从属于巫术的矛盾体系。一方面从科学生产实践中，他们掌握了天象运行规律和作物生长周期，积累了丰富的阴阳消长和五行生克的朴素辩证法思想；另一方面在说明世界的统一性时，他们往往把自然和社会混同，用天象变化来比附、隐喻人事的吉凶祸福，宣传天人感应的神秘主义。

五、纵横家

纵横家是先秦诸子百家中一个特殊的流派。《汉书·艺文志》："纵横家者流，盖出于行人之官。""行人"，古官名，即通使之官，周官有大行人、小行人，属秋官；春秋、战国时各国皆有行人；汉代为大鸿胪官，后改称大行令。

战国末年，纵横策士之风兴盛。一些人周旋于列国，四处游说，献计献策，以此取富贵。其创始人是战国中期富于传奇色彩的人物鬼谷子。苏秦、张仪是纵横家的代表人，鬼谷子的门生。纵横家专门从事政治外交，如苏秦主张"合众弱以攻一强"，即"合纵"；张仪主张"事一强以攻众弱"，即"连横"，他们的主张在当时影响很大。

纵横家思想属智谋型，主要集中于《战国策》。秦汉以后，纵横家作为一个学派终于不复存在，但在分裂动荡时期，纵横家的形象不断再现。

六、农家

农家是先秦以神农为尊的学派，因注重农业而得名。《汉书·艺文志》："农家者流，盖出于农稷之官，播百谷，劝耕桑，以足衣食。"《汉书·艺文志·诸子略》将农家列为九流之一。

农家学派认为农业是衣食之本，应放在首位，主张耕战政策，奖励农业生产，研究农业问题。农家对农业技术和经验的总结及其朴素的辩证思想，见于《管子·地员》、《吕氏春秋》、《荀子》等。农家主张"贤者与民并耕而食，饔飧而治"、"市贾不二"，肯定分工互助，提倡平等劳动、物物等量交换。

秦汉以后，历代农家成为专门研究农事的技术流派，编著了许多农书，为我国古代经济的发展、技术的进步作出了突出贡献。

七、杂家

杂家是战国末期到汉初糅合各派观点的学派。《汉书·艺文志》："杂家者流，盖出于议官，兼儒、墨。"杂家的出现，大体上反映了战国末期学术文化融合的趋势。杂家的代表人物是吕不韦，代表作有《吕氏春秋》。

练 习 题

一、选择题

1. 孔子儒学思想体系的核心是（   ）

    A. 礼   B. 仁   C. 义   D. 孝

2. 性善论的主要代表是（　　　）

　　A. 孔子　　　　　B. 荀子　　　　　C. 孟子　　　　　D. 庄子

3. 愚民思想的提出者是（　　　）

　　A. 孔子　　　　　B. 孟子　　　　　C. 老子　　　　　D. 庄子

4. 法家的集大成者是（　　　）

　　A. 韩非子　　　　B. 申不害　　　　C. 李斯　　　　　D. 慎到

5. 春秋战国时期，对我国古代逻辑学的发展作出重要贡献的学派是（　　　）

　　A. 墨家　　　　　B. 法家　　　　　C. 阴阳家　　　　D. 名家

二、填空题

1. 孔子晚年整理的"六经"分别是：＿＿＿、＿＿＿、＿＿＿、＿＿＿、＿＿＿、＿＿＿。

2. ＿＿＿＿以后，孔子被称为"至圣先师"，孟子被称为"＿＿＿＿＿"。

3. 庄子的天道无为思想以"＿＿＿＿＿＿"为中心理论。

4. 春秋战国时期，社会下层人民的思想代表是＿＿＿＿＿＿，以神农为尊的学派是＿＿＿＿＿。

5. 墨家思想主要是"历物十事"，即尚贤、＿＿＿、兼爱、＿＿＿、节用、＿＿＿、非乐、＿＿＿、天志、＿＿＿。

三、思考题

1. 孔子儒学的思想体系包括哪些内容？在战国时期有哪些发展？

2. 试述儒家思想对中国社会及文化的影响。

3. 老子创立的道家学派主要有哪些思想内容？战国时期的庄子对其有哪些发展？

第二章

秦汉以后中国哲学的发展

一、两汉经学

秦王朝推崇法家思想，实行极端的中央集权统治，最终激起农民起义，仅存 14 年就灭亡了。西汉之初流行黄老之学，这对长期战乱后社会生产的恢复，人民的休养生息有着重要意义。但随着经济的恢复和国力的增强，黄老思想已不能适应统治者的需要。汉武帝采纳儒生董仲舒的意见，"罢黜百家，独尊儒术"，把儒学作为统治思想的基石，从此，儒家经学成为中国封建时代的"国学"，儒家思想成为封建社会的正统思想，中国哲学进入了一个经学时代。所谓经学，就是训释或阐述儒家经典之学。经学又有今文经学（董仲舒为代表）和古文经学（刘向、刘歆、班固、王充等为代表）之分，今文经学与古文经学之争成为中国学术史上最大的争论。中国古代哲学思想出现了以儒家思想为主的第一次大融合，给整个封建社会的意识形态带来深远的影响。

在两汉经学独尊地位确立的过程中，董仲舒的思想及其对儒家学说的改造起了决定性作用。董仲舒（前 179 –前 104），广川（今河北景县）人，汉景帝时为博士，武帝时任江都相、太中大夫，晚年居家讲学。其主要著作有《春秋繁露》、《举贤良对策》等。其思想要点主要有以下几个方面。

1. "天人感应"与君权神授学说

董仲舒在解答宇宙的起源、演变、结构时，以先秦儒家为基础，吸收其他各家，特别是阴阳五行家的观点，创造出一个高踞宇宙本原之上，具有意识和道德的人格神——"天"。他认为，"天，仁也"，"天者，百神之君也，王者之所尊也"，天运动阴阳二气产生各种自然现象。他不仅明确了自孟子以来就存在的"天人合一"论，还提出了一个命题，即"天人感应"，认为大自然的灾异是天对人事的"谴告"，如果社会太平则天降各种"符瑞"表示赞许。

在"天人合一"、"天人感应"论的基础上，董仲舒宣称人间的君权、三纲、五常与天、阴阳、五行配合成对，"是故仁义制度，尽取之天"。皇帝是天的儿子，所以叫天子。阴阳、五行都是"天命"的体现，君权是上天所授，"受命之君，天之所予也"，"王者承天意以从事"，天至高无上，所以君主至高无上，反君就是逆天。他建立起一套"君权神授"学说，为皇权专制披上了神圣的外衣。

2. 人性论和"三纲五常"社会伦理观

董仲舒以天有阴阳之气论证人具有善恶的两重人性，并把人性分为天生能善的"圣人之性"，贪欲难改、只能为恶的"斗筲之性"和可为善、可为恶的"中民之性"。在此基础上，他把各种封建伦理关系固定化、绝对化，明确提出"三纲"（君为臣纲、父为子纲、夫为妻纲）和"五常"（仁、义、礼、智、信），作为维护封建秩序的永恒道德规范。他认为这些都是上天的安排，"王道之三纲可求于天"，因而是不可改变的，即"天不变，道亦不变"。董仲舒的这套思想很能适应封建统治者的需要，所以得到汉武帝的赞赏。

3. 历史循环论

董仲舒的思想也体现在历史循环论上，比较著名的是他的"三统"说。他认为每个朝代代表一种颜色，夏为黑统，商为白统，周为赤统，到了汉代又回到黑统，如此循环不已。服色、正朔之类具体形式的改变，并不影响封建根本制度的延续。所以说："王者有改制之名，而无易道之实。"他进而主张"奉天而法古"，把封建制度神圣化之后又使之凝固化。

董仲舒的"天人合一"和"天人感应"论，到西汉末东汉初演变为"谶纬"神学。谶是图谶，即以图画、文字进行宗教式预言，如所谓河图、洛书等；纬是用迷信的方法对儒家经典进行的解释。谶纬即假托神意，以隐晦难懂的语言，预言吉凶。后来在东汉章帝主持下，班固编撰了集谶纬之大成的《白虎通义》。经、纬互补，唯心主义、形而上学的经学终于完整化、系统化，正式成为官方哲学。汉武帝之所以采纳董仲舒的"罢黜百家，独尊儒术"建议，把儒家经学提高到"独尊"的垄断地位，原因有二：第一，董仲舒"大一统"的思想可以作为加强中央集权的理论根据，对于想有所作为的汉武帝非常有吸引力；第二，董仲舒通过对儒家思想的改造，吸收了道、法、阴阳五行等学说中有利于统治者的内容，提出"天不变，道亦不变"（道家的天道观）、"正法度"（法家法治思想）和"五德始终"（阴阳家学说），为新形势下汉朝统治中央集权制度的形成，以及国家的统一提供了思想基础。

二、魏晋玄学

玄学是中国魏晋时期出现的一种崇尚老庄的思潮，一般特指魏晋玄学。魏晋时期的士大夫们把道家的《老子》、《庄子》和儒家的《周易》合称为"三玄"。他们一方面以儒家思想解释《老子》、《庄子》，一方面又把《周易》道家化，这样，儒、道两家合二为一，形成了所谓的"玄学"。

玄学的出现与魏晋时期的政治斗争形势及门阀士族夺取和巩固政权之间有着密切的关联。东汉末年，政治极度腐败，外戚与宦官轮流执政，正常的封建秩序几乎被完全破坏。儒家的名教（指正统儒家所确认的社会规范、评价体系，引申为一般的社会秩序以及与之相应的封建宗法等级制度）和礼法逐渐形式化、虚伪化。这时，王弼、何晏、夏侯玄等人引道入儒，以老庄思想注释儒家经典，试图以道家的思想资源充实儒学、改造儒学，从而使儒学走上了玄学化的道路。

正始年间，何晏作《道德论》，王弼注《老子》、《周易》，以"贵无论"开创了所谓的"正始玄风"，提倡"贵无"，认为道家的虚无是本，儒家的仁义礼乐是末，提出"名教出于自然"，主张统治者"无为而治"。从人与社会的角度讲，就是要"守名教而顺自然"。东晋以后，玄学开始与佛教结合，道家的"无为"与佛教的"涅槃"、"有无"和"色空"一脉相通。玄学的盛行，对魏晋南北朝的社会产生了极大的影响。两晋时，"学者以老庄为宗，而黜六经"。儒学在这一时期被湮没了。

在这种背景下，还出现了以阮籍、嵇康为代表的玄学"异端"，他们认为"名教不合自然"，应该"越名教而任自然"。他们称儒学违背人的本来意愿，是反自然的，唯有尊重人的内在意愿才真正体现了自然的原则，那么必然要超越名教。此时，玄学的发展由完善名教走向了反名教。但后来的放达派放浪形骸，颓废堕落，沉迷于虚无之风、肉体之乐，失去了清俊深远的精神境界。《晋书·乐广传》载："是时王澄、谢鲲等，皆行为放荡，甚至裸体，惊世骇俗。"

名教与自然之辨，是玄学家们对理性自觉与意志自愿内在统一、人文原则和自然原则有机融合作出的苦心探索，在哲学上具有深刻的意义。但值得注意的是：首先，这些问题并不是单纯的哲学问题，也与当时的政治密切相关。比如王弼等大谈"圣人体无"，实际上是为曹爽执政大造舆论；阮籍、嵇康的主张与他们不满司马氏诛除异己、杀害名士、杀君篡权、标榜名教有关。其次，玄学在提倡人性解放、反对封建礼教上有进步的一面，但它的虚无浮夸和所提倡的放荡的生活作风，造成了不良的社会影响。

三、南北朝至隋唐时期儒、道、释的融合

魏晋时期，人们认识到儒学压抑人性的缺陷后，开始扬道抑儒，援引道家的思想来解释儒家的理论，使儒学和道家思想互相融合。同时，两汉时传入中国的佛教，由于在思想上与玄学有相似的地方，这一时期也得到了快速的传播，儒、佛思想也在二者的异同、本末等问题上发生了冲突。动荡不安的时代和暗淡的政治前景使儒家学者沉溺于谈玄说空之中，佛教则借助大量的译经活动广泛流行开来，并渗透到政治、经济、社会和文化等各个方面。不仅皇家成员大多信佛，全国还广建佛教寺院，佛教寺院经济也极度膨胀。

南朝的儒佛冲突主要围绕着神灭、神不灭的问题展开。何承天与范缜是反佛的代表人物。在《神灭论》中，范缜提出了"形神相即"、"形质神用"的观点，明确表示精神是会随着形体的灭亡而灭亡的。这场冲突，也促使了佛学和儒学相互融合、相互借鉴。

到了隋唐时期，由于统治阶级的大力支持，佛教的影响超过了儒学。在这种情况下，韩愈、柳宗元等人大力提倡"古文运动"，主张"文以载道"，宣扬儒家的圣人之道，反对统治者沉迷于佛教的玄、空、来世。韩愈的《谏迎佛骨书》就是为劝阻唐宪宗迎佛骨入宫而写的。柳宗元则好佛学，主张儒佛调和，为以后的儒、释、道合流奠定了基础。

四、宋明理学

宋代儒学又称为理学，因为它以"理"为宇宙最高本体、最高范畴；它又称新儒学，因为它是以儒家礼法伦理思想为核心、以佛学的思辨结构做骨架，吸收老庄"道生万物"的宇宙观，对孔孟思想加以改造而建立起来的一种新的思想体系。

1. 理学产生的历史背景

首先，唐朝"安史之乱"以后，面对儒学没落、其他思想体系兴起而发达的情况，一

些儒者认为有责任复兴儒学、重整纲常。其次，三教合流为理学的产生奠定了思想基础。第三，从政治上看，理学的出现适应了宋王朝加强封建中央集权的需要。宋代统治者面对唐末藩镇割据的局面，要建立一个有序的、封建等级制森严的王朝，必须要有思想舆论作先导，因而对理学的兴起和发展起到了鼓励和推动作用。

2. 理学的产生与发展

宋代理学大致经历了三个时期：开创时期、奠基时期和集大成时期。

（1）开创时期。周敦颐被认为是理学的开山祖师，他的思想主要体现在《太极图说》和《易通》之中。他在书中构建了宇宙的生存图式：无极—太极—阴阳—五行—男女—万物。从中导出"无欲故静"的结论，同时把礼乐作为规范人们思想、调和人际关系的工具，从而使社会达到既有等级秩序，又能和谐统一的理想状态，为理学的发展确定了方向。

（2）奠基时期。奠基时期的代表人物是张载与二程（程颐、程颢）。张载在《西铭》中探讨了"天"（宇宙）、"人"（伦理）合一的关系。由于张载家居关中，后人称他的理论为"关学"。张载的理论向心性、义理、道德修养等领域深入研究，使儒学呈现出全新的面貌。

程颐、程颢兄弟是宋明理学的实际创立者，他们所创立的"洛学"，使理学具备了完整的形态。他们把天理作为宇宙的本体，并把全部学说建立在天理的基础上，"理"是封建伦理道德的总称。他们把封建制度及其作为这种制度的人的行为规范，提升到宇宙本体的高度来认识，如果谁违反了它，也就违背了天理。他们认为"理即礼也"，一切按照封建伦理道德行事，才符合"理"的要求。可见，"理"为高度集中的集权统治提供了可靠的依据，并且成为整个后期封建社会统治者的政治思想基础，在很长的历史时期起到了维护封建制度的作用。当然，越是到封建社会后期，这种作用越是消极。"存天理，灭人欲"是二程理学的最高境界，也是其伦理修养的最高要求。

（3）集大成时期。到南宋时，朱熹成为理学的集大成者。朱熹（1130－1200），徽州婺州（今江西）客家人，18岁登进士第。他少年时潜心于道、佛，31岁时专攻儒学，在充分吸收释、道哲理的基础上，成为自先秦以来儒家最著名代表人物之一。朱熹一生从教近50年，做官不到10年，但朝廷以"祠禄"养其一生，使其安心读书、讲学、著述，著有《朱子语类》140卷，《文集》121卷。朱熹非常重视儒家经典的整理和义理化的解释，同样把"理"作为最高哲学范畴，以为其统领宇宙万事万物，无所不在，无所不包。他注重道德修养，主张在持敬、格物致知及知先行后等方面下工夫。他建立了庞大而精深的新理学思想体系，开启了儒学史上的新篇章，在中国后期封建统治思想领域长期占据了统治地位，并在13世纪传到海外，对日本、朝鲜等国都产生了相当大的影响。

明代时，理学继续发展，其重要的代表人物是王阳明。王阳明本名守仁，字伯安，浙江余姚人。他在全面继承和批判儒家人性论的基础上，着重对孟子的"尽心"说和陆九渊的"心即理"说进行吸收和改造，创建了以注重内心为特色的新儒学——阳明心学，从而使理学发展到顶峰。

　　阳明心学是明代儒学革新的产物，它在形式上打破了程朱理学的理论框架，重新建立了以"心即理"、"知行合一"、"致良知"等为基本范畴的心学思想体系，并在内容上高扬人的价值与地位，影响极为深远和广泛。在"心即理"这一命题中，王阳明主张"吾心之良知，即所谓天理也"。他批判了朱熹的格物致知说，认为那会使主观之心与客观之理不能统一。"心即理"学说充分肯定了自我的道德力量和自我成圣的潜在能力。"知行合一"说充分体现了儒家的实学精神，具有经世致用的功利主义倾向和人本主义意义。"致良知"是阳明心学的核心思想。在王阳明看来，"良知"就是道、天理、本心；"致"就是使良知"明觉"和"发用流行"，即把良知扩充、推及到万事万物中去，以发扬光大，从而将人的潜在道德意识转化为现实的人生价值。

五、清代朴学

　　宋明理学穷心于"天理"、"人欲"，不出"心、性、气、理"范畴，淡忘儒学忧时济世传统，空谈误国，使理学的发展面临危机。另外，清初统治者为了加强和巩固其统治，在乾隆、嘉庆时期，对文化加强了控制，大兴"文字狱"，深刻影响了哲学思想的发展。在明清三大思想家——顾炎武、王夫之、黄宗羲对宋明理学进行批判的基础上，朴学在与宋明理学的对立和斗争中发展起来。针对理学的危机，更是为了避祸，清代的学者注重于资料的收集和证据的罗列，主张"无信不征"，以汉儒经说为宗（因此又称为"汉学"），从语言文字训诂入手，主要从事审订文献、辨别真伪、校勘谬误、注疏和诠释文字、典章制度以及考证地理沿革等，少有理论的阐述及发挥，也不注重文采，因而被称做"朴学"或"考据学"，这一学派成为清代学术思想的主流学派。清代朴学以惠栋的吴派和戴震的皖派最著名，其余还有扬州学派、浙东学派等。这些学者都以考证为基本特征，对古籍和史料的整理作出了重大的贡献。

　　惠栋崇尚汉代儒学，大力提倡由文字音韵训诂以寻求经书义理的治学宗旨，其弟子王鸣盛的《十七史商榷》是清代史学的重要成就之一。钱大昕的《二十二史考异》也对史学研究贡献很大。

　　戴震是清代中叶最具个性的儒学大师，他继承和发扬了自顾炎武以来的学术传统，提出"由故训以明义理"、"执义理而后能考据"的学术思想，在《孟子字义疏正》中对儒家经典进行重新诠释。戴震之后，以段玉裁和王念孙、王引之父子的影响较大：段玉裁的《说文解字注》、《六书音韵表》后世评价甚高；王氏父子在训诂学和校勘方面都取得了很大的成就。

　　乾隆三十八年（1773 年），清政府开四库全书馆，推动了清代考据学的进一步发展。这时的儒生们埋首故纸堆，缺少对现实的关心和理论的创新。中国文化在这种缺乏思维与创造的学术风气引导下，面临着新的、深刻的危机。19 世纪初，面对西方资本主义的侵入，龚自珍和魏源等儒者想重倡儒家经世之学，对腐朽的封建社会和冷落沉寂的思想界进行揭露和批判，但无奈大势已去。在西方文化的冲击下，在日益严重的民族危机面前，一批知识分子走出书斋，寻求匡时济世的学说，试图通过对儒家文化的重新解释，探寻变法维新的历史依据。虽然"托古改制"的维新变法运动最终失败了，但其为西方文化的大力传播创造了有利条件。随着辛亥革命推翻清朝的封建专制统治，儒家学说作为封建意识形态宣告终结。

练 习 题

一、选择题

1. 玄学是一种崇尚老庄的思潮，出现在（　　　）时期。

    A. 秦汉　　　　　　　B. 魏晋　　　　　　　C. 隋唐　　　　　　　D. 宋明

2. 理学的集大成者是（　　　）

    A. 周敦颐　　　　　　B. 程颢　　　　　　　C. 朱熹　　　　　　　D. 张载

二、填空题

1. 汉武帝采取董仲舒的"＿＿＿＿＿＿＿＿＿＿＿＿＿＿＿"建议，从此，儒家思想成为中国封建社会的正统思想。

2. 董仲舒提出"三纲五常"的社会道德标准，其中"三纲"是＿＿＿＿、＿＿＿＿、＿＿＿＿，"五常"是＿＿＿＿、＿＿＿＿、＿＿＿＿、＿＿＿＿、＿＿＿＿。

3. 阳明心学是明代儒学革新的产物，它在形式上打破了程朱理学的理论框架，重新建立了以"＿＿＿＿＿"、"＿＿＿＿＿"、"＿＿＿＿＿"等为基本范畴的心学思想体系。

三、思考题

1. 董仲舒的学说主要包括哪些内容？谈谈你的认识。

2. 宋明理学的主要代表人物有哪些？理学的主要内容有哪些？对中国社会产生了怎样的影响？

3. 谈谈你对魏晋玄学思想的认识。

第三章

中国佛教

佛教是世界三大宗教之一，它起源于公元前 6 世纪至公元前 5 世纪的印度，创始人是乔达摩·悉达多。"释迦牟尼"是佛教徒对他的尊称，他又被称做"佛"或"佛陀"，意思是"觉者"或"觉悟了真理的智者"。佛教虽然产生于印度，却兴盛于东亚和东南亚各国。早在西汉末年，佛教就传入我国，并不断与中国文化融合，对我国古代文化产生了很大的影响。

第一节　佛教的产生与流派

一、佛教的创立

公元前 6 世纪，在今印度、尼泊尔境内建立了许多由奴隶主统治的小国。在这些小国中，居民被分为 4 个等级。第一等级是婆罗门（僧侣）。他们地位最高，专司祭祀，垄断知识，受人供养，享有精神特权。第二等级是刹帝利（军事贵族）。他们有军事行政权力，但受僧侣监视，缴获的战利品应分给僧侣一半。第三等级是吠舍（牧民、手工业者、商人）。他们是身份自由的人，但僧侣可以任意夺占他们的财产。第四等级是首陀罗（奴隶、雇佣劳动者和某些被雅利安人征服的土著居民）。他们地位最低下，受剥削、受压迫。在当时，这些小国内普遍存在着反对僧侣特权的情绪。在军事贵族和商人中，这种情绪尤其强烈，佛教就是在这种社会气氛中创立起来的。

佛教创始人名悉达多，族姓乔达摩（约前 565—前 480），是当时迦毗罗卫国（今尼泊尔境内）净饭王的太子，属于第二等级即军事贵族。他不满僧侣的神权统治，29 岁放弃王族生活，离家修道。经过 6 年的苦修，35 岁时创立佛教。此后，他一直在恒河流域一带传教。释迦牟尼宣传"众生平等"，反对婆罗门的特权，一定程度上反映了下层人民的利益，所以其思想在群众中得到广泛传播。

二、佛教的基本教义和戒律

佛教思想的核心，是宣扬人生充满痛苦，只有信仰佛教，视世界万物和自我为"空"，才能摆脱痛苦的道路。要解脱痛苦，必须熄灭一切欲望，达到"涅槃"的境界。这样，就须长期修道：约束身心，即所谓"戒"；磨炼受苦的耐力，即所谓"定"；通达事理，不自作聪明，即所谓"慧"。佛教还主张，不论哪一个等级都可以修道，而且都能修成"正果"。佛教的这些说教，适应了不同社会阶层的需要，也很容易引起下层贫苦人民的共鸣，得到他们的拥护。

1. 佛教的基本教义

依据现存佛教早期典籍资料，释迦牟尼的基本教义，主要包括四谛、八正道、十二因缘和三法印。其中三法印之前的内容，已经构成了佛教的基本轮廓，释迦牟尼个人的思想成就，也基本蕴涵其中。

（1）四谛。谛，即真理。四谛就是指佛教的四条真理：苦谛、集谛、灭谛、道谛。

苦谛是现实中的种种痛苦，它不是专指感情上的痛苦，而是泛指精神的逼迫性，即逼迫烦扰的意识。佛教认为，一切都是变化无常的。大千世界，只不过是痛苦的汇集。由于众生不能自我主宰，为无常患累所扰，所以没有安乐性，只有痛苦性。在佛教看来，人的出生是痛苦（生苦），年老是痛苦（老苦），死亡是痛苦（死苦），和不相爱的人聚合是痛苦（怨憎会苦），和相爱的人分离是痛苦（爱别离苦），欲望不能得到满足是痛苦（求不得苦）。总之，一切身心皆苦，人生在世，处处皆苦。

集谛是指造成痛苦的原因和根据。集，是集合的意思。佛教认为，产生痛苦的原因在于"无明"，即心智迷惑。

灭谛是指佛教最高理想的无痛苦状态。灭，指人生苦难的寂灭、解脱。灭谛就是讲灭尽贪欲，灭除痛苦，不再生起的道理。要脱离人生的苦海，就必须从根本上摆脱生死轮回，进入涅槃境界。"涅者不生，槃者不灭"，寂灭一切烦恼，圆满（具备）一切清静功德，就实现了人生的最高境界。

道谛是指实现佛教理想境界应遵循的手段和方法。道，指道路、途径、方法。道谛就是引向灭除痛苦，证得涅槃的正道。从方法的角度看，道谛强调培养信徒坚定的信仰和精勤的态度，对信徒的思想、言论和行为，既有消极的防范，又作积极的引导。它采用神秘的直观，以对治一切不符合佛教的认识和思想，同时还十分重视调练心意，以形成一种特异的心理状态。这些方法，对于树立和坚定教徒的信仰发挥了巨大的作用。从内容的角度看，道谛的要义在于道德变革，要求道德自我完善；在于心灵宁静，追求安息的境界。它强调通过个人的努力来实现人生的理想境界。

苦、集、灭、道四谛中，苦谛是关键，它是佛教人生观的理论基石。正因为佛教把人生设定为一个苦难重重的历程，从而确定了超脱世俗的立场。佛教倡扬的道德责任和奉献精神、去恶从善、约束自我等，都是由此生发开来的。

（2）八正道。八正道是佛祖为人们指出的脱离苦恼的八条正确道路：正见、正思维、正语、正业、正命、正精进、正念、正定。"正见"是指对佛教真理的正确见解，"正思维"是指对佛教真理的正确思维，"正语"是指使用符合佛法的正确言语，"正业"是指正当的行为，"正命"是指按照佛教的要求去正当地生活，"正精进"是指勤修佛法，"正念"是指忆持佛法，"正定"是指心专注于一境。八正道又可以归纳为戒、定、慧三学。三者互相联系，通常被认为是修行佛法的全部内容。

（3）缘起和轮回学说——十二因缘。释迦牟尼认为，一切事物都由因缘和合而成，都生于因果关系。在佛教看来，缘起是指事物的因果关系。"缘"指条件、起因；"起"表示

"缘"的一种功用。一切事物都由缘而起，都是在一定条件下存在的。"若见缘起便见法，若见法便见缘起。"人的痛苦、生命和命运，都是自己造因、自己受果。"法"指世界上一切事物，包括物质的和精神的。"此有则彼有，此生则彼生；此无则彼无，此灭则彼灭。"这是缘起思想最概括的表述。

佛教的缘起说，主要以人生问题为中心展开。它认为人生由十二个环节构成，这十二个环节即十二因缘：无明、行、识、名色、六处（六入）、触、受、爱、取、有、生、老死。其中，前两个是指前生的（过去的）；中间八个是指今生的（现在的），而八个中的前五个又指现在的果，后三个指现在的因；最后两个是指来生的（将来的）。在人生流转轮回过程中，十二因缘涉及过去、现在、将来三世。其中，现在的果必有过去的因，现在的因，必将发生未来的果。因而，十二因缘中，涉及两种因果，总括为三世两重因果，生命就在这三个世界里不断轮回。

（4）三法印。三法印是佛教的标志，从其形式和内容上分析，它虽然基于释迦牟尼的理论基础，但更多的已经是早期佛教徒众的集体智慧，包括"诸行无常"、"诸法无我"和"涅槃寂静"。

2. 佛教的戒律

在传教的过程中，释迦牟尼发现教徒中既有国王和富商，也有乞丐和妓女，人数众多，成员也很复杂，因此，他针对僧众制定了教规：云游乞食、雨季安居、犯过忏悔、不杀生、不偷盗、不淫邪、不妄语、不饮酒。这些规矩成为原始佛教的基本制度与戒律。后世将其发展为对在家修行人员的"八斋戒"：不杀生、不偷盗、不淫欲、不妄语、不饮酒、不眠坐高广华丽之床、不装扮及观听歌舞、不食非时食（正午过后不吃饭）。

三、佛教的流传与派别

1. 南传佛教和北传佛教

佛教在巽伽王朝（前187—前75年）分化成为南传和北传两大系统，影响十分深远。

早在释迦牟尼在世时，佛教内部就出现了分裂。随着释迦牟尼的逝世，僧侣间的意见分歧愈益严重。在释迦牟尼去世一二百年的时候，佛教僧团发生分裂，形成以主张改革的大众（多数）部与主张维护原始佛教教义和戒律的上座（长老）部两派。此后在两大部派之下又分出许多支派。印度孔雀王朝的阿育王（约前273—前232）对佛教采取支持态度，促进了佛教在社会各阶层中的广泛传播，也为佛教走向世界打开了通道。此后，佛教不但遍及印度全境，而且不断向邻国传播，逐渐成为世界性宗教。

2. 小乘佛教与大乘佛教

约在1世纪时，佛教分化成大乘佛教和小乘佛教。所谓"乘"，是"道路"之意，大乘是大道，小乘即小道。大乘思潮作为早期佛教的异端分化出来，经过了相当激烈的斗争。大乘的基本特征是力图参与和干预社会的世俗生活，要求救度众生。

大乘佛教与小乘佛教的区别主要有4个方面。第一，与小乘佛教相比，大乘佛教更具有宗教色彩，它把佛教完全宗教化和神圣化，使佛教更具有精神统治的力量。释迦牟尼最初创立的原始佛教，除了业报论（因果报应、生死轮回）具有宗教色彩外，其他主要的理论宗教化的程度不高，如小乘佛教就不承认有一个宇宙的最高主宰，只是把释迦牟尼奉为教祖，而大乘佛教却把释迦牟尼神化为如来佛。第二，在佛教的唯心主义世界观方面，大乘佛教比小乘佛教更彻底。小乘佛教认为，世界是由一些微小元素在一定条件下偶然合成，因而世界上无永恒的东西。而大乘佛教却认为，世界上没有什么微小的物质，离开了所谓的涅槃世界，就是绝对的空，这更有利于诱导人们去追寻虚幻的精神世界。第三，在宗教实践上，大乘佛教比小乘佛教更具有诱惑力。小乘佛教比较注重个人的解脱，大乘佛教则不局限于个人的修行，主张普度众生。它极力宣扬大慈大悲，把建立西方极乐世界（佛国净土）作为修行的最高目标。第四，在个人修行方式上，大乘佛教比小乘佛教更具有世俗的性质，较易推广。小乘佛教主张出家，过严格的禁欲生活，这就限制了自身的推广与普及。大乘佛教则主张，除出家的僧尼外，还要有大批的居家信仰者，他们不必严格禁欲，只要做布施的功德就可以了。大乘佛教的产生，使佛教具备了走向世界的可能性。

3．密宗

佛教发展到 7 世纪后，出现衰落的趋势，神秘化密宗的出现就是重要标志。密宗，是由大乘佛教一些派别同婆罗门教混合而成，它以高度组织化的咒术、仪礼、民俗信仰为基本特征，着重宣扬口诵真言及咒语（语密）、手结契印（身密）、心观佛尊（意密），三密同时相应，就能即身成佛。密宗最迟在三国时就已传入我国，统称"杂密"。杂密的内容与中国传统的道教、方术和民间巫术有许多是相通的，以至在宗教实践上相互影响，很难区别。但中国密宗的正式建立，一般认为当在唐玄宗开元年间。密宗的主要特征是与政治结合紧密，这一点被藏传佛教所继承。

4．藏传佛教

据可靠的历史文献记载，佛教传入我国之前，西藏盛行一种原始信仰——苯教，苯教的主要活动是祈福禳灾，且与当地政治斗争联系较紧密。松赞干布引进的佛教，主要是印度密教和汉地的大乘佛教。它们以佛教教义为基础，又吸收苯教的一些神祇和意识，形成西藏地方宗教——藏传佛教（喇嘛教）。13 世纪后期，在元朝统治者的扶植下，上层喇嘛开始掌握政权。15 世纪初，宗喀巴创立格鲁教派（俗称黄教），后来成为西藏地区政教合一的封建农奴制的意识形态和思维基础。

第二节　佛教在中国的传播与发展

佛教何时传入中华本土，说法不一。比较可靠的时间记载见《魏书·释老志》："（西汉）哀帝元寿元年（前 2 年），博士弟子秦景宪，受大月氏王使伊存口授《浮屠经》。"公元前 3 世纪以后，佛教分两路北传，一路经中亚细亚（即秦汉时代所称"西域"）传入中国内地，以大乘佛教为主；一路传入我国西藏地区，形成藏传佛教。佛教传入中国后，在中国的传播和发展可分为以下几个阶段。

一、初传时期

西汉至南北朝是佛教在中国的初传时期。这个时期，佛教活动以佛经翻译、解说、介绍为主，翻译的佛经主要是禅经和《般若经》。从汉代至三国，佛教发展缓慢，只在上层人士间传播，教派主要有两个：一是以安世高为代表的小乘禅学，注重修炼精神的禅法，比较接近神仙家言；一是以支谶、支谦为代表的大乘般若学，即空宗学说。所谓"般若"，指的是佛教所讲的最高智慧。般若学义理认为，现实世界的认识及对象都是虚幻不实的，只有"般若"才能超越世俗认识，才能把握诸法（即一切物质现象）的绝对真理。这种般若学说与当时的玄学相表里，形成玄学化的佛教。曹魏嘉平二年（250 年）正式确立了佛制，建立了处理僧侣和僧团事务的制度，开始有了正式受戒的沙门。

东晋十六国时期，社会动荡，佛教发展迅速，很快普及到社会各阶层。在这一时期内，佛教逐渐形成了不同学风和不同佛教思想的中心——南区和北区。北区佛教的中心在长安，代表人物是道安（312—385）和鸠摩罗什（344—413），他们传播的是大乘空宗，用玄学观点释般若理论，主"本无宗"。南区的佛教中心在庐山的东林寺和建康的道场寺，代表人物是慧远（334—416）和佛陀跋陀罗（359—429）。慧远是道安的弟子，他提出协调王权和僧团、名教与佛法的理论，还创造了弥陀净土的佛教思想，宣称只要口念"南无阿弥陀佛"，人死后就能进入西方极乐世界。

南北朝时期，从广译佛经进入到深入地研究佛经，讲经和著述之风甚盛。随着对佛经研究的深入，中国开始出现自己独立的佛教学派，如毗昙师、成实师、净土师、三论师、楞伽师等，并在此基础上形成后来的佛教宗派。另外，这一时期，佛教在组织上也得到了巩固和发展，形成了强大的寺院经济。南朝地区拥有寺院 8 000 余所，僧尼 18 万余人；北朝地区僧尼达 200 万人，寺院 3 万余所。如此庞大的僧尼集团和众多的寺庙，为中国佛教的独立发展提供了思想基础和物质基础。

二、鼎盛期

隋唐时期是佛教在中国发展的鼎盛期。中国佛教经历了南北朝的发展，到隋唐时期已经兴盛发达起来。这种兴盛发达主要从三个方面表现出来：一是寺院林立，二是僧尼众多，三是宗派形成。佛教教义也普遍为当时士人所研究。

隋文帝曾三次下诏，在全国 113 州修建佛塔，广度僧尼。他在位的 20 余年里，共修建佛寺 3 792 所，新造佛像 1.658 万尊，受度的僧尼多达 50 万人，并写经 3 万余卷。隋炀帝也笃信佛教，他在位的 10 余年间，所度僧尼达 16 300 人，铸刻新佛像 3 850 尊，修补旧经和缮写新经 90 万卷。佛教的发展比南北朝时又进了一大步。

唐朝统治者更是竭力地扶持佛教，唐太宗曾自称"皇帝菩萨戒弟子"，两次下诏普度僧尼。武则天在争夺帝位的过程中，曾利用佛教的《华严经》，预言自己是一个应该做皇帝的女菩萨。所以在她统治期间，全国各地兴建了大量的寺院。佛教的势力和影响在唐朝达到顶峰，可以从以下几个方面看出来：截止到唐武宗时，全国大中型寺院近 5 000 所，小寺庙 4 万所，僧尼近 30 万人，拥有寺院奴隶 15 万人。寺院经济迅速膨胀，竟达到"十分天下之财，而佛有七八"的程度。与此相适应，僧侣的社会政治地位也得到提高。唐朝和尚被封官的就有 30 余人，其中最高的有司徒、司空、国公等。由于僧侣凭借其政治势力巧取豪夺，因而其经济势力也越来越大，以致唐武宗不得不采取灭佛行动。

佛教发展到南北朝已经产生了各个学派，但这些学派只是阐述各自对佛教学说的理解和修行方法。到隋唐时期，不同的学派才在组织上发展成为宗派。宗派的正式形成，是佛教兴盛发达的一个重要标志。这些宗派主要有天台宗、三论宗、法相宗、华严宗、净土宗、禅宗、律宗、密宗等。其中，天台宗、华严宗、净土宗与禅宗，在历史上影响最大。

三、衰落期

从宋代开始，中国封建社会逐渐走下坡路，佛教也随之走向衰落。由宋至清，理学在思想领域占据统治地位，封建统治者突出强调儒家的"三纲五常"。虽然也不放弃道教和佛教，但与唐朝的大力扶持有所不同，此时的封建统治者采取利用与限制相结合的政策，即政治方面利用，经济方面限制。

唐朝无限制地扶持佛教和道教，不仅直接威胁到世俗地主的经济利益，而且也减少了国家的国库收入。再者，大量的劳动力出家当僧人，势必减少国家劳役和兵役的人力资源，直接威胁到封建王朝的统治秩序。因此，唐以后的封建统治者在限制佛教方面，建立了严格的管理制度：不准随意私建寺院；不准私下剃度僧尼；实行度牒（合法出家者的证明书）考试制度；限制寺院经济的发展等。这些有限制地保护佛教的政策，对佛教的恶性膨胀起到了抑制作用。

统治者在经济上对佛教加以限制的同时，在政治上又加以利用。宋代以后，思想文化界出现了儒、释、道合流的趋势，统治者也主动利用这种趋势为其统治服务。宋朝著名宰相李刚在《三教论》中极力主张"三教归一"；元初中书令耶律楚材在《寄万老丛书》中大力主张"以儒治国，以佛治心"；清朝雍正皇帝也说"佛以治心，道以治身，儒以治世"。宋明理学就是这种三教合流的产物，它吸收了佛教的根本观点，摈弃了佛教与儒家伦理相抵触的因素，成为维护封建统治的一种更为精致的理论工具。这样，在思想领域，佛教也只能处于次要的、从属的地位而日益衰落了。

第三节　中国化的佛教——禅宗

一、社会背景

南北朝以后，寺院经济日益发展，佛教成为影响社会生活的重要力量。隋唐统治者奉行佛、儒、道三教并举的方针，对佛教势力采取依靠、联合、利用的政策。佛教徒的上层人士，往往参加统治集团的政治斗争，被皇帝封官赐爵，成为身披袈裟的官僚显贵。而寺院经济的发展，一度使僧侣地主阶层和世俗地主阶层在土地、劳力、国赋、兵役等方面产生了严重的利害冲突，危及地主阶级的国家利益，从而使得地主阶级不得不利用国家政权的力量，对其进行打击，以缓和社会矛盾。历史上著名的"三武之难"（北魏太武帝、北周武帝、唐武宗毁灭佛法事件），便是这种矛盾斗争的集中反映。其中唐武宗会昌灭佛，就致使 26 万僧尼还俗，15 万寺院奴婢获得自由。他没收良田几十万顷，废毁寺院成千上万，给佛教以惨重打击。从佛教自身来看，由于各个宗派的理论日趋烦琐，经卷浩繁（武则天时代，已刊定众经目录 3 616 部，4 841 卷），使广大群众日益厌烦，兴趣锐减。在佛教发展面临深刻危机的背景下，禅宗以革新的面目应运而生。

二、禅宗的产生

禅宗以菩提达摩（南朝宋末人）为中国始祖，故又称达摩宗；也因自称得佛心印，又称为佛心宗。禅宗以禅定作为佛教全部修习而得名，以参究、禅定为方法，以彻见本有佛性为宗旨。

相传菩提达摩于北魏末年活动于洛阳（今河南洛阳市），后来来到嵩山（今河南登封市）少林寺，面壁9年修持佛法，修习禅定，以《楞伽经》授徒。后世以达摩为中国禅宗初祖，以嵩山少林寺为禅宗祖庭，嵩山少林寺并有"天下第一名刹"之称。达摩在少林寺有嗣法弟子慧可、道育等，僧璨为再传。璨弟子为道信。信弟子弘忍立东山法门，为禅宗五祖。门下分赴两京弘法，名重一时。其中有神秀、慧能二人分立北宗渐门与南宗顿门，时称"南能北秀"。北宗主张"拂尘看净"的渐修，数传后即衰微；南宗传承很广，成为禅宗正统，以《楞伽经》、《金刚经》、《大乘起信论》为主要教义根据，代表作为《六祖坛经》。

禅宗得到了寒门庶族的中小地主阶层的支持。禅宗破除了以前佛教各派的烦琐教条，宣扬"即心即佛"、"见性成佛"、"言下顿悟"，投合了庶族地主的口味。禅宗主张不读经、不礼佛、不坐禅，采用"直指人心"的通俗说教来宣扬佛教的基本精神，得到了广大群众的支持，为中国化的佛教开拓了新的领域。

从理论渊源来看，禅宗是对南朝道生的"涅槃佛性"学说的进一步发挥。禅宗对佛教理论的革新，实质上是把中国传统哲学中诸如孟子、庄周等人的思想融入佛教，把宗教进一步精练化、哲学化、世俗化；摆脱繁琐的修炼过程和经论词句的解释，由思辨推理转入神秘直觉，用"顿悟成佛"的便捷方式来增强佛法力，吸引广大群众。

三、禅宗要义

禅宗是中国佛教中流传最长、影响最大的宗派，是不同于世界上任何宗派的、典型的中国佛教。"禅"是梵语"禅那"的简称，意译为"静虑"、"禅定"，以思悟佛教"真理"、静息一切欲念为修养方法，强调"直指人心"、"见性成佛"。其要义和思想的要点有以下几个方面。

1．见性成佛与凡夫即佛

禅宗宣扬，现实世界的一切，都依存于心。慧能宣称："心生，种种法生；心灭，种种法灭。""心量广大，犹如虚空……能含万物色象，日月星宿，山河大地……自性能含万法是大，万法在诸人性中。""诸法在自性中……于自性中万法现。"（《坛经》）这是把人心看做万物产生的根源。禅宗的这种规定，是为了强调佛性在人性中，只要能认识自我意识这个本体，就是认识了佛性，也就是成了佛。禅宗这种见性成佛的理论，不仅强调了成佛与否在于自我心性的认识、在于主体意识的发挥，而且论证了现实生活与成佛境界的一致，客观上设定了人人皆可成佛的现实可能性。因此，与见性成佛相辅为用，禅宗提出了"凡夫即佛"的命题。

禅宗以前的各佛教宗派，为了抬高佛性的尊严，往往把佛说成是在遥远的"西方极乐世界"，在彼岸；把修行成佛的道路和方法，弄得十分烦琐，使人们对成佛缺乏现实感。禅宗把佛性由遥远的彼岸移到现实的、此岸的"凡夫"心中，打破了"天国"与人世的界限。慧能宣称："凡夫即佛，烦恼即菩提。前念迷，即凡夫；后念悟，即佛。前念著境，即烦恼；

后念离境，即菩提。"（《坛经》）这就是说，凡夫与佛，区别只在"一念之差"。只要能自我转变认识、自我超脱，现实的苦难人间即是彼岸的安乐世界。

2．顿悟与直觉

以慧能为代表的禅宗，反对坐禅念佛，不要累世修行，不摘布施财物，而是"直指本心"，主张"顿悟成佛"。所谓顿悟，指无须长期修行，而凭自己的智慧，一旦把握佛教"真理"，即可突然觉悟。禅宗这种顿悟的修行方法，是一种简便快捷的方法，也是无须破费即可成佛的"经济"方法，因而受到下层群众的欢迎。

从思维方式的角度考察，禅宗的顿悟成佛方法，是有神秘色彩的直觉认识方法。它不用概念、判断、推理的逻辑思维，不用对外界事物进行解析，也不用经验的长期积累，而是凭着感性直观，凭着"见性成佛"观念的引导，靠瞬间的意念，来把握认识对象、实现意境的升华。这种方法的缺点是不能条分缕析地界定对象，从而用理性去把握。但是，对于从整体上意会事物，对于领略某种特定的精神境界，这种顿悟式的直觉认识方法，还是有一定意义的。

3．"无念为宗"

既然人人都具有佛性，只要一转念即可成佛，那么，为何人人不能随时成佛呢？慧能解释说，人的本性是清净的，如同日月常明，万法都在自己心中。但由于有妄念浮云遮盖，使清净的佛性不能显示出来，好像清澈的天空中，光辉皎洁的日月被浮云遮盖住了。因此，禅宗强调，人人皆有佛性仅仅是具备了成佛的可能性。要想这种可能性变为现实，还要下一番工夫，把妄念浮云吹散。

那么，怎样把妄念浮云吹散，使清净的佛性显现出来呢？只要"无念"就可以了。慧能所谓的"无念"，即"无念法者，见一切法，不著一切法"，"于诸境上心不染"。就是说，在与外界的接触中，不受外界影响：尝到美味，不觉得爽口；看到美色，不感觉悦目。达到这种境界，就是"无念"。禅宗鼓吹"无念为宗"说，反对人们认识外界，要人们放弃改造外界的活动，尤其反对人们在认识外界的活动中，改造自己的认识，使主客观统一起来。从社会作用来看，它要求人们安于现状、去除物欲，这是为当时已趋于腐朽的唐王朝的统治服务的。

第四节　中国的佛教信仰

一、佛教诸神

佛教是多神的主神教，它所宣扬的神可以分为两类：一类是原来古印度神话中的"神"，如四大天王、韦驮、天女（如敦煌壁画中的"飞天"）等；另一类是佛教徒自己想象创造出来的，这一类的"神"大致又可分为三等。

第一等是"佛"，也称"佛陀"或"如来"。佛是佛教修行的最高果位，因此被奉为最高境界的"神"。小乘佛教讲的"佛"，一般是用做对释迦牟尼的尊称；大乘佛教除指释迦牟尼外，还泛指一切修行而成的"佛"，他们宣称三世十方处处有佛。"佛"有"觉者"之意，同时"觉"又有"三义"，凡是做到三义圆满的都能成佛。这三义是：自觉（自身觉悟）、觉他（使众生觉悟）、觉行（把自觉体现在行为上）。因此，对于大乘佛教来说，佛是很多的，如过去的有七佛、燃灯佛，未来的有弥勒佛，东方有药师佛，西方有弥陀佛等；从佛身说，有法身佛（能显法成身之佛）、报身佛（经过修习而获得佛果之身的佛）和应身佛（超度世间众生之佛）。

第二等是"菩萨"，也称"大士"，是超脱生死的神，但还未成佛。其所以还未成佛，是因为菩萨只做到三义中的前二义（自觉和觉他），最后一义的觉行还未圆满，只能低于佛而称为"菩萨"。所以，在寺庙中，菩萨一般位于佛的左右两旁。大势至菩萨在右边，观音菩萨在左边，与佛合起来称"西方三圣"，是所谓"西方极乐世界"中3个地位最高的神。

第三等是"阿罗汉"，简称"罗汉"，也叫做"尊者"，是所谓"永生不灭"的神。罗汉是小乘佛教修行的最高果位，只要做到修学的三义，就能成为罗汉。修学三义是指："杀贼"，即杀尽一切烦恼之贼；"应供"，即应受天人的供养，而不受俗人的供养；"不死"，即永远进入涅槃，而不再有生死轮回之苦。

二、菩萨信仰

菩萨又称"大士"，意为"觉有情"。菩萨在佛教中的地位仅次于佛。由于佛的地位异常崇高，人们难以接近，所以只能向往；而菩萨以普度众生登彼岸为目的，因而使信徒感到亲切，菩萨的单独信仰由此形成。中国著名的菩萨有弥勒（未来佛）、文殊、普贤、观音、大势至、地藏等几位。文殊和普贤是释迦牟尼的左右胁侍，与释迦牟尼合称"华严三圣"。观音和大势至是接引众生往生西方极乐世界的阿弥陀佛的左右胁侍，与阿弥陀佛合称"西方三圣"。大势至菩萨在中国未能独立成军，而观音、文殊、普贤则随缘应化，自立道场，成为中国化的著名菩萨，并称为"三大士"。中国佛教信徒认为，"三大士"和地藏菩萨一起在东来定居，形成了中国佛教的四大菩萨。

1．文殊菩萨

文殊全名音译为"文殊师利"。据说他在诸多菩萨中智慧、辩才第一，其典型形象是：顶结五髻，手持宝剑，坐莲花宝座，骑狮子，是智慧、善辩、威猛的象征。隋唐时，山西五台山清凉寺是文殊菩萨的主要道场。

2．普贤菩萨

普贤音译为"三曼多跋陀罗"，在佛教中代表"德行"，有"大行普贤"的尊称，白象是他愿行广大、功德圆满的象征，故普贤菩萨骑六牙白象。四川峨眉山自东晋以来建普贤寺（今万年寺），是普贤菩萨的主要道场。

3．观音菩萨

观世音又译为"光世音"、"观自在"。"观音"是唐代为避唐太宗李世民讳而减去"世"字，传说观世音是大慈大悲的菩萨，能现33化身，救12种大难。遇难众生只要念诵他的名号，"菩萨即时观其音声"，前往拯救解脱，不分贵贱贤愚，因此被尊为"大慈大悲救苦救难观世音菩萨"。隋唐时，观音已获得社会上的普遍信仰。浙江普陀山是观音显灵说法的道场。据传，观音生日为夏历二月十九日，得道为六月十九日，涅槃在九月十九日。每此三月，日本、韩国和东南亚各国的善男信女都会不远千里前来朝拜，普陀山因此成为中国最大的观音道场。

4. 地藏菩萨

地藏之名源于《地藏十轮经》。传说地藏受佛陀嘱咐在佛祖入灭至弥勒降世这一过渡时期度世，于是他立下大誓愿：度尽六道轮回之众生才成佛，所以有"大愿地藏"的美名。地藏原身是新罗国王子金乔觉，法号地藏比丘，唐高宗时期来华，数年后到安徽九华山苦修。传说地方绅士诸葛节决定为之修寺庙，向九华山主闵公请地，闵公问地藏要多少地，地藏答："一袈裟所能覆盖之地足矣。"闵公允之，不料整个九华山尽为无限扩张的袈裟所覆盖，闵公遂率其子随地藏出家。开元二十六年（738 年）七月三十日，地藏召众告别，念罢偈语，跏趺坐化，肉身不坏，以全身入塔。后世每年此日举办地藏法会。

第五节　佛教对中国文化的影响

佛教虽然是外来宗教，但在长期的传播和发展过程中对中国文化产生了深刻的影响。在中国传播的过程中，佛教为了适应本地人民群众的精神需求和文化需求而进行了较大的发展与改变，成为中国化的佛教，最后融合在中国文化的大环境中，成为中国文化不可分割的一个重要组成部分。具体来说，佛教对中国文化的影响，表现在以下几个方面。

一、丰富了中国的宗教文化

佛教在传播和发展过程中，为中国带来了不同种类和风格的宗教信仰，百姓们从祈福禳灾或希求来世幸福的立场来信佛，有利于社会的稳定和阶级矛盾的弱化，更利于统治阶级的统治和社会的和谐。佛教宣扬的"神不灭"、"佛性说"、"修道成佛"等教义在一定程度上安慰和疏导了中国百姓的心理，因此，佛教与道教共同成为中国老百姓的宗教信仰。

二、丰富了中国的哲学思想

佛教对世界的认知方法和处世态度、对世界本体的认识，为人们开阔了从另一种角度认知世界的眼界，丰富和补充了中国哲学思想体系。佛教与中国国情相融合的过程，更是其与中国本土哲学思想取长补短的过程。特别是一些宋明理学家，对佛教采取取长补短的态度，促成了儒学与佛学的融合。理学的"理"在很大程度上就是佛教禅宗思想影响下的产物。

三、佛教的人文精神与教化作用

佛教的宽容胸襟和强调众生平衡、严于律己、宽以待人、乐善好施、自利利他、长于思辨等特点，以及注重人生修养的要求都为人们人格的完善指明了方向。佛教启迪人们抛弃一切外在的追逐，直悟生命的本性、本真，从而觉悟成佛，是让人们寻找心灵的乐园，启发内在的自觉，培养一种伟大的人格，成菩萨、成佛，再去普度众生。这与儒学的成圣、成贤，道家的成至人、成真人一样，也是一种道德人格的取向，是一种宝贵的思想资源。因此，佛教文化对于发展汉民族的宽容、善良、缜密、稳重、宁静和注重人生修养的性格、心理特点起了促进作用。

　　佛教某些宗派还强调主观能动意识，自立拯救思想，对近代一些改良派和革新派激励意志、磨砺个性起到一定的作用。佛教的"禅"文化创造性地为汉民族文化在审美观念、处世哲学等各个方面开拓个性，使之在世界民族文化的长廊中熠熠生辉。

四、佛教对汉语言的影响

　　隋唐时期，汉语词汇量猛增，这是大量翻译佛教经典的直接结果，这期间因翻译佛经新创的词汇与成语竟高达数万个。同时，佛经的翻译还引导人们认识汉语语音本身的特点，促进了汉语音韵学的发展。我们日常流行的许多用语，如世界、实际、平等、现在、刹那、清规戒律、一尘不染、三生有幸、一针见血、天花乱坠、相对、绝对等都来自佛教语汇，它们大大地丰富了中国的词汇，成为中国语言不可分割的一部分。除此之外，佛经用梵文写作，梵文是拼音文字，发音变化高低，要求严格。我国古代音韵学，对生字的注音只靠直字注音法。南齐永明年间，周颙在翻译佛经中受到启发，发现汉字的四声，与当时的一批文豪沈约等总结出诗歌创作的"四声八病"，使中国诗歌创作的音律应用开始自觉，时称"永明体"。同时出现了像谢朓等一批作诗暗合后来唐诗格律的作家。唐代名僧守温参照梵文，仔细分析汉语的音素，创造30个字母，为宋人36字母的蓝本，中国音韵学从此发展起来。

　　随着音韵学的建立，中国古代的诗歌也走向繁荣，这主要表现在讲究格律的唐诗、宋词与元曲的出现。与以往的《诗经》、《离骚》、汉赋和骈文相比，唐诗、宋词、元曲更加讲究音乐美和节奏感。特别是诗词的格律讲究押韵、平仄，音调的起伏与和谐成为诗词的主要特色，以至不懂音韵的人不能吟诗填词。唐、宋的诗词大家苏轼、柳永、辛弃疾、周邦彦等既精通音韵学，又是音乐大家。

五、佛教对建筑、雕塑、绘画的影响

　　随着佛教的广泛传播，寺院的修建，寺塔、石窟等建筑也大量出现，促使我国古代建筑技术进入一个新的发展阶段。如西安的大雁塔、小雁塔，建于唐代的五台山南禅寺大殿和佛光寺东大殿，是中国现存的最古老的木结构建筑，在世界建筑史上占有极为重要的地位。

　　我国在佛教的发展期间建有很多的石窟，南北朝时期开始出现的石窟艺术，到隋唐及以后一直延续下来。较著名的有龙门石窟和敦煌石窟。龙门石窟从北魏开凿至唐代，现有石窟 1 300 多个；敦煌石窟现存有 486 窟，其中 2/3 以上是隋唐时期开凿的。佛教文化中的各种雕塑艺术在中国古代艺术中光彩夺目，其中以石雕和泥塑佛像最为生动。各地寺庙中都有为数众多的雕塑，这些佛像雕塑造型优美，面目端庄逼真，比例得体，细节刻画生动传神。如洛阳龙门奉先寺的卢舍那佛像高 17 米多，头部高 4 米，气势宏伟，形象生动。四川乐山岷江南岸凌云山栖鸾峰临江的岩壁上的石雕大佛坐像，是当今世界上最大的坐佛：佛像高 71 米，宽 10 米，头部长 14.7 米，头顶的每一个螺髻上都可以放上一张大圆桌；耳长 7 米，耳朵里可以钻进两个人；脚背宽 8.5 米，可以围坐 100 多人。坐佛就整匹山岩凿成，面容安详，双手扶膝，赤脚端坐，背依山崖。佛体各部比例匀称，线条流畅。为了避免表层受风雨的侵蚀，像体上巧妙地凿有排水系统。据传，该佛像从唐代开元初年开工到最后完成，前后经历了 90 年时间。河北承德普宁寺大乘阁内建于 1775 年的木雕观音像，高 22.28 米，腰围 15 米，重 110 吨，每只手张开可供一个人在上面坐卧。这尊像有 42 只

各执法器的手，45 只眼睛炯炯有神，面目清秀，体态匀称，人称"千手千眼佛"。西藏日喀则扎什伦布寺高 22.4 米的未来佛铜像，是世界上现存最大的一尊鎏金铜佛像。据载，当年铸像时耗用紫铜 11.5 万公斤，黄金 279 公斤，珍珠 300 余粒，珊瑚、琥珀、松耳石等各种珍贵宝石 1 400 颗。

佛教绘画是佛教引发信仰热忱、扩大宣传影响的一种手段。佛画可以形象地传播佛教教义，也可以供佛教教徒礼拜敬奉，还可以作为寺院店堂装饰之用。佛画的内容非常丰富和广大，如在净土变相中，把极乐世界装饰得非常美丽，展现出种种美景，令人向往。佛画中还点缀着许多人间社会生活小景，明朗乐观而富有情趣，颇受信众的欢迎。佛教绘画不仅在形象上创造了许多典范的作品，新创了别开生面的形式，而且丰富了绘画题材，在中国美术史上占有非常重要的地位。如敦煌壁画，现在已成为世界绘画精品，真实而精美地反映了隋唐时期的社会风貌。

六、佛教对中国文学的影响

佛教十分重视通过文学艺术手段来表现其教义和存在的活力，宣传佛教思想体系。僧人诗歌创作始于东晋，在《全唐诗》中收录诗僧 115 人，作品 2 800 余首，这些诗歌创作在佛教与文人雅士之间架起了一座桥梁，扩大了佛教的影响。

在中国古代小说中，也随处可以见到佛教思想对人物形象的影响，善男信女修行有好报的大结局是中国文学作品偏爱的一种结束方式。

练 习 题

一、选择题

1. 佛教是世界第三大宗教，公元前 6 世纪兴起于（ ）
   A. 古代印度　　B. 耶路撒冷　　　C. 两河流域　　　D. 古代希腊
2. 大乘佛教和小乘佛教中"乘"的意思是（ ）
   A. 佛　　　　　B. 机会　　　　　C. 禅定　　　　　D. 道路
3. 佛教在中国传播与发展的鼎盛期是（ ）
   A. 两汉　　　　B. 魏晋　　　　　C. 隋唐　　　　　D. 明清

二、填空题

1. 古代印度居民被分为 4 个等级，分别是：_____、_____、_____、_____。
2. 四谛是佛教的四条真理，指的是：_____、_____、_____、_____。
3. 15 世纪初，_____创立格鲁教派（俗称黄教），后来成为西藏政教合一的封建农奴制的意识形态和思维基础。
4. 中国的佛教信仰中有流行甚广的菩萨信仰，后来形成了四大菩萨，分别是：_____、_____、_____、_____。

三、思考题

1. 佛教是怎么创立的？佛教的基本教义有哪些？
2. 佛教在中国传播的情况是怎样的？对中国文化产生了怎样的影响？

第 四 章

中 国 道 教

第一节 道教的形成和发展

道教产生于中国，并在中华大地广为流传，是我国土生土长的民族宗教。它从形成至今，已有近 2000 年的历史。在我国整个封建时代，道教对经济、政治、科学、哲学、文学、艺术都产生过深刻的影响，是我国传统文化的重要组成部分。直到现在，它还在民间广为流行，在中国是仅次于佛教的一大宗教。

一、道教的思想渊源

作为中国土生土长的宗教，道教的思想深深植根于中国传统文化之中。其思想是多源的，我国原始宗教和传统文化为道教的产生、发展提供了丰富的思想基础。道教的思想来源主要有以下几个方面。

1．古代宗教和神仙传说

中国古代盛行自然崇拜和鬼神崇拜，它们是道教滋生的温床。据《史记·封禅书》记载，汉初"雍有日、月、参、辰、南北斗、荧惑、太白、岁星、填星、二十八宿、风伯、雨师、四海、九臣、十四臣、诸布、诸严、诸逑之属，百有余庙"。古代崇拜风气之盛由此可见。上述百神后来有许多被道教吸收，变成道教的尊神。对于民间信仰中的神灵，道教不论在其形成的早期还是在后来的发展过程中，都不间断地对它们进行吸收和改造。神仙崇拜是道教信仰的核心。关于神仙传说大体从战国开始，在燕齐、荆楚一带盛行。神仙或称神人、至人，也算真人、圣人，"不食五谷，吸风饮露，乘云气，御飞龙，而游乎四海之外"。既有神仙幻境，必有认真追求者。要实现个体永生，也一定要有相当办法。于是"不死之方"出现，方士方术也由此而兴。由于"长生成仙说"是整个道教的核心教义，所以它与道教的诞生有最密切的关系。

2．先秦老庄哲学和秦汉道家学说

先秦老庄与秦汉道家都是学术派别，不是宗教，但是道教在理论上却紧紧依托于道家，其原因是道家崇尚的"道"，是一种超出具体形象的、支配宇宙万物的最高法则，有神秘化

倾向，很容易演化成具有无限威力的至上神的代名词。道家宣扬清净无为，超脱尘世，道教即在此基础上再行演绎，形成出世的宗教人生观。在道家看来，"道"是"虚无之系，造化之根，神明之本，天地之元"，"其大无外，其微无内"，"无名"、"无形"，"万象以之生，五行以之成"，宇宙、万物、阴阳都是由它演化而来。这就为道教将"道"神秘化提供了理论根据。同时，老子所讲的"长生久视"、"谷神不死"，"陆行不遇兕虎，入军不被甲兵"，和庄子所说的"至人"、"真人"与他们"不食五谷，吸风饮露"，能够"入火不热"、"入水不濡"、"御风而行"和"独与天地精神往来"，也为道教所吸收，并从宗教的角度加以渲染、发挥和发展，成为其梦寐以求的目标，形成在世长生的宗教人生观。汉初流行的黄老学派仍属道家，它所注重的往往是君人南面之术，成为一种治国经世的工具，其要点在于"无为自化，清净自正"。到东汉后期，黄老道家之学为之一变，其中一支走向祭祀求神而与神仙家结合。桓帝祭祀老子，欲"存神养性，意在凌云"，可见黄老道家之变化。此时，不仅出现了黄老崇拜，而且出现了神仙与道家融合的理论著作。道家思想是道教直接吸收的思想养料，这使以后的道教和道家紧紧结合在一起。

3．儒学与阴阳五行思想

儒家思想到东汉末年出现衰落形势，但它思想中的某些部分却为道教所吸收利用。虽然从表面来看，儒家和道教是不相容的，很多儒教名臣视道教为旁门左道；但在讲究实用性上，它们又是一致的。儒家讲究经世济民，道教讲究祛病延年，一个是养性，一个修身，一个在庙堂之上，一个在江湖之远，形成一种互补关系。并且在组织原则上，道教和儒家又有着惊人的相似之处，他们都是按照宗法原则建立组织机构的。这样，在道教的经典中，包含着不少儒家名教成分，早期道教神学都把维护礼教作为头等教戒。如《太平经》所强调的修道原则的首要一条，就是要忠君、敬师、事亲，"学问以寿孝为急"，"父母者，生之根也；君者，授荣尊之门也；师者，智之所出，不穷之业也。此三者道德之门户也"，"不孝而为道者，乃无一人得上天者也"。葛洪提出"求仙要以忠孝和顺仁信为本"的思想；寇谦之建新天师道专以礼度为首。道教中"天地人合一致太平"的思想，就表现出儒家那种强烈关心现实政治的倾向。战国以邹衍为代表的阴阳五行学说在秦汉之际广泛传播，为道家、儒家和方士们共同吸收。阴阳五行学说是道教内外丹学的重要理论根据。

从以上可以看出，道教思想来源虽多，但主要还是以儒、道两家为主，这一宗教派别体现出儒、道互补的特征。

二、道教的形成和发展

道教的形成和发展至今已将近 2 000 年，这一过程可以分为以下几个时期。

1．形成期

东汉至六朝是道教的形成期。东汉顺帝时，张陵在西蜀鹤鸣山创立五斗米道，这是道教最早的组织。五斗米道奉老子为教主，以《老子》五千言为主要经典。东汉灵帝时，张角的太平道是早期道教的另一重要派别。太平道以《太平清领书》为主要经典。二者同属于符箓派道教，都以劳动民众为主要传道对象，以治病消灾为布道的主要手段，用劝善和救穷周急的思想教化道民，因而深受下层人民的欢迎，进而与广大农民反剥削、反压迫的政治斗争相结合。

道教在民间传播的同时，也开始向上层社会发展。为迎合统治者长生成仙的愿望，魏晋以后，神仙道教日益兴盛。葛洪的《抱朴子·内篇》阐述了一整套神仙道教的理论及众多的神仙方术，养气服药、修炼成仙成为一种时代风尚，道士成为一种谋生的职业并受到世人尊重。北魏太平真君年间，嵩山道士寇谦之对尚存的五斗米道进行"清整"，重醮仪、倡礼法，改变了过去单以符水治病及注重炼形的教义，使五斗米道成为统治者维护其统治的精神工具。经寇谦之改革的五斗米道，被称为"新天师道"或"北天师道"。稍后，南朝刘宋道士陆修静也对道教进行了总结与改革，他广集道书，将道教经书分为三类，即洞真、洞玄、洞神三部。洞真部以《上清经》为中心，洞玄部以《灵宝经》为中心，洞神部以《三皇文》为中心。从而使众多的道教经书系统化，开始了道书的三洞分类法，奠定了后世纂修《道藏》的基础。此外，南朝齐梁道士陶弘景吸收儒、佛两家思想，充实道教内容，构造出道教神仙谱系，并开创了对后世道教发展有深远影响的茅山宗。

总之，道教到南北朝时期，经过门阀世族的改造，已经有了较为完备的教义理论和经典文献，建立完善了自身的科戒仪式和相对统一的教会组织，丰富发展了修炼方术，形成了独特的神仙信仰体系，并扩大了在统治阶层和普通民众中的影响，完成了从民间宗教向完备成熟的官方正统宗教的演变过程。

2．兴盛发达期

隋唐至北宋为道教的兴盛发达期。这时期道教的兴盛，主要表现在创立了相当系统化的道教哲学体系，在组织上存在全国性的管理体制和道官系统。唐代的统治者为了抬高自己的出身门第，自称是老子后裔，奉行崇拜道家的政策，与道家有密切联系的道教也就有了新的发展。到宋代，宋朝皇帝也与道教联宗。宋真宗宣称其祖赵玄朗为道教尊神，加封老子为太上老君混元上德皇帝。宋徽宗更是自称"教主道君皇帝"，又于太学中设置《道德经》、《庄子》、《列子》博士，并亲自为多种道教书作注。唐宋统治者这一系列的崇道措施，大大促进了道教的兴盛发展。这时道士的人数大增；道教的宫观规模日益壮观；神仙系统越来越庞大；经书数量也不断增多，而且已编纂成《道藏》，正式刊行；研究道经的著名道士和道教学者，也相继涌现。

唐宋道教义理的发展，主要表现在 3 个方面：一是用神仙信仰来阐发老庄思想及援佛入道；二是着重阐发修持之道在于"立静"、"坐忘"；三是纳儒入道，将孔孟之道融入老君之道，又文饰斋醮仪式并使之规范化。唐宋道教兴盛还表现在两个方面：一是钟吕丹道崛起，建立了道教内丹的系统理论与方法，对宋元内丹学产生了深远的影响；二是出现了第一部《道藏》，由于道教经书日益增多，唐玄宗时仿《佛藏》纂修《道藏》，我国第一部《道藏》便产生于开元年间，名为《开元道藏》。北宋统治者崇奉符箓道教，宋真宗欲得神力以安人心，信奉神灵法术，屡演天书颁赐的闹剧。宋徽宗更是信道排佛，册己为"教主道君皇帝"，集天神、教主、皇帝于一身，把道教抬高到无以复加的地位。在北宋统治者崇奉符箓派的同时，道教内丹派也有了长足的发展，并因其义理深邃而影响日盛。先有陈抟后有张伯端等人，远承魏伯阳的《周易参同契》，近继钟离权、吕洞宾等的内丹修炼术，进一步阐发和推进了道教的内丹炼养理论。

3．改革转折期

南宋金元是道教的改革转折时期。南宋偏安，形成与金元南北对峙的局面，民族矛盾异常尖锐，道教内部宗派纷起，教团林立。在南方，除旧有的龙虎天师、茅山上清、阁皂灵宝等三山符箓派仍然受到南宋统治者尊崇外，自称得到异传而先后别立宗派者也很多，如神霄派、清微派、天心正法派、东华派、净明派等。经过一番分化组合，最终形成全真道和正一道两大主要派系。

全真道亦称"全真教"、"全真派"，创始人为金代道士王重阳。他著有《立教十五论》，其教旨与以往道教的差别主要在于：主张儒、释、道三教一家，认为三教同源，可以修证；吸收佛教，特别是大乘佛教的义理，视酒色财气为修行的大敌，禁止杀生偷盗；排斥道教传统的符箓、咒术以及以金丹为主的养生术，主张清修苦炼、性命兼顾。王重阳与东华帝君、钟离权、吕洞宾、刘海蟾并为"五祖"，他还有七大高足，即所谓全真七子：马从义、谭处端、刘处玄、丘处机、王处一、郝大通、孙不二。他们合称"五祖七真"。王重阳去世后50余年，丘处机被元太祖成吉思汗召见，赐号"神仙"，爵"大宗师"，掌管天下道教。全真教因此得以广泛传布，盛极一时。

天师道为了与全真道相抗衡，遂与上清、灵宝、净明等符箓派合流。元成宗大德八年（1304年），三十八代天师张与材被授为"正一教主"，总领三山（龙虎山、阁皂山、茅山）符箓，符箓各派遂统一为"正一派"。因此，正一道实际上成为符箓各派的总称。据载，元仁宗曾两次下诏，令张天师掌管江南道教教法，正一道成了江南道教盟主。正一派道教讲究斋醮祈禳、符咒印剑，以画符念咒、驱鬼降妖、祈福禳灾作为主要传教方式。与全真道不同，正一派道士可以娶妻生子，不必出家。正一道利用下层人民的迷信心理，实施它的鬼神惩戒，在民间很有影响。

4. 走向衰落期

明清时期，道教开始走向衰落。明朝开国后，明太祖朱元璋要正礼仪，以完成其君主独尊的政治体制，于是对道教采取利用与检束并用的政策，即笼络其头面人物，而控制其势力的发展。他一再下诏，清整教团，减少道观，限制出家，并立道录司以检束天下道士，道教发展势头渐趋衰微。后虽有明世宗崇尚道教，但短暂的一瞬终不能挽救道教日复一日的颓势。值得一提的是明成祖时，张三丰在湖北武当山创立的武当道派一度兴盛。武当道派有如下特征：崇祀真武大帝，以真武大帝为武当道的祖师；注重内丹修炼，习武当内家拳技；主张儒、释、道三教合一。

清代统治者重视佛教，对道教采取了抑制政策，道教更加衰落。乾隆时，曾一度禁止正一真人差遣法员传度，限制天师率领本山道众。道光时，停止天师入觐，取消"正一真人"号。至此，道教与朝廷的关系基本结束。道教的地位在上层社会一蹶不振，但民间通俗形式的道教仍很活跃，出现了一些如八卦教、义和拳等变相道教的民间秘密组织。道教在下层人民中还有广泛的影响，天师仍在各地设醮驱害，然而势力已大不如前。

第二节　道教的信仰与方术

一、基本信仰

1. 三清

道教奉老子为教主，把《道德经》作为主要经典，以"道"和"德"为其信仰和行为的总原则。《道德经》有言："道生之，德畜之，物形之，势成之。是以万物莫不尊道而贵德。"道者物之所由，德者物之所得。道是宇宙本体、自然规律，德就是得道。所以两者是一个事物的两个方面，是一个整体。《道教义枢·道德义》曰："道德一体，而具二义，一而不二，二而不一。"道教一方面以老子之道为万物生化的原动力，另一方面又将老子之道人格化、方术化，认为老君是道的化身，所谓"太上老君，一气化三清"，于是有了道教的三清尊神。道教把老子所谓"道生一，一生二，二生三，三生万物"的宇宙生成过程，分为"洪元、混元、太初"3 个不同的世纪，三清尊神就象征着这 3 个不同的世纪：元始天尊象征洪元，灵宝天尊象征混元，道德天尊（太上老君）象征太初。

2．洞天福地

道教认为除了"人"所居住的这个世界之外，另有神仙居住的境地，即神仙世界。道教仙境最早在名山、海中，而不在天上。早期道教仙境有两个中心：昆仑山和三神山。昆仑山在西北，是"西王母之所治也，真官仙灵之所宗"（《云笈七签》卷二十六）。三神山在渤海之东，即蓬莱、方丈、瀛洲，"所居之人皆仙圣之种"，"诸仙人及不死之药在焉"（《史记·封禅书》）。南北朝以后，道教在继承古人"九天"之说的同时，吸收佛教"三教"说，并与"三清"联系在一起，逐渐构筑了"三十六天"说，即玉清境十二天、上清境十二天、太清境十二天。除三十六天外，道教神仙还居住在人间的"洞天福地"内。洞天福地由"十洲三岛"发展而来。十洲即巨海中的祖、瀛、玄、炎、长、元、流、生、凤麟、聚窟；三岛则是昆仑、方丈、蓬丘。以后，神仙日盛，所居之地也就扩展为十大洞天、三十六小洞天、七十二福地。

3．得道成仙

道教还训"道"为"导"、训"德"为"得"，认为人的寿命并不完全由"天"决定，人经过修炼可以延年益寿，如果修炼有恒，日久年深，则可以长生不死，登清虚之境。所以，修道就是"导执令忘，引凡入圣"，如此也就能成仙得道。根据这种信仰，道教发展了一系列道功、道术。道功是它的修养方法，道术是辅助修养道功的具体方术，如服食、导引、吐纳、内丹、外丹等。

二、修道方术

道教以成仙为最高追求目标，方术乃求仙的手段，因此道教非常重视它，认为"道无术不行"，强调"寓道于术"。道教之术，杂而多端。"盖清净一说也，炼养一说也，服食又一说也，符箓又一说也，经典科教又一说也。"（《文献通考·经籍考》）由于各人学道的目的不同，行法也不一样。大致说来，利用道教宣扬灾异祥瑞者，好占问吉凶之术；专司道职从事仪范科教者，好祈福禳灾之术；偏执方术希求延年益寿者，好气功炼养之术；迷恋仙道，幻想得道成真者，好变化飞升之术。

1．术数之学

吉凶祸福乃人生大事，若能操之在手，则是生活中的大幸。于是，古人结合天文地理知识，运用生克制化原理，通过阴阳、五行、八卦、干支之间的循环配合，推测吉凶、预言祸福，帮助人们避凶趋吉。这类方术一般被称为"术数之学"。道教的起源本与术数有密切的联系，术数在道教，特别是在民间道教中占有特殊地位，是道教方术中重要的一种。道教占问吉凶之术主要有占卜、堪舆、奇门遁甲，另外还有占星术、占梦术、扶乩术、命相术等。

2．祈禳之术

道教在形成和发展过程中，为了赢得民众的信任和帝王的支持，又在原始巫术的基础上，结合道教自身的科仪习惯，创制了一套祈福禳灾、驱邪避魔之术，以捞取政治资本，抬高道教的社会地位。祈禳之术由来已久。祈即祈祷求福，禳为攘除灾祸。民间早有通过各种方式祈求鬼神降福免灾的活动。道教利用民间这一信仰，认为通过符箓咒语、斋醮仪式，可以和天神接通，让天神保佑人们，为人们消灾存福。符箓是天神的旨令与众神的名录，可以役使鬼神，排除邪魔，为人治病。然而，对神有所请求还要配合一定的仪式和方法，于是又有了斋醮之仪。

3．气功养生术

道教创立后，继承了古代气功养生之道，并将它作为修炼成仙的主要途径。葛洪在《抱朴子·内篇》中所总结的"学仙之法"，就有导引、行气、胎息、存神、守一等。这些方法实际上都是以修炼精、气、神为主的气功养生术。唐宋以后，道士更总结出一套系统完整的内丹养生术，建立了足以与印度瑜伽、佛教禅定相媲美的道教修仙气功。道教气功在隋唐以前主要是继承传统的气功养生方法，其功法主要有：调心炼神法、行气导引法、辟谷服食法、存思守窍法、男女合气法等。隋唐以后，道教建立起独特的内丹修仙气功。内丹气功以传统医学的经络、气化学说为理论依据，以鼎炉、药物、火候为三要素。鼎炉指练功者身上的部位，药物指人体精、气、神，火候指意念对练功过程中呼吸气感的调节和控制。

4．变化飞升之术

道教中还普遍流传着变化飞升之术，这些方术大多围绕着神仙的特点展开。道士相信，通过道术修炼，便可以得道成真，成为神仙。而成为神仙的首要标志就是他们具备了神仙的特点，如飞升逍遥，御风而行；隐形变化，为所欲为；入水不濡，入火不热。伴随这些特点的是一系列具体可行的法术，如乘跻、变化、服药等。

道教方术大多荒诞不经，难以验证。道士为了自神其术，从野史传说中搜求这类记载，维护本教信仰，这也是可以理解的。值得注意的是，这些方术中也包含有医学、保健养生等科学因素，这些方术的背后还可能蕴藏着我们今天尚不能理解的人体特异功能。总之，道教文化中，科学与迷信包裹在一起，至于道教方术中究竟含有多少科学成分，是今天以至将来值得研究的一个重要课题。

第三节　道教对中国文化的影响

中国古代道教长久地作用于民族心理、风俗习惯、文艺科技以及社会政治经济的广泛领域，道教的信仰、教义和法术为许多中国人所接纳、信奉，对中国文化产生了深远的影响。可以说，中国文化曾以道教作为自身的载体，在历史的长河中绵延泛波。

一、道教对科技的影响

道教对中国古代科学技术的影响比较明显，中国古代的化学、医学都与道教有着密切的联系。道教炼丹术本来是为了提炼"仙丹"，寻求长生不死之药而产生发展起来的，但它客观上推动了中国古代化学的发展，促进了古代化学研究进入更高的水平。道教炼丹术对古代化学的贡献主要有以下几点。

（1）丰富发展了化学物质变化的原理和知识。炼丹家不仅进行了大量的分解反应、化合反应和金属置换反应的实践，而且对此作出了很好的总结。魏伯阳在《周易参同契》中就记载了汞和硫的化合反应，陶弘景则总结了汞和氧的化合反应，葛洪在《抱朴子·内篇》中又总结了分解丹砂提炼汞的方法。

（2）炼丹家对不少物质的化学性质有所认识并能加以鉴别。《周易参同契》就认识到黄金具有化学稳定性，汞具有流动性、挥发性等。从书中的论述看，道教丹家已基本掌握60多种物质的性能及其炼制方法。

道教对我国古代医学、药物学、养生学的发展也作出了巨大贡献，虽然其中不乏宗教迷信色彩，但渗透着中国先哲智慧的道医，在中国医学史上占有重要的地位。道教医学中最有价值的部分是本草医疗学。早期道教经典《太平经》不但很重视药物治病，而且还强调针灸治疗。道门中对本草学贡献最大的道医是东晋时的葛洪、南朝齐梁间的陶弘景和唐朝的孙思邈。葛洪的《金匮药方》、《肘后备急方》和《神仙服食药方》，在今天仍然是药物学研究的重要参考资料。陶弘景的《本草经集注》、《补阙肘后百一方》等书，都是我国本草学中珍贵的药物学专著；他还提出新的医药分类法，奠定了药物分类的基础。孙思邈素有"道门药王"之称，他认为"古之善为医者，皆自采药"，因而，他一生坚持自种、自采、自制药材，他的《千金翼方》中的《药性纂要》专论本草，详论了873种药物的采收时节、地点和制作方法。

二、道教对文艺的影响

"艺术之发展多受宗教之影响；而宗教之传播亦多倚艺术为资用。"（《天师道与滨海地域之关系》）道教对文学的影响表现在两个方面。一是道士用以记载传授修道悟性、炼形求仙法术的文学作品，其中既包括赞颂神仙的幽明博大、道体的高深莫测之作品，也包括为杰出道士树碑立传，记载洞天福地、名山宫观的作品。二是受道教思想影响，为一般文人创作的仰慕仙道世界、寄托出世求仙思想，以及以道教故事为题材，富有道教意蕴的文学作品。从体裁上看，受道教影响的不仅有诗歌，还有小说和戏曲。例如，诗歌方面，古代有游仙诗、步虚词等；小说方面，古代有志怪小说、神魔小说等；戏曲方面，古代有神仙传说剧、道化度脱剧等。这些都是典型的道教文学作品，至于受道教思想影响的文学作品则不计其数。道教文学往往以空灵奇特的想象，编织瑰丽缤纷的意象，流淌着浪漫豪爽的激情，从而对中国文学独特风貌的形成有着深刻的影响。

道教对中国古代艺术的影响也十分显著，书画、乐舞、建筑等主要艺术形式，都渗透着道教因素。仙书丹画、啸歌大舞、宫观建筑等，更是道教与艺术直接结合的产物。道教音乐主要是道士在斋醮活动中所使用的"法事音乐"或"道场音乐"，此外还包括"道情"与"啸吟"等。书画方面，出现了一种以仙书道经为书写对象、以修道炼丹为绘事题材的仙书丹画，虽然为数不多，但也别具一格。还有道教宫观的壁画，在艺术上也有很高的成就。体现道教精神的宫观建筑最具民族风格，从总体上看，道教建筑主要由神殿、膳堂、宿舍、园林4个部分组成。它的布局吸收了我国古代的阴阳五行学说，依据乾南坤北、离东坎西、子北午南的方位安排。这些建筑殿堂精巧，楼阁巍峨，配置对称，布局和谐，再衬以假山池水，浑然天成，巧夺天工，具有很高的审美价值。

三、道教对民俗的影响

道教对中国古代民俗的影响尤为广泛深刻，它的一部分宗教思想、它所尊奉的神仙名目，早已深入民间，家喻户晓。例如，对城隍、土地、灶君的崇拜和祭祀，几乎遍及全国各地。另外，民间的许多节日庆典也与道教有关。例如，正月初八的敬八仙节就是为了纪念道教的八位神仙，即铁拐李、汉钟离、吕洞宾、韩湘子、曹国舅、何仙姑、张果老、蓝采和。

禁忌是一种古老的消灾避祸之法，也是一种民俗的反映。道教十分讲究禁忌，举凡行住坐卧、饮食起居、斋醮仪式等方面，都有种种禁忌。这些禁忌对民风民俗的影响也很大。一些时间禁忌、饮食禁忌等，在今天人们的生活中还有所反映。此外，天时禁忌、地道禁忌、人事禁忌等，也在民间流传不息。

练 习 题

一、选择题

1. 全真道的创始人是（　　）

　　A. 丘处机　　　　　B. 王重阳　　　　　C. 张于才　　　　　D. 吕洞宾

2. 五斗米道的经典是（　　）

　　A.《老子》五千言　B.《太平经》　　　C.《道藏》　　　　D.《南华经》

二、填空题

1. 东汉顺帝时，_____在西蜀鹤鸣山创立_____，这是道教最早的组织。

2. 道教信仰中的"三清"是指：_____，_____，_____。

三、思考题

1. 道教的思想来源有哪些？道教是怎么创立的？

2. 道教的发展经历了几个阶段？各个阶段的发展呈现了怎样的特点？

3. 道教的基本信仰和方术有哪些？

4. 道教对中国文化产生了怎样的影响？

第二篇

中国古代礼仪与制度文化

第五章

中国古代礼乐制度

中国被世人称为"文明古国，礼仪之邦"。几千年的历史创造了灿烂的文化，也形成了高尚的道德水准、完整的礼仪规范。

作为文化系统，礼乐一直贯穿于古代社会文化生活的各个方面。作为道德观念，礼乐既是上尊下卑的纲常伦理，又逐渐成为君子之"德"的体现。礼乐文化以礼、乐、文3个概念为核心。什么是礼？狭义的礼，指人们的行为规范、规矩和仪节；广义的礼，指一个时代的典章制度和一种社会意识观念。例如夏礼、殷礼指的是夏代和殷代的典章制度，周礼指的则是有关周代的政治、经济和社会制度。

第一节　礼仪文化的起源

自古以来，人们对礼的起源有多种解说，诸如货物交换说、宗教起源说、圣人制欲说和风俗起源说等。这些说法从不同的角度、立场和层面对礼的起源进行解析，有一定的参考价值，但都涵盖不全，缺乏整体综合性。不过，最为学者所公认的说法是，礼起于三代而备于周朝。礼仪的起源早于文字，约在原始社会旧石器时代中后期开始发端，在新石器时代走向兴盛。

一、货物交换说

"货物交换说"认为，礼的最初意义就是指人们之间互相交换产品的行为。随着人类生存能力的增强，原始农业出现，继而出现了社会分工，劳动产品除满足自身生存需要之外还出现剩余，于是交换便应运而生了。以物易物的交换行为本身就是礼。起初，氏族和部落间的交换，往往仅限于互相通婚和有友好关系的礼品交换，《礼记·曲礼上》中记载，"礼尚往来，往而不来非礼也，来而不往亦非礼也"，这是中国古代社会家喻户晓的礼俗，也是人们交往的准则。对于这一礼俗，杨向奎先生认为，"在原始社会，'礼尚往来'中的礼品交换，实质上是货物的交易行为"，礼尚往来延伸到亲朋之间，亦采取"物"的形式。"礼品是社会话语的织线"，赠礼的意义是表达或确立交换者之间的社会联结，赠礼与回报便赋予参与者一种信赖、团结、互助的关系。这种交换在后来逐渐演变为不等价的礼品交换，甚至是有强迫性的礼品交换。礼的内容也就发生了变化，变为暴力下的贡献，与之相伴随的仪式也带有了尊崇的社会色彩。

二、宗教起源说

此种观点认为，中国古代的礼源于上古时期的宗教祭祀活动，是祭神祈福的一种仪式，后来逐渐演变成为一套完整的规则体系。《礼记·礼运》记载："昔者先王未有宫室，冬则居营窟，夏则居橧巢。未有火化，食草木之食，鸟兽之肉，饮其血，茹其毛，未有麻丝，衣其羽皮。"

可见，人类之初，远古先民向大自然索取生存资料、与自然力对抗的能力极为有限，逐渐产生了对代表不可抗拒、不可理解的神秘力量的鬼神的信仰和崇拜，即原始宗教。他们认为，万物都有灵性，都能行赏罚，不可不敬。对于鬼神，人们必须有奉献，奉献出自己的劳动产品，如粮食果蔬、牲畜肉食、玉石器具，甚至是人本身也被拿来用于祭祀；否则就得不到鬼神的爱怜，甚至会受到惩罚。由于受这一观念的影响，先民认为一切礼仪都与鬼神有联系，如《大戴礼记·曾子天圆》中说："神灵者，品物之本也；而礼乐仁义之祖也。"《大戴礼记·礼三本》亦说："礼上事天，下事地，宗事先祖而宠君师，是礼之三本也。"这些言论都强调了天神是礼乐之祖、万物之本的思想。后来，随着生产力水平的提高，人们逐渐将对鬼神的崇拜和供奉转向人间的英雄；礼仪也从神坛走向人间，成为人间礼仪。

三、圣人制欲说

大思想家孔子、荀子，都不约而同地指出：礼是圣人先王为治理人们欲恶引起的争斗祸乱而制定出来用以矫正和引导人之性情的措施。换句话说，礼是为调节人与人之间的利欲冲突而制定的规范，是保证社会生产和生活正常进行的准则。《荀子·礼论》云："礼起于何也？曰：'人生而有欲。'"也就是说，礼起源于人追求耳目声色，趋乐避苦，有填不满的欲望。然而，欲望的无限性与社会财富的有限性常处于矛盾之中，"欲而不得则不能不求，求而无度则不能不争，争则乱，乱则穷"（《荀子·礼论》），于是圣人出，制定礼仪，抑制人的恶性，培育人的善性。荀子以性恶论为出发点，将"礼"的起源归结为"圣人"的"制欲止乱"。他认为人性无分高下贵贱，人人相同，都有各种各样的欲望；为了满足欲望，就会出现各种各样的纷争，有纷争，社会就没有秩序，变得动乱起来，危害极大。因此，制定礼仪，根据人情人性分而别之，可使不同人的不同欲望各自得到满足。"先王恶其乱也，故制礼义以分之，以养人之欲，给人之求。使欲必不穷乎物，物必不屈于欲，两者相持而长，是礼之所起也"。（《荀子·礼论》）

四、风俗起源说

《礼记·礼运》说，"夫礼之初，始诸饮食。其燔黍捭豚，污尊而抔饮，蒉桴而土鼓，犹若可以致其敬于鬼神"，所以有学者认为礼起源于饮食；《礼记·礼运》又说，礼"本于婚"，即"婚姻"。饮食和婚俗实质上代表了人类社会的两种生产，人们在生产中形成了各种风俗，而这些风俗又成为礼仪得以形成的根本因素和起点。春秋时期的思想家们曾说，"礼失求诸野"，意指当社会主流的礼仪形态发生迷失，或不适应社会要求时，就需要重新到礼仪原本发端的地方，即民间风俗中重新寻求。甚至到今天，我们可以见到的礼仪形态，也是以饮食礼仪、结婚礼仪表现较为突出。

从以上四种礼仪起源的说法中可以看出，礼作为人类文明的产物，其产生有着复杂的原因和漫长的过程。礼的起源和诞生原因应该是多方面的，不能简单地认定其中一种就是礼的特定源头，正确的认识应该建立在对以上观点的综合理解上：礼是人类在漫长的生存发展过程中逐渐形成的一种社会现象。

第二节　礼乐的演进与发展

一、从三代至殷商：礼的萌芽和成长发育期

中国礼文化的发端可以追溯到原始时代。从旧石器时代山顶洞人将兽齿、鱼骨、贝壳穿孔作为装饰品挂在脖子上的"爱美"观念，到尧舜禹时期的"选贤任能"原则，还有规范时序、协和万邦的类似于礼的"五典"等社会现象，都表明早在原始社会就已有了"礼"的萌芽。例如，在今西安附近的半坡遗址中，发现了距今约五千年的半坡村人的公共墓地。墓地中坑位排列有序，死者的身份有所区别：有带殉葬品的仰身葬，还有无殉葬品的俯身葬等。此外，仰韶文化时期的其他遗址及有关资料表明，当时人们已经注意尊卑有序、男女有别。而长辈坐上席，晚辈坐下席；男子坐左边，女子坐右边等礼仪日趋明确。

对于夏朝之礼，由于史料的局限，今天的人们已很难作出翔实而系统的描述。正如2 000多年前孔子的感叹："吾欲观夏道，是故之杞，而不足徵也，吾得《夏时》焉。"至于殷商之礼，由于有周朝的文字记载和大量的考古资料为佐证，真实面目比较清晰：进入奴隶制成熟时期的商朝，把"礼"的观念用于调节人神之间、人际之间、人与社会之间复杂的关系。洪范九畴中"五事"、"皇极"、"三德"等都涉及区分等级以制礼的基本准则、协调人际关系的观念以及礼的行为规范等。可以推断，礼作为一种客观的社会现象和既成的社会意识，早在禹汤之际就已经出现，并成为约束民众行为的重要规范和调节人际关系的有力工具。

二、从西周至唐：礼由盛至衰再到复兴

西周与春秋战国，是礼文化的成型期。西周开国以后，周公姬旦在对殷礼继承和扩充改造的基础上建立了规模空前的"周礼"，史称"周公治礼"。"周公治礼"形成了周朝辉煌的礼治文化，使自尧、舜、禹以来的传统之礼得到了极大程度的理论提升，为中华民族成为"礼仪之邦"奠定了坚实的基础。

礼虽不是周公的首创，但其却是真正对礼作出创造性发展贡献的关键人物。周公所创的礼制号称"礼仪三百，威仪三千"（《礼记·中庸》），内容包罗万象，从军制、丧祭、冠婚、朝聘、饮食、射御、辞让到日用起居的各个方面，正所谓"礼，经国家，定社稷，序民人，利后嗣"（《左传》）。周公治礼作乐是以宗法政治为中心的礼乐制度，以政治

内容取代原有的宗教内容，政治目的很明显。礼仪的内涵发生质的变化：它不仅是礼节、仪式，而且也是典章制度和道德规范了。

春秋战国"礼崩乐坏"，社会呈现无序状态，孔子说："周监于二代，郁郁乎文哉，吾从周。"他对周代礼仪进行修改与道德的补充，使其更加丰满：一方面，保留了礼作为宗法等级社会的制度、规范，强调尊卑长幼之序；另一方面，从伦理学的角度，孔子将作为道德思想总目的的仁与礼联系起来，以仁释礼。孔子以前，礼的形式与内容混淆在一起，孔子将礼之仪与礼之质的仁进行了统一，如《论语·阳货》中说："礼云礼云，玉帛云乎哉！乐云乐云，钟鼓云乎哉！"也就是说礼乐不只体现在玉帛钟鼓之类。"人而不仁，如礼何？"一个人没有仁爱之心，遵守礼仪有什么用？所以孔子主张内外兼修，正所谓："质胜文则野，文胜质则史。文质彬彬，然后君子。"（《论语·雍也》）

后来荀子发展了孔子的思想体系，以礼入法，提出了"礼"与"法"是治理国家、安定社会的两大根本手段。他说："礼者，节之准也。""法者，治之端也。"他认为"法"同"礼"一样，也是治理国家不可缺少的重要方面。当时主张礼制的还有儒家孟子，此三人对礼的阐释标志了古代礼仪文化的成型。

秦朝是礼发展史上的一个特殊阶段。一般人认为，秦朝"以吏为师"，重尉缭、用李斯；"以法治国"，韩非学说盛极一时。焚书坑儒使礼制受到破坏，所以，从西汉开始，人们普遍认为秦"仁义不施"、"弃捐礼谊"。然而，太史公司马迁却说："至秦有天下，悉内六国礼仪，采择其善，虽不合圣制，其尊君抑臣，朝廷济济，依古以来。"秦朝同样需要明确尊卑等级以维护皇权和社会秩序，历史的复杂性要求我们对秦王朝不能作无礼的简单定论。

汉代开启了中国礼学发展的一个新时期。经过两汉400多年的时间，儒家的礼治思想和中国的礼文化逐渐走向系统化和成熟化，主要表现为三点：一是儒家经典的内容成为衡量人们行为是否合礼的标准；二是三纲五常成为中国封建礼制、礼教的核心，被视为封建伦理规范的最高准则；三是通过对儒家经典"三礼"的整理、诠释，礼学进一步系统化、规范化。东汉郑玄的《三礼注》可谓集"周礼"之大成，并将周代礼制理想化。"三礼"的整理、注释和刊布，既起了敦教化、醇风俗、规范社会秩序的作用，也确立和支撑起了中国封建礼制和礼学的框架。

在魏晋南北朝和隋唐这段由分裂走向统一的时期，礼的发展进入了一个新的阶段——由学术层面迈向规范化、制度化：魏晋时修注《仪礼》；隋文帝时广采南北朝仪注以之为"五礼"：尤其是到了唐朝，唐太宗贞观时期召命礼乐学士改旧仪、定"五礼"，高宗显庆复诏修礼，史称唐初"贞观"、"显庆"二礼。修旧礼是为了建新礼服务的。随着杜佑《通典·礼典》对古代礼仪内容的总结与分类，制礼活动达到高潮。其中展示"盛唐气象"的《开元礼》标志着"五礼"的进一步成熟和完善。《开元礼》是我国现存最早的一部官修礼典，它对此前的"五礼"制度作了一次系统的总结，又进而奠定了以后历代王朝礼典的基本结构。

三、从宋至清：礼的二次兴盛、衰落与复兴

宋代礼学的兴起，在礼学发展史上具有里程碑式的意义，主要表现为礼学家们对礼制思想的阐述以及礼治秩序的进一步强化。宋人的制礼活动极其兴盛，既有频繁的官方编修，如《礼阁新编》、《太常新礼》、《大享明堂记》、《太常因革礼》等；又有大量的私家

撰作，如陈祥道的《礼书》、司马光的《书仪》等。当时的儒家也开始致力于民间礼俗的规范化且成就显著。程颐在解释《论语·八情》时说："礼者，理也，文也；理者，实也，本也；文者，华也，末也。"朱熹也说："礼者，天理之节文，人事之仪则也。"依他们的说法，礼仪只是一种外在的核心——纲常伦理，在此基础上，他们提出了"存天理，灭人欲"这个被后世多次当做封建礼教标签的口号。然而，当宋代礼学灭绝人欲、根本否定个性价值之时，也是它走向极端、失去理性和生命力之日。

元明时期是"经学的积衰时代"，传统礼仪越来越暴露出它专制、残暴、繁缛、僵化的致命伤，开始走向反面。此后，元朝一统天下，元朝统治者坚持蒙古族礼俗，蔑视汉族文化、轻视汉儒，导致礼的动荡与萧条。元世祖忽必烈时期，在汉儒的帮助下，他决心改革旧俗，推行汉制。但忽必烈所做的仅是在朝廷礼制方面的通融，对于民间礼俗则很少顾及；加上民族矛盾难以调和，整个元代，传统礼学及礼文化的发展一直处于低谷。这一时期的礼仪著作有元泰定中李好文撰《太常集礼》、王守诚作《续编集礼》等。

明朝建立后，朱元璋认为"贵贱无等，僭礼败度"是元朝失败的一大原因，所以他特别注意礼制，将衣食住行的贵贱等级差别规定得十分严格，不许人们有任何僭越等级的举动，并按照尊卑长幼的等级制度，对人们见面的礼节作了详细的规定，"凌侮者论如律"。加之朱元璋多忌讳，大兴文字狱，利用特务机构对百姓施行高压政策，导致人人视礼制为畏途，战战兢兢，不敢越雷池半步，使得整个社会的文化生活僵滞灰暗。然而，这种律令严明、恪守礼仪的局面并未维持多久，大概从嘉靖年间到明亡，出现了一股越礼逾制的浪潮。

随着满族入主中原，明末的僭礼浪潮悄然引退。清朝统治者为了维护专制统治，将传统礼仪制度再次当成金科玉律。清王朝为了加强权威，还将朝廷礼仪推向了极端，如朝仪由明朝的四拜、五拜发展为清朝的"三跪九叩首"。出于同样的政治目的，清王朝进一步强化了宗族制度。雍正在《圣谕广训》中说："凡属一家一姓，当念乃祖乃宗，宁厚勿薄，宁亲勿疏，长幼必以序相洽，尊卑必以分相连，喜则相庆以结起绸缪，戚则相怜以通其缓急。"同时明确承认宗族的司法权，如族长拥有处人至死的权力。这样，宗族共同体就成为当时维系基层秩序的重要手段，儒家的伦理纲常也依赖于宗族的顽固势力而得以发扬，这为封建礼教负面效应的充分暴露提供了广阔的社会舞台。明清两朝，礼书以官修为主，规模宏大，如明初有宋濂、刘基修撰《洪武集礼》、《洪武礼法》、《礼制集要》等，清代有大型礼书《大清通礼》、《皇朝礼典》等。

第三节　古代礼制核心之"五礼"

一、吉礼

吉礼居五礼之冠，指祭祀之礼。吉训为福，是事神致福，也含有"祭神如神在"的敬畏与虔诚的意思。《礼记·祭统》说："礼有五经，莫重于祭。"吉礼之中最为重要的是4 种祭祀。一是祭天地。历代帝王都把行"封禅"之礼，作为国之重典。"封"指筑土为坛祭天，以示皇权受命于天。"禅"指祭地，以示德厚于地。古人认为"天以高为尊，地以厚为德"；而"圜丘祭天，方丘祭地"为历代相承，延绵不绝。此外，祭天还有"大雩"

以求风调雨顺、"祈谷"以求五谷丰登、"明堂"以报上帝好生之德之意；祭地亦有对"五行"、"四方百物"之礼等。二是祭宗庙。这是缅怀祖先的一种祭祀活动，祭祀地点在宗庙之中，被祭者称为"神主"，是一个木头牌位，保存于石匣中。祭者按不同的等级每年举行祭祀，"天子四祭四荐，诸侯三祭三荐，大夫、士再祭再荐"（《公羊传》）。其主要程式包括参拜、降神、进馔、受胙等，具体程式、所用器皿、摆设、祭者的服饰、仪仗都会因不同身份而各有详细严格的规定，表现出家族制与宗法制的特征。三是祭日月星辰。祭日月星辰则是表示人类对大自然的崇拜。其仪式十分严格，《礼记·祭义》："祭日于坛，祭月于坎，以别幽明，以制上下；祭日于东，祭月于西，以别外内，以端其位。"日坛又称"大明"、"王宫"，祭在春分之朝；月坛又称"夜明"，祭在秋分之夕。黄帝时期，祭祀日月星辰的时候，要"奏黄钟，歌大吕，舞云门"。四是祭社稷。社稷是国家的象征，社指土神，稷乃谷神，祭社稷就是希望地利丰年，保国康宁。据《周礼·考工记》，社稷坛设于王宫之右，与设于王宫之左的宗庙相对，前者代表土地，后者代表血缘，同为国家的象征。《礼记·曲礼下》："国君死社稷。"就是国君与国家共存亡。朝廷每年均祭，民间亦盛。唐代诗人王驾在其《社日》描述："鹅湖山下稻粱肥，豚栅鸡栖半掩扉；桑柘影斜春社散，家家扶得醉人归。"宋代宗懔《荆楚岁时记》载："社日，四邻并结，宗会社，宰牲牢，为屋于树下，先祭神，然后飨其胙。"可见祭社稷已成节日，与农耕经济紧密相连。除此四祭，吉礼还有"腊祭"、"禊祭"、"望祭"、"伏祭"等，内涵丰富，历代未绝。

二、凶礼

凶礼是对各种不幸事件进行悼念、慰问的礼节仪式，包括丧礼、荒礼、吊礼、禬礼、恤礼。其一，丧礼。丧礼是指丧葬之礼，主要用于安抚死者灵魂，以示对死者的敬爱。此礼在各种礼仪制度中最繁复、严格，据《仪记·士丧礼》载，周代华夏贵族丧礼大致要经"抚尸"到"服丧"等18道程序，表现出对死者的重视。分等施礼的宗法特征在丧礼中也表现得很充分，《礼记·曲礼下》载："天子死曰崩，诸侯死曰薨，大夫死曰卒，士曰不禄，庶人曰死。"这些专用名词显示了宗法制的等级，也内含了丧礼的繁简差异。古代丧葬形式因不同地理环境、文化背景而有所不同，主要有"土葬"、"火葬"、"水葬"等。其二，荒礼。荒礼是对于某一国家或某一地区受到饥馑、疫疠的不幸遭遇，王与群臣都采取减膳、停止娱乐、变礼等措施来表示同情。据《周官·地官·大司徒》记载，国家遇荒年，要举行12种措施来救灾："以荒政十有二聚万民：一曰散利，二曰薄征，三曰缓刑，四曰弛力，五曰舍禁，六曰去几，七曰省礼，八曰杀哀，九曰蕃乐，十曰多婚，十有一曰索鬼神，十有二曰除盗贼。"这些措施可以起到安抚民心、维护社会安定的作用，同时也有效地节省了财物，有利于人民的生产生活。因此，先秦以后，荒礼为社会各阶层所重视。其三，吊礼。吊礼是对于盟国或挚友遭受水旱风火等自然灾害，王与群臣派遣使者前往慰问。其四，禬礼。禬（音guì）是会合财货的意思。邻国发生祸难，如发生重大物质损失，兄弟之国应该凑集钱财、物品以相救助。据《周礼·秋官》载："大行人"之职有"致禬以补诸侯之灾"；"小行人"之职有"若国师役则令犒禬之"。《春秋》：襄公三十一年冬，"会于澶渊，宋灾故"。《谷梁传》云："更宋之所丧财也。"意思是说补充宋国因灾祸而丧失的财物，使之尽快恢复正常的社会生活。《左传》："闵公二年，狄人入卫，立戴公，以庐于曹。齐桓公使公子无亏帅车三百乘，甲士三千人以戍曹。归，公乘马，祭服五称，牛、羊、豕、鸡、狗皆三百，与门材，归夫人鱼轩，重锦三十两。"体现出国与国之间的和合思想。其五，恤礼。恤礼是指某国遭受外侮或内乱，其邻国应给予援助和支持。

三、宾礼

宾礼是接待宾客之礼。它主要包括朝、宗、觐、遇、会、同、问、视。宾礼首先是天子、诸侯间的朝聘之礼。宾聘之礼因时不同称谓也不相同，《周礼·春官·大宗伯》有"春见曰朝，夏见曰宗，秋见曰觐，冬见曰遇。时见曰会，殷见曰同。时聘曰问，殷俯曰视"说。其中主要的是"朝觐"与"会同"。朝觐礼用在诸侯或藩主向朝廷述职。会同是四方齐会、六服来朝的大典礼，参加会同典礼的天子、诸侯祭日月山川诸神，规模宏大。问礼，是远近诸侯不定期派遣下大夫级使臣来向王问安的典礼。视礼是每隔 3 年派遣卿级使臣向王问安的典礼。宾礼其次是朋友往来之礼，如《仪礼·士相见礼》。士相见时有"三传语"、"三揖让"等礼节。重此谦德，守其规矩，就合乎宾礼，否则就被认为非礼。历代对相见礼要求甚谨，如周代根据身份不同或以雉为贽，或以雁为贽，或以羔为贽；明代根据官爵或揖让，或再拜；清代有二跪六叩的礼节，以此表达敬意，以致走向极端。

四、军礼

军礼指师旅操演、征伐之礼，主要有大师之礼、大均之礼、大田之礼、大役之礼、大封之礼。大师之礼是军队征伐的仪礼。大师礼最重出师祭祀与誓师之典。古代天子征众出师，必于征前祭天祭地，然后告庙与祭军神、军旗。唐宋以后依旧制天子六军之说，实行六纛之制，一军一旗，因此祃祭要祭牙旗，也要祭六纛，设旗、纛神位等。唐代文人陈子昂、柳宗元写有《祭牙文》、《祃牙文》，记述甚详。大均之礼是王者和诸侯在均土地、征赋税时举行军事检阅，以安抚民众。大田之礼是天子的定期狩猎，以练习战阵、检阅军马。大役之礼是国家兴办筑城邑、建宫殿、开河、造堤等大规模土木工程时的队伍检阅。大封之礼是勘定国与国、私家封地与封地间的疆界，树立界碑的一种活动。

五、嘉礼

嘉礼是调和人际关系，沟通、联络感情的礼仪。嘉礼的主要内容有饮食之礼、婚冠之礼、宾射之礼、燕飨之礼、脤膰之礼、贺庆之礼。饮食之礼指国君通过宾射、燕飨之礼，与族内兄弟、四方宾客等饮酒聚食，以联络和加深感情，有逢祭而宴和以时而宴两种。

古代对成人礼与婚嫁礼特别重视。据《仪礼·士婚礼》记载，周朝士阶层婚嫁一般要经过"纳采"、"问名"、"纳吉"、"纳征"、"请期"、"亲迎"六道程序（六礼），而父母之命、媒妁之言尤为重要。后代嫌"六礼"过于烦琐，有所减省。如宋代礼规，"士庶人婚礼，并问名于纳采，并请期于纳征"（《宋史·礼志》）。朱熹作《朱子家礼》，再作简省，仅存"三礼"（纳采、纳征、亲迎）。冠礼是贵族子弟的成人礼，即二十岁而冠，仪式在宗庙举行，由父亲主持，戴冠授礼。贵族男子行冠礼后若出门不戴冠，则被视为非礼。与冠礼相同的是女子成人之笄礼。贵族女子15岁行笄礼，表明可行婚嫁之事。王室公主的笄礼更为隆重，在宫中殿庭举行，皇帝亲临，始加冠笄，再加冠朵，三加九翚四凤冠（见《宋史·礼志》）。射礼又分"大射"（天子、诸侯祭礼前之礼）、"宾射"（诸侯朝见天子或诸侯相会时之礼）、"燕射"（燕息之日举行之礼）与"乡射"（地方官为荐贤举士举行之礼）4类。飨、燕本有区别，飨礼在太庙举行，烹太牢以饮宾客，但不享用；燕礼在寝宫举行，烹狗而食，可尽情享用。秦汉以后，天子宴群臣、皇帝诞辰均用此礼。脤膰之礼，指祭祀结束后，将脤膰（即宗庙社稷的祭肉）分给兄弟之国，借以增进彼此的感情。贺庆之礼中最隆重的是帝王改元、朝贺、千秋万寿节（皇帝诞辰）等庆贺活动。

　　五礼是古代礼制的核心部分，这些众多而细碎的行为规范，构成了中国古代社会中超越法制、宗教力量的礼治精神。

练 习 题

一、填空题

1. 礼仪制度的建立，是一个漫长的过程，历代有不同的说法，但最为学者公认的是礼起于＿＿＿＿＿＿而完备于＿＿＿＿＿＿＿。

2. 据《仪礼·士婚礼》记载，周朝士阶层婚嫁一般要经过"＿＿＿＿＿"、"＿＿＿＿＿"、"＿＿＿＿＿"、"＿＿＿＿＿"、"＿＿＿＿＿"、"＿＿＿＿＿"六道程序，简称"六礼"。

3. ＿＿＿＿＿＿是我国现存最早的一部官修礼典，它对此前的"五礼"制度作了一次系统的总结，又进而奠定了以后历代王朝礼典的基本结构。

4. 古代礼仪核心内容是＿＿＿＿、＿＿＿＿、＿＿＿＿、＿＿＿＿、＿＿＿＿。简称"五礼"。

5. 吉礼为五礼之冠，其主要包括＿＿＿＿、＿＿＿＿、＿＿＿＿、＿＿＿＿4种祭祀。

6. 宾礼主要包括＿＿＿＿、＿＿＿＿、＿＿＿＿、＿＿＿＿、同、问、视。

7. 军礼主要有大师之礼、＿＿＿＿＿＿、＿＿＿＿＿＿、＿＿＿＿＿＿、＿＿＿＿＿＿。

8. 嘉礼的主要内容有＿＿＿＿、＿＿＿＿、＿＿＿＿、＿＿＿＿、贺庆之礼。

二、选择题

1. 关于礼仪的起源，提出"缘人情而制礼，依人性而作仪"的观点的是（　　　）

　　A. 孔子　　　　　　B. 荀子　　　　　　C. 司马迁　　　　　D. 戴德

2. 古代礼书以官修为主，但也有私家著述，下列著作中，属于宋代私著礼书的是（　　　）

　　A. 《书仪》　　　　B. 《太常集礼》　　C. 《洪武礼法》　　D. 《皇朝礼典》

3. 古代祭祀日月仪式极为严格，下面正确的是（　　　）

　　A. 祭日于坛　　　　B. 祭月于东　　　　C. 祭月于春分之日　D. 祭月于朝

4. 在寝宫举行，烹狗而食，可尽情享用的礼仪是（　　　）

　　A. 飨礼　　　　　　B. 贺礼　　　　　　C. 燕礼　　　　　　D. 飨燕礼

5. 《三礼注》可谓集"周礼"之大成，并将周代礼制理想化，其作者是（　　　）

　　A. 东汉的许慎　　　B. 东汉的郑玄　　　C. 唐朝的孔颖达　　D. 西汉的毛亨

三、思考题

1. 谈谈你对我国礼仪文化起源的认识。
2. 简述中国礼仪文化的发展进程。
3. 古代的"五礼"包括哪些主要内容?

第(六)章

中国古代的选官制度

选官乃国之大事，关乎统治机器的正常运转，为历代王朝所重视。总观古代的选官历史，大体上可以划分为两个阶段，即由汉代施行的察举制和至隋唐完成的科举制。二者的差异在于：前者重在推荐考察，后者重在考试。它们又有相承交互之处：察举制中也有考试因素，科举制中也有荐举因素。

第一节　从禅让说到察举制

在汉代察举制建立之前，已经过了漫长的选官过程，可称之为前察举阶段，大体可分为原始氏族社会的"禅让"、夏商周的"世卿世禄制"和战国时期六国的"养士之风"及秦国的"客卿制度"。

一、原始社会的禅让说

所谓"禅让"，史称"唐虞让国"。尧、舜、禹是我国原始社会末期部落联盟的首领，根据《尚书》记载，尧年老时，征求四方诸侯等议定和考察帝位继承人，众人推荐了地位卑微但贤良的舜，而舜欲谦让给有德的人；最后舜经受了各种考验，尧审慎地将帝位传给了舜。舜即位 33 年后，打算让位给禹，而禹又极力推荐皋陶。他们的让贤故事传为美谈。历史上称这一方式为"禅让"。由此可知，"禅让"的实质是让贤，形式是考绩。

二、夏商周的世卿世禄制

夏启以后，帝制世袭，君主无须考绩，所以选官制度仅限于臣子，而且基本上是贵族制。夏商两朝，若"旧有位人"（《尚书·微子》），"亦惟图任旧人共政"（《盘庚》），即贵族世袭制。郭沫若主编的《中国史稿》在论述西周政治制度时说："各种各样的官吏，大都是世袭的，世代享有特殊的、神圣不可侵犯的地位。"杨宽著的《战国史》在论及西周的官吏情况时也说："在周王国和各诸侯国里，世袭的卿大夫便按照声望和资历来担任官职，并享受一定的采邑收入，这就是世卿、世禄制度。"西周虽礼制维新，选制略有变化，如提倡"尊贤",但其根本还是世卿制度,亦即"亲亲"而后尊贤。就变化来说,西周开始有"三年则大比,考其德行道艺,而兴贤者能者"之说,然主要限于地方选士,选贤任能只在低级官吏中进行。考选内容主要是"六德",即智、仁、圣、义、忠、和;"六行",即孝、友、睦、姻、任、恤;"六艺",即礼、乐、射、御、书、数。此外,还有一些德行优异者,可选入国学接受教育,成绩优异者将通过司马推荐为官,被推者称为"进士"。

三、春秋战国的养士之风和客卿制度

春秋、战国时期,形势突变,一些诸侯国为争得霸主地位,纷纷进行改革。选士制始由唯亲向唯贤转化,按照"选贤任能"的原则来选拔官吏。如齐桓公主张:"匹夫有善,可得而举";在管仲主持的诸项改革中,有一项便是从国都中下层的士中挑选人才,其选人的标准是贤、明。贤即拳勇股肱有力出众;明即好学、慈孝、聪慧、质仁。选拔时要经过三选,三选而合格者,可以担任上卿的副手。

随着战国"士"阶层的崛起,出现了相对自由的选才方式,最突出当属六国的"养士之风"及秦国的"客卿制度"。养士,是六国招揽人才、扩充实力、争霸天下的一种方法。例如齐国在临淄城下设稷下学宫,燕昭王筑造黄金台礼聘天下贤智,而战国"齐有孟尝、赵有平原、楚有春申、魏有信陵,此四君者,皆明智而忠信,宽厚而爱人,尊贤而重士"(贾谊《过秦论》),可谓养士的典范。由此上演了一幕幕诸如窃符救赵、鸡鸣狗盗、狡兔三窟、完璧归赵、冯谖市义、千金市骨、毛遂自荐等脍炙人口的"活剧";而这些士多为宗族及国人。

秦国与之不同,其为相者多为他国之士,如卫人公孙鞅,赵人楼缓,魏人张仪、魏冉、范雎,燕人蔡泽,韩人吕不韦,楚人李斯。这些外国之士入秦为仕,也有两种情况:一是受秦王赏识直接为官;二是先拜客卿,再因军功而升为相。

以上选官方式已有荐举和考功因素,然而尚没有形成固定、系统的选官制度,直到汉代察举制度确立,中国的选官制度才系统、稳定下来。

四、汉代察举制度

汉代在选拔官吏方面有了进一步的发展,开始形成明确的选拔官吏制度。当时主要推行"察举征辟"制度;除此之外,还有荫袭、赐赠、卖官、赀补、鬻爵、由吏补官、以方伎为官、上书得官等,称为杂途。此处重点介绍察举制。

1. 察举制的含义及其兴起

所谓"察举"是中央和地方高级官吏,如丞相、侯、刺史、郡守等,将经过考察的优秀人才向朝廷推荐,经过朝廷考核后授予不同的官职。察举制度在西汉文帝到武帝之间渐次形成。如果说察举是官方荐举,征聘则是自我推荐。征聘是在他人推荐的基础上,经过严格的面察和面试,决定录用与否,可以说是毛遂自荐的余音。汉代的察举和征聘,既注重书面考试,又强调行为品德,而且分科察举的形式比乡举里选大大地前进了一步。

2. 察举制的内容

汉代察举一般分为常科和特科两类。常科以"孝廉"为主,源起武帝时董仲舒的奏请,

按照儒家"孝为立身之本，廉为从政之方"的思想，重在德能。西汉时每郡岁举孝廉两人，一般不考试即授官，故举官者责任重大，倘若徇私，必将带来吏治的腐败。所以到东汉时，察举孝廉曾经多次改革，发生较大变化。首先，按人口比例岁举孝廉，注意优待边郡。东汉和帝时期，举孝廉的名额改以人口为标准，每20万岁举一人，不足20万的小郡2年举一人，10万下则3年举一人。对少数民族地区则加以优待，10万以上的岁举一人，不满10万的2年举一人，5万以下3年举一人。其二，举孝廉开始试经，实行优胜劣汰。汉顺帝阳嘉元年（132年），根据尚书令左雄的建议，规定应孝廉举者必须年满40岁；同时又制定了"诸生通章句、文吏能笺奏，乃得应选"这一重要制度，历史上称为"阳嘉新制"。其内涵不仅在于被举者要年满40以上及分儒生、文吏二科取人，更重要的在于建立了经术与笺奏的考试制度，从而形成孝廉科由"以德取人"、"以能取人"向"以文取人"的转变，这标志着察举制度的内在变化。

常科中与孝廉相并列的还有"茂才"，又作"茂材"，是汉代的另一种察举常科，西汉时原作"秀才"，到东汉时因避光武帝刘秀的讳而改为"茂才"。茂者，美也。茂才者，有美才之人也，即优秀人才。《汉书》记载，武帝元封五年（前106年），因感朝廷里文臣武将缺乏，亟须选拔新的人才，乃下诏令各州郡察举吏民中有"茂才异等"之士，举荐给朝廷。开始察举茂才只是特举而非常科。建武十二年（36年），光武帝下诏令三公、光禄、御史、州牧等岁举茂才各一人，从此茂才由特举变成了岁举常科，成为仅次于孝廉的一种察举科目。与察孝廉一般由郡国举荐不同，茂才的举荐是多方面的：孝廉大多是从未仕者中察举，而茂才中有已仕官吏，有州郡吏和被察举的孝廉以及太学生、平民等，其所授官职高于孝廉。

汉代察举特科主要有：贤良方正、贤良文学、明经、明法、至孝、有道、敦厚、尤异、能治河者、勇猛知兵法者等。其中贤良方正最为显科，所谓贤良方正是指德才兼备之人，始于汉文帝二年（前178年）。《史记·孝文本纪》："汉文帝下诏云：'二三执政……举贤良方正直言极谏者，以匡朕之不逮。'"被举荐者对政治得失应直言极谏，若表现特别优秀，则授以官职。此科主要在遇天灾或异象时举行，如日食、昼晦、地震、星陨或其他变故，举贤良方正，招纳贤才，广开言路，匡政之失。由何人荐举，没有定制，太约是在诸侯王、列侯、三公、九卿或丞相、御史，二千石及主郡吏（即郡守）之中，由皇帝指定。与常科之孝廉不同，特科贤良方正从西汉实行以来，被举者必须送京师通过皇帝亲自主持的对策陈政，并根据政见高下授以官职。对策地点因时而变，有太常寺、公车、白虎观等。对策内容基本上是国家时务和治国兴邦之理，如果内容重大，甚至还要经过"二策"、"三策"，董仲舒著名的"天人三策"正是策试的产物。对策高第者官秩六百石，下第者授官与孝廉等同。需要注意的是，贤良方正中对策之试，对东汉孝廉人"试之以文"起先导作用，同时也对隋唐的科举试策有积极影响。

3．察举制的特点及问题

与后起的科举制度相比，汉代察举制有几个特点：一是察举与学校教育没有紧密的联系；二是察举为主，考试为辅，策试主要是分其高下；三是没有设立专门的选官机构与官吏；四是入仕、铨选、升迁、考课混为一体。

汉代察举制还有3个问题值得注意。

第一个问题是四科取士。《后汉书·百官志》注引应劭《汉官仪》说："一曰德行高妙，志节贞白；二曰学通行修，经中博士；三曰明晓法令，足以决疑，能按章覆问，文中御史；四曰刚毅多略，遭事不惑，明足以决，才任三辅令。""四科"作为察举人才的标准，其意在"以德取人"的基础上注重多方面的才能，这对以后科举分科取士的影响不可低估。如此高水准的选官标准确为汉王朝选拔了不少优秀人才，如著名的晁错、董仲舒，就是通过察举而入任的。

第二个问题是选官腐败。由于察举是推荐制，举人者权力极大，选官中就会滋生腐败。尤其是东汉后期，在主昏政寮，国事日非的情形下，以名取人、论族取人、因势取人、以贿取人更是层出不穷。晋人葛洪《抱朴子·审举》评论汉末灵、献之世："台阁失选用于上，州郡轻贡举于下。夫选用失于上，则牧守非其人矣；贡举轻于下，则秀孝不得贤矣。故时人语曰：'举秀才，不知书，察孝廉，父别居；寒素轻白浊如泥，高第良将怯如鸡。'"这种腐败必将促进选官制度的改革。

第三个问题是乡闾评议。东汉光武帝依靠关陇集团夺取政权后，世家大族的势力越来越大，后来通过乡闾评议，逐渐控制了地方选举权力。乡闾评议在一定意义上对提倡廉洁的道德风尚起到了作用，但因被世家大族所把持，察举权必将受到毁坏。

汉代察举制发展到曹魏以后，发生了一系列的变化，如魏朝的郎部试经与学校课试，两晋时的秀才对策与学校试经入仕制，南朝"以文取人"的加强与自由报考的萌芽等，这些都是对察举制度的修补，而与察举制度差别较大的则是曹魏时的九品中正制度。

五、九品中正制

1．九品中正制的产生

在群雄角逐的三国时代，曹操就发布了慷慨激昂的"任贤令"，提出封建阶级新的人才选拔标准，即"唯才是举"。他在《短歌行》中用"周公吐哺，天下归心"这样的句子表达了渴求贤才的急切心情。他曾在 7 年内下了 3 道求贤令，即《求贤令》、《敕有司取士毋废偏短令》和《举贤勿拘品行令》，要求"唯才是举"，不一定非廉士而后用，强调不能因个人私德而影响用人，明确提出可以举"不仁不孝而有治国用兵之术"的人来为他所用。这一方面体现了其求贤若渴，另一方面也冲淡了士族的势力，是对东汉以来重议微行的一种反抗，也是曹操注重法治的表现。3 次求贤令的颁布，使曹操手下聚集了很多人才，形成了"猛将如云"的可喜局面。唯才是举虽并不能根本改变士族在政治上的强大地位，却给后来的科举制度提供了最原始的理论依据；不仅为曹魏政权奠定了坚实的人才基础，也被认为是古代选官制度中最引人注目的创举。

魏黄武元年（220 年），魏文帝曹丕听从吏部尚书陈群的建议，创立了符合唯才是举理论的九品中正制。

九品中正制之所以在这个时期产生，主要是由于三国时期士族在政治、经济上占统治地位，魏政权的建立需要士族的合作与支持；同时也由于三国时期人士大流徙，与本乡本土脱离，秦汉以来的乡、亭、里组织已大半破坏，人士的出身里爵、道德才能均难稽考，实行"乡举里选"已不可能。在这种情况下，执行者不得不立权宜之制，因而九品中正制得以产生。

2．九品中正制的内容

"九品中正"是指各州设大中正，各郡设小中正，依据所管辖区域内人员的品行，定为上上、上中、上下、中上、中中、中下、下上、下中、下下九品。中正有权按他们的言行予以进退，"或以五升四，以六升五"，"或自五退六，自六退七"。小中正品第的人才送大中正，大中正核实后送司徒，司徒再核，然后送尚书选用。中正定品，3 年一更。这个制度加强了东汉以来铨选权力完全转归吏部的趋势，这时的大小中正来帮助吏部铨选，察举之权从州郡守的手里交给本地的中正，它比"乡举里选"在用人权上更为集中，是我国古代取士制度的必经过程。该制度在开始实施时，还有所谓"盖以论人才优劣，非为世族高卑"，但是由于大小中正官都由"著姓士族"担任，而且所谓九品，前三品限于士族，称为上品；四品以下为下品，从寒门选出，下品不能升为上品，形成"上品无寒门，下品无士族"（《晋书·列传十五》）的现象。九品中正制是一种按门第高低取士的方法，是保证士族统治特权的产物。

这个制度所暴露出来的流弊很多，归纳起来主要有三点：其一是看门第高低而不分贤愚，如官位的高低依据家族谱而定，富贵人家累世富贵，平民很难出头，这是其根本的缺点；其二是评论和擢用全由中正官一人包揽，中正官徇私的弊病无法纠正；其三是在品第中由于单纯注意私德，以致只要私德稍有异议，终身不得用。

总之，九品中正制有着严重的缺点，它不但堵塞了民间人才上升的途径，还让士族得以把持人事，影响皇帝的权力；在士族制度条件下，没有客观标准是不容易得到人才的，但那时恢复古代的乡举里选也是不现实的，因此中正取士制在魏晋以来 300 多年中始终居于统治地位。

北魏时期，还有一种被称为"停年格"的取士办法。这是一种论资排辈取士的办法，也是一种压制人才的做法。此制取士始于北魏孝明帝，止于东魏孝静帝元象元年（538 年）。这原本是因为人多官少，负责官吏考核与升黜的官员为了贪图省事而想出的权宜之计。其特点是：官吏的考核与升黜，只看年资，不问贤愚，用停止工作的办法，轮流做官，停工时间最久的最先用。就是说，即使是品学兼优的人才，不够年头也不能用；庸才下品，熬到了年头也照旧加官晋级。这种压制人才的做法适与曹操"唯才是举"的政策形成对照，判若泾渭。

第二节　科举制度的形成与演变

一、隋唐科举制度的建立

自隋文帝诏罢中正官，选举权归吏部，并于开皇十八年（598 年）宣布"以志行修谨、清平干济二科举人"（《隋书·高祖本纪》），标志了一种新的选举制度的开端。隋炀帝时期正式设置进士科，考核参选者对时事的看法，按考试成绩选拔人才。由于采用分科取士的办法，所以叫做科举。由此，我国科举制度正式诞生。

据唐沈既济《选举论》述，"自隋罢外选，招天下之人，聚于京师，春还秋往，鸟聚云合"，可知隋代将选举权力收归中央，且定下秋季到朝廷考试，春季试毕返回的制度。

隋朝 38 年间，举行了多次科考，共取秀才、进士 12 人，其中，有后来成为初唐名相的房玄龄及名将侯君集。隋代选举不仅明确规定分科举人、考试时间，而且对选举对象、举荐方法、吏部测试、考试项目、分等录取以及铨选任职均有系统规章，为唐以后科举制的全面实行奠定了基础。

唐代确立科举制度，原因很多。最主要的是中央集权的加强与三省六部制的实行，需要大量的官吏参与政权的建设，科举取士正是解放"寒士"的重要途径。唐代科举扩大了范围，允许普通士人和官员自愿报名投考，同时扩大了考试科目。

唐代考试科目，基本沿袭前朝，有"常科"与"制科"两类。

"常科"考试俗称"春闱"、"秋卷"。"春闱"，指常科在每年二月考试，张榜录取，亦称"春榜"。"秋卷"则指投行卷与纳省卷。准备参加进士科的举子将自己的文学创作加以编辑，写成卷轴，在考前一年的秋季投献给京城的主考官和知名贤达，以为推荐之用，称之为行卷。省卷则是按规定在考前向礼部交纳的秋卷，叫做"观素学"，供省试录取时参考之用。唐代科试名目甚多，而且随时增减，总计不下数十种，如明经、明法、明字、明算、进士、秀才、孝廉、史科、开元礼、道举、童子科等。而其中以明经、进士两科最重要。中唐以后，进士一科又极受重视。

"明经"科内涵很广，五经、二经、三经、学究一经、三礼、三传皆入此科。唐初，明经仅试策，至永隆二年（681 年），朝廷针对士子为应付考试"不读正经"，仅"抄撮义条"的风气，下诏明经增"试帖"10 条，帖对 6 条才能合格。自此，明经科试经，兼帖经和墨义。所谓帖经，即遮起经文前后，中留一行，再用纸帖盖其中三字，让考生读出，颇类今之填空。墨义是要求将经文约 2 000 余字的段落及注疏凭记忆写出，即为默写。

与明经相比，"进士"科是唐代常科中最活跃、最兴盛的科目。唐代有谚语说"三十老明经，五十少进士"，说明考明经易考进士难。唐代宰相中 80% 是进士出身。

唐代用"制科"来选拔非常人才。沿承前朝，制科有"贤良方正"、"直言极谏"等名目，由皇帝召集官员和知名人士主考、铨录。布衣、公卿子弟、常科及第、官吏都可应试，合格者即授官。考试日期与项目，均由皇帝临时决定。

二、宋代科举制度的改革

宋承唐制，有常、制、武诸科，采取自由投考、因文取人的方式，而在实施过程中，科举形式却有所改革，加强了对取士过程的控制。自宋太祖开宝六年（973 年）起，取录的进士一律要经过由皇帝亲自主持的最后一关殿试，名次也由皇帝亲定。自此以后，进士都是"天子门生"，而不再是考官的门生，防止了科第结党之风。殿试分五等三甲发榜：一甲（一、二等）称"进士及第"，二甲（三等）称"进士出身"，三甲（四、五等）称"同进士出身"。北宋时进士第一名称"榜首"，第二、三名称"榜眼"，统称"状头"；南宋则前三名分称"状元"、"榜眼"与"探花"，以后成为定制。

宋代最重常科中的进士科，实行乡举（州试）、省试、殿试三级制。宋初考试年限未定，至英宗时规定 3 年举行一次。考试实行春秋两试制，乡举在八月，称"秋闱"；省试在次年二月，称"春闱"，合称"春秋两试"。举子通过乡举后即可参加省试。

宋代为了防止科场舞弊，力求平等，实行弥封、誊录制，即将举子试卷弥封糊名，再全部重新誊录，将誊录后的试卷送考官评阅，录取后才拆封检视姓名。所以，唐代举子投行卷、纳省卷的做法已经不需要了，如范仲淹寒门出身却由科第入相者在宋代为数不少。

三、元明清科举制度的极盛

1. 元明清科举制度实行的概况

元、明、清三朝选官制度多沿袭唐宋。元代科举制度也分乡试、会试、御试（即殿试）三级，但将蒙古人、色目人和汉人（北方汉人）、南人（南宋统治下的淮河以南人民）分开考试，分别登榜。比如试经，蒙古、色目人问五条，汉人、南人问经中疑义一条、经义一道；试策，蒙古、色目人试策一道，汉人、南人试策一道，并试古赋、诏、诰、章、表一道；御试时策一道，蒙古、色目人仅需 500 字以上，汉人、南人则需 1 000 字以上。发榜时，前者为上，称"右榜"，后者居下，称"左榜"。若前者愿参加后者的考试，录取后授官职优一等。与唐代截然相反的是，元代考试重经义而轻诗赋。经义在《大学》、《中庸》、《论语》、《孟子》四书中选题，答案以朱熹的《四书集注》为准。以朱熹《四书集注》考试士人自此开始。

明清时期，科举制度变得十分严密。明清进士均分"文"、"武"两科，文科考试基本仍分三级进行，但更为完备。其中一个重要特点，是学校与科举紧密结合，进学校成为参加科举考试的必由之路。明清时学校有两种：国学和府、州、县学。国学即中央一级学校，称"国子监"，学生称"监生"。监生因来源不同，有贡监、荫监、举监等名目。府、州、县设立的学校称为"郡县学"，凡经过本省各级考试入府、州、县学的，通称"生员"，俗称"秀才"。这是仕途的起点。取得生员资格的入学考试叫"童生试"，简称童试。童试包括县试、府试和院试三个阶段，应试者无论年龄大小，均称"童生"，院试合格后才能称"生员"。

明清时正式的科举考试分为乡试、会试、殿试三级。乡试每 3 年（子、卯、午、酉年）一次，称"正科"，遇万寿登极各庆典加科者称"恩科"。如恩、正两科合并举行，则称"恩正并科"，按两科名额录取。乡试俗称"大比"。乡试在省城举行，考试时间在秋八月，故称"秋试"、"秋闱"。考试分三场：八月初九第一场，考试四书文 2 篇、经文 1 篇；十二日第二场，考试论 1 篇，加判 5 条；十五日第三场，考试策 1 道，嗣加 2 道。三场考完正逢中秋，举子赏月赋诗，九月发榜，称秋榜、桂榜。凡本省生员与监生经科考、录考、录遗考试合格者，均可应考。乡试考中者称举人，前五名称"五魁"，第一名称"解元"。乡试中举称"乙榜"，也叫"乙科"，发榜后设"鹿鸣宴"招待内外帘诸考官和新科举人。

会试于乡试后第二年（丑、辰、未、戌年）春三月在京城贡院举行，称"春试"、"春闱"。因由礼部主办，又称"礼闱"。各省举人入京应试，称为"公车"。考中者称"贡士"（即贡奉给皇帝，由其殿试定名次），第一名称"会元"。会试发榜正值杏花盛开，故称"春榜"、"杏榜"。会试考试规则与乡试基本相同，唯清代新取贡士在殿试前需复试一次，成绩分三等，对以后授官影响很大。殿试在会试后同一年四月举行，由皇帝亲自主持，并任命阅卷大臣、读卷大臣协助评阅试卷。明清殿试一般仅仅试策问一场，按成绩分为三甲录取。一甲取三名，赐进士及第，第一名称"状元"，第二名称"榜眼"，第三名称"探花";二甲取若干名,赐进士出身,第一名称"传胪";三甲取若干名,赐同进士出身。一甲、二甲、三甲统称进士,为功名之最。殿试中者称"甲榜",因进士榜用黄纸书写,所以叫"黄甲",又称"金榜",中进士就被称为"金榜题名"。凡通过乙榜为举人,再通过甲榜中进士而为官者,称"两榜出身"。一身兼有解元、会元、状元的,叫"连中三元"。

明清科举考试中还设有专为选拔武艺人才的武科。武科始于唐武则天长安二年(702年)开设的"武举",以后历代皆续有开设,但不定期。至明代,仿文士考试的体制,定武乡试、武会试之制,清代沿袭。中选名目与文士科相同,但加"武"字以区别。武科考试分内外场,内场考文辞,外场考武功,项目有马箭、步箭、弓、刀、石等。明代后期,特别是清中期以后,火器在军事上应用越来越广,而武科考试内容有些陈旧。直至光绪二十七年(1901年),才正式废止武举,历时1200年。

2. 明清科举制的特点

明清科举制度的最大特点,是考试内容和形式的变化。宋代重义理与学识,把策问放在首位,考诗赋也以义理学识为尚。明代科举,专以八股经义取士,不考诗赋;而清代在常科之进士科中,乡试、会试不考赋,专取"四书五经"命题,仿古人语气,"代圣贤立言",文章结构、字数、句法均有硬性要求,称为"八股文"。八股文又叫"八比文"、"制艺"、"制义"、"时艺"、"时文"等,因题多出四书,也称"四书文"。所谓"八股文",即一篇文章在开始的破题(两句话道破题意)、承题(承接破题之意而加以解说)后,必须由起讲、入手、起股、中股、后股、束股组成,其中每股文字两相比偶,合为八股。八股文在思想上以四书为题,以程朱注为据,代圣贤立言,关键为当朝统治者服务,严重束缚了士人的思想,使应试者向酸腐迂拙方向发展,也将科举考试制度引入了死胡同。

清朝光绪三十一年(1905年)废除科举,宣告了自隋唐至明清历时1300年的科举选官制度彻底消亡。

科举制度作为中国古代一种平等竞争的选官制度,为普通知识分子入仕做官提供了机会,也为国家选择了一批人才。七代王朝中,包括450名状元在内,共有上万名进士,平民子弟所占比例为绝对多数,许多人在国家管理中发挥了自己的才能。在国家危亡之秋,敢于挺身疆场、慷慨报国者,不少是进士出身的文臣儒将;至于著书立说,从事各个领域的学科研究,具有多种技艺者比比皆是。后人不得不承认,封建社会中的最优秀人才,往往出于科举之场,并尤以进士层最孚众望。

科举制度同时传播了儒家思想,使儒家思想成为占统治地位的意识形态,对促进民族融合、加强社会安定、巩固国家统一等发挥了巨大作用;而且也促进了中国古代学校教育的发展。另外,科举考试制度对世界政治文化也产生了巨大影响,例如鸦片战争前后,英国仿效中国考试而改造建立了一种公职竞争的考试制度,并由此传播到欧洲诸国。

练 习 题

一、填空题

1. 古代选官制度大体经历汉代施行的＿＿＿＿＿制度至隋唐完成的＿＿＿＿＿制度,前者重_____，后者重_____。

2. 在察举制度产生之初，古之选官大体经历原始社会的_____制度，夏商周的_____制度和春秋战国时期的六国"养士之风"及秦国的_____制度。

3. 战国养士的典范是指"_____、_____、_____、_____，此四君者，皆明智而忠信，宽厚而爱人，尊贤而重士"。

4. 汉代察举一般分为_____和_____两类，前者以_____为主，源起武帝时_____的奏请，体现出_____思想。后者以_____为主，源于_____时期。

5. 九品中正的选官制创制于_____时期，是由_____给曹丕建议而设立的。

6. 科举制度创立于_____朝，始设_____科和_____科。

7. 唐代科举的常科考试俗称"_____"、"秋卷"。"秋卷"是指_____、_____。

8. 宋代殿试分五等三甲发榜：一甲（一、二等）称"_____"，二甲（三等）称"进士出身"，三甲（四、五等）称"同进士出身"。

9. 北宋时进士第一名称"_____"，第二、三名称"_____"，统称"_____"；南宋则前三名分称"_____"、"_____"与"_____"，以后成为定制。

10. 科举中连中三元是指一身兼有_____、_____、_____的考生。

二、选择题

1. "举秀才，不知书，察孝廉，父别居；寒素轻白浊如泥，高第良将怯如鸡"批评的选官制度是（　　　）

　　　A. 汉代察举制度　　　　　　B. 魏晋九品中正制
　　　C. 隋唐科举制度　　　　　　D. 明清科举制度

2. "上品无寒门，下品无士族"批评的是（　　　）

　　　A. 客卿制度　　B. 察举制度　　C. 科举制度　　D. 九品中正制度

3. 科举制度的武科创制的朝代是（　　　）

　　　A. 汉代　　　　B. 隋朝　　　　C. 唐朝　　　　D. 宋朝

4. 科举制度废除的时间是（　　　）

　　　A. 1900 年　　B. 1905 年　　C. 1949 年　　D. 1954 年

三、思考题

1. 什么是察举制和科举制度？
2. 简述察举制的特点。
3. 谈谈科举制度的发展演变。
4. 试述察举制与科举制的优劣。

第 ⑦ 章

中国古代职官制度

官制是关于国家管理机构的建置、职掌与官吏设置、考选的制度。中国古代官制的设置体现了尊天法地、应化四时的文化特色，又与疆土的大河大山的地理文化环境相适应。

第一节　中国古代中央官制

一、先秦中央官制

1. 夏商官制

中国古代官制的源头，可以追溯到氏族社会的"百官"：有"伏羲氏"、"神农氏"、"有熊氏"、"轩辕氏"、"高阳氏"等的氏族首领及氏族长老"四岳"、"十二牧"等；还有春官、夏官、秋官、冬官和中官等，多系传说之语。

夏朝是"王制"。其官职有"六卿"、"车正"、"牧正"、"庖正"、"兽臣"、"仆夫"等，但限于史料缺乏，难以描绘可靠的职官制度概貌。谈中国官制多从商朝开始。

商国君称"后"、"王"、"天子"、"天王"。其下主要官员称"史"、"巫"。商后期王族长老称"父师"、"少师"，对王负有辅佐之责，如箕子、比干。殷商有"内服官"、"外服官"之分。内服是由商王直接统治的中心区域。内服设百官（百辟），尹、冢宰等掌理政务，占、卜等掌理宗教，小臣、臣正等掌理王族事务，巫、马、射等掌理军事。外服指商王亲属受封地及被征服的臣服地区。外服官主要有方国首领的侯、伯，有为王朝服役的男，有守卫边境的卫。

2. 西周六官制

周代特别是西周时期，官制较为完备，有师保之官，然其中"六卿"的顺天应时思想，对后代官制设置起了重要的奠基作用。周代官制在铜器铭文及《诗经》、《尚书》中有零星记载。但详细的记录是在《周礼·天官·小宰》中："以官府之六属，举邦治。一曰天官，其属六十，掌邦治，大事则从其长，小事则专达。二曰地官，其属六十，掌邦教……三曰春官，其属六十，掌邦礼……四曰夏官，其属六十，掌邦政……五曰秋官，其属六十，掌邦刑……六曰冬官，其属六十，掌邦事……"

可见，周代官制设置以天地四时，即天、地、春、夏、秋、冬划分职属，行使政令，称为"六官制"，是中国政府机构划分的开端。

（1）天官冢宰，系"治官之职"，"天官"之意为天所立的官，初，居上位，有宗教官的性质，后为百官之长，辅佐君王，总揽朝政，有以冢宰为宰相之称。到春秋时，天官六大（大宰、大宗、大祝、大史、大士、大卜）职权下落，作为政务官的司徒、司马等职才逐渐隆崇。

（2）地官司徒，系"教官之职"，主管教化民众和土地、人口等行政事务，至春秋时，掌管土地专归司空，司徒则专掌民事教化。

（3）春官宗伯，系"礼官之职"，周时有大宗伯、小宗伯之职，大宗伯为六卿之一，掌国家的祭典；小宗伯为属官，掌国家祭祀神位、五礼禁令与使用牲品等。因此，后世称礼部尚书为"大宗伯"或"宗伯"，称礼部侍郎为"小宗伯"。

（4）夏官司马，系"政官之职"，职掌国家的军政事务，统帅军队，辅佐君王平定天下。据《尚书》等文献记载，夏朝司马专掌军务，殷朝无此职位，周朝兼掌军政与军赋。

（5）秋官司寇，系"刑官之职"，掌国家的狱讼刑罚等司法政务，又称"刑官"。春秋时，周王室及诸侯王国尚存其职，战国时只有楚国设置，秦代时置廷尉，为九卿之一，遂废司寇之名。

（6）冬官司空，系工程之官，主要职掌工程营造。

春秋战国时期，世卿制被破坏，官制有许多变化，特别是各诸侯国出现了"相"制，为后世"宰相"主持政务开辟了先河。

二、秦汉"三公九卿"制

秦始皇统一中国后，实行中央集权，建立了以三公九卿为主体的中央官制。三公，即丞相、太尉、御史大夫。其中丞相总揽政事；太尉总揽军事兼及定爵、用人；御史大夫为丞相的副手，负责秘书工作和对百官的监察。九卿为郎中令、卫尉、宗正、太仆、廷尉、典客、治粟内史、少府、奉常。郎中令主要负责管理宿卫侍从之官和守卫宫殿门户；卫尉主要负责宫门警卫和征兵、屯兵之事；宗正掌管皇族事务；太仆负责管理皇帝所用的车马，同时监管全国马政；廷尉掌管刑辟，相当于全国最高司法官；典客主要负责管理和接待归附的少数民族；治粟内史掌管租税钱谷盐铁和国家的财政收入；少府主要掌管皇家钱财和皇室用品，负责宫廷事务；奉常主要负责祭祀和有关国家的礼仪制度。诸卿官署称"寺"，常以官名为机构名，每一主官有一事务长，而属官则由长官征辟任用，统称"掾属"。秦朝三公九卿制度的建立，表明中央集权国家的建立，中央各部门职能官的分工也随之细化；但是，皇帝的家事与国事不分、政务与宫廷事务混杂，是其主要特点。

汉沿秦制，制度略有变化。汉初除在名称上将郎中令改为光禄勋、典客改为大鸿胪、奉常改为太常、廷尉改为大理、治粟内史改为大司农外，其九卿的名称和职权范围基本上沿袭秦制。但汉武帝以后，中央职官出现了一些变化。汉初，少府属下设尚书诸员，在皇帝身边负责收发文书，由于汉武帝独揽大权，将处理政务的中心由外朝移至内廷，尚书台长官尚书令掌握原来丞相的实权；到东汉时，尚书令"总典纪纲，无所不统"，成为执掌中央政务的事实上的宰相。此外，汉代尚有一种无职务、官署、员额的"郎官"系统，如议郎、中郎、侍郎、郎中，侍从皇帝，起护卫、陪从、建议、备顾问之用。中郎、郎中之首称"将"，如郎中有车、户、骑三将；中郎则分属五官中郎将、左中郎将、右中郎将，统称"三署"。从管理系统来看，汉代中央官制包括最高政务、军政、庶政、侍从保卫及后宫、东宫事务等；而从建制形态来看，其三公九卿，仍有先秦六官遗义，与四时月令相关，含替天行道（事）之意。

魏晋南北朝时中央职官大体沿承秦汉卿官制度。据《隋书·百官志上》载，南朝梁天监七年（508 年）定十二卿，"诸卿之位，各配四时"。具体是：春卿，即太常、宗正、司农；夏卿，即太府、少府、太仆；秋卿，即卫尉、廷尉、大匠；冬卿，即光禄、鸿胪、太舟。而考察此时官制，有三事值得重视。一是魏文帝曹丕以幕僚长为中书监及中书令，此为后世中书监、令为宰相之起始。二是自东汉到魏晋尚书组织的形成与确立。考尚书之职，起于西汉时的尚书台，官属少府，分为四曹，至东汉增为六曹（后世六部雏形），且渐由起草诏令的事务官改为政务官。魏晋以后，尚书台从少府中独立，称尚书省，成为中央行政机关。三是汉代的侍从官如侍中、常侍等地位提高，成立门下省，作为皇帝的机要顾问和兼领宫廷事务的部门。由此三者，可知魏晋时期中央官制呈现出由三公九卿制向三省六部制转变的特征。

三、隋唐"三省六部"制

隋唐时期，我国古代中央官制又进一步得到发展：魏晋以来尚书、中书、门下掌政事的惯例被继承，建立了以三省六部为主体结构的中央官制。三省六部制的建立，标志着中国古代中央官职体系的高度成熟。尚书、中书、门下省长官均是宰相，但三省的职责又各有不同。尚书省：负责"奉行"，主管行政，以尚书令一人为长官，然此职例不轻易授人，故多以副职左右仆射为实际长官，下设左右丞各一人，掌省内事务。中书省（曾改名"内史省"）：负责"出令"，主管决策，以中书令二人为长官，中书二人为副长官，主要属官有中书舍人，掌参议表章、草拟诏敕及玺书册命等。门下省：负责"封驳"，主管审议，以侍中二人为长官，门下侍郎二人为副长官，主要属官有左散骑常侍二人，左谏议大夫四人，掌规讽臧否、谏谕得失。三省中，尚书省为政务实体，故又下辖六部、二十四司，按序列分别如下。

吏部：下辖吏部、司封、司勋、考功四司，掌管官吏的任免、考绩、黜陟、赏罚等。

户部：下辖户部、度支、金部、仓部四司，掌管土地、户口、财政、赋税等。

礼部：下辖礼部、祠部、膳部、主客四司，掌管礼仪、祭祀、科举、学校教育等。

兵部：下辖兵部、职方、驾部、库部四司，掌管军政、车马、地图及武官选授等。

刑部：下辖刑部、都官、比部、司门四司，掌管司法、律令、刑狱、审判等。

工部：下辖工部、屯田、虞部、水部四司，掌管山泽、屯田、水利、工程营造等。

六部长官均称尚书，副职称侍郎，下设郎中、员外郎、主事等职务。探究六部二十四司设置本义，仍传承周制，与天地四时二十四气节相配。据《通典·职官典》载，唐武则天光宅元年（684 年）曾归复周制，"改置天地四时之官"，即依次从吏部到工部为天官到冬官。缘此法天应时思想与制度，唐人诗中有"欲雕小说干天官"（李贺《仁和里杂叙皇甫湜》）、"三边遣夏卿"（张说《奉和圣制送王晙巡边应制》）、"便别秋曹最上阶"（张玭《赠水军都将》）、"冬卿冠鸳鹭"（刘禹锡《送韦秀才道冲赴制举》）等言词，其中"天官"、"夏卿"、"秋曹"、"冬卿"分指吏部、兵部、刑部、工部的官员。而就职守论，唐代中央职官除六部外，中央司法、行政等部门还有"九寺"、"五监"。九寺是指太常寺（掌礼乐祭祀）、光禄寺（掌饮食）、卫尉寺（掌器械文物）、宗正寺（掌皇族属籍）、太仆寺（掌车马）、大理寺（掌刑狱）、鸿胪寺（掌宾客）、司农寺（掌仓储）、太府寺（掌财货）；五监是指国子监（掌文教）、少府监（掌手工制作）、将作监（掌土木工程）、军器监（掌甲弩）、都水监（掌水利）。依唐制，尚书省拟定条令颁布施行，寺、监则承受六部符令，办理具体事务。所以与作为政务机构的六部相比，这一沿传秦汉卿制职名的寺、监反退为有职无权的事务机构。这些机构和官员的设置，标志我国古代封建国家的官僚制度趋于完善。

四、明清内阁制

自隋唐建立起的以三省六部为主要机构的中央职官制度，沿及清代无大更改，然历时已久，具体行政部门与职权的变化亦纷繁复杂。宋代枢密院为中枢机构，主官枢密使与尚书丞统称宰执，权重一时；又发展自唐以来的翰林学士院制度，独辟馆阁学士制度，馆阁学士成为文臣之清选，地位崇高，且起明清内阁之制。与宋代相比，辽代官制最大的特点是分设辽、汉两大官系，辽称北面官，汉称南面官；北面官主管契丹事务，南面官承隋唐旧制。两官分设对继后金、元、清官制颇有影响，如清代六部分设满、汉尚书，即为一例。元代中央官制有一特例，即以中书省为政务中枢，长官为中书令，常以太子兼领，班秩居臣僚之上，而尚书省虽亦屡次复设，皆临时权宜，非为定制。

明太祖洪武十三年（1380 年），废宰相，一切政事均由皇帝总揽，下设四辅官，以为皇帝辅弼。四辅官是春官、夏官、秋官及冬官，多由宿儒担任，主要与皇帝议论朝政，而不过问实际政事。洪武十五年（1382 年），罢四辅官，设殿阁大学士；太祖并设有文渊阁、武英殿、华盖殿及东阁，有大学士侍奉左右。所谓内阁，就是皇帝的办公室，而内阁大学士，则相当于皇帝的秘书。内阁学士官阶本来只有五品，而六部尚书是二品，可见内阁学士在朝廷地位并不高，他们只是皇帝的侍从、政治顾问。奏章的批答为皇帝的专职，皇帝口授而由大学士写出来，政治大权在皇帝而不在大学士。内阁基本形成是在成祖永乐年间。成祖时，开始选儒臣入职文渊阁，参与机务，其官衔为入阁办事，至此才正式有内阁之名。仁宗、宣宗年间，阁权渐重。

明代六部尚书、侍郎都是堂官，地位甚隆；而由明及清之内阁制，为两朝中央官制的一大特点。内阁设首席大学士，称"首辅"，虽位尊权重，但往往内受制于宦官，外受制于拥有实权的吏、兵二部，所以很难独立发挥作用。

至清代雍正年间设军机处，政务中心由议政处变为军机处，而康熙年间属于内阁的南书房已被排出政务，仅为文事闲职。至光绪庚子年（1900 年）官制改革，打破六部旧制，仿效西洋，逐渐使立法、行政、司法机构分立。清末宣统三年（1911 年）仿君主立宪制，将旧内阁与军机处合成责任内阁，在首席长官总理大臣之下分设外务、民政、度支、学、法、陆军、海军、邮传、农工商、理藩十部，成为其后北洋政府内阁的蓝本。

第二节　中国古代地方官制

一、西周至秦汉时期的地方官制

西周初期，分封诸侯，受封诸侯可以说是周王朝的地方长官，但又不完全等于秦以后的地方长官，因为诸侯可以在自己的封国内仿照王室的官僚制度，设置官吏进行管理，地方管理上实行"乡遂制"。"乡遂者，直隶于天子而行自治之制之区域也。王城为中央政府，王城之外郊甸之地，即自治之地方。"（柳诒徵：《中国文化史》上册，中国大百科全书出版社 1988 年版，第 131 页。）依《周礼·大司徒》载："令五家为比，使之相保；五比为闾，使之相受；四闾为族，使之相葬；五族为党，使之相救；五党为州，使之相赒；五州为乡，使之相宾。"《周礼·遂人》曰："五家为邻，五邻为里，四里为赞，五赞为鄙，五鄙为县，五县为遂。"每一等级之组织都有专门的人负责，以"互保此五家无奸宄"。在乡制中，各级官吏分别称为"比长"、"闾胥"、"族师"、"党正"、"州长"、"乡大夫"；在遂制中，各级官吏分别称为"邻长"、"里宰"、"赞长"、"鄙师"、"县正"、"遂大夫"。他们各有专职，如乡大夫"各掌其乡之政教禁令。正月之吉，受教法于司徒，退而颁之于其乡吏，使各以教其所治，以考其德行，察其道艺"（《周礼·乡大夫》）。周之乡遂制已经是十分完备的地方社会控制制度。春秋战国时期，一些国家在边远地区和兼并地区设置郡、县，派员进行管理，开始产生真正的地方长官—— 郡守和县令（春秋时各国县的长官称呼不一，楚称"县公"、"县尹"，晋称"县大夫"；战国时期县的长官才称"县令"），郡县同级。战国以后开始以郡统县，郡长官称"太守"，太守之下设"郡尉"以掌军务；郡下设县，长官为令，令下设"丞"掌财政、讼狱，"尉"掌军务，"司马"掌马政，"司空"掌工程及刑徒。

秦始皇统一中国后，在全国设 36 郡，后增到 48 郡，郡的官署称为"郡府"，其长官称"郡守"，掌管所辖郡内一切政务。郡下设县，官署称"廷"或"寺"，其万户以上县的长官称"县令"，万户以下县的长官称"县长"。县以下还设乡、亭、里、什、伍等具有社会控制职能的乡亭里制。

汉承秦制，所不同的是，郡县制与分封制并行。郡县长官仍是太守和县令。西汉至武帝，京畿地区的长官称"京兆尹"、"左冯"、"右扶风"，合称"三辅"，其地位相当于郡太守。与郡县制相对应的是诸侯王国、侯国、邑、道。王国相当于郡，长官称"丞相"，后改为"相"；侯国、邑、道相当于县，侯国是封给列侯的县；邑为封给皇太后、皇后、公主的县；道为设有少数民族的县。汉代地方官制中，其刺史一职变化最大：汉武帝时，设十三部州刺史，州刺史本身是较为低级的巡视地方的朝官，巡视范围是大于郡的部，职责包括纠察郡太守的权力，但其秩禄远低于太守。东汉末，为集中军政权力，改监察区之部为大行政区，形成了县、郡、州制，改刺史为州牧，刺史成为郡守之上的地方长官。

魏晋南北朝沿汉末实行州、郡、县三级制。汉献帝时曹操改汉末十三州为九州，曹丕又改为十二州，改州牧为刺史，为州的最高行政长官。较之东汉，魏晋刺史职权甚大。由于长年战乱，刺史、太守多带将军称号，权重者更有"使持节都督某州或某某数州军事"等头衔。凡无"将军"等头衔的刺史被称为"单车刺史"。西晋以后，州、郡的辖境日益缩小，而数量大为增加。朝廷为了限制刺史的权力，有时又特命刺史属官如别驾、长史等代行刺史职权，叫做"行事"；有时在刺史之下另设"典签"官以监督刺史。东晋南朝还实行一种特殊的侨州、侨郡、侨县制度，与实州、郡、县制度相互统领。在州制以下，郡太守名称依旧，唯汉代的邑、道改为县。由于九品中正制度的实施，在州、郡又分设中正官以掌选任之职。

二、隋唐宋时期的地方官制

隋朝统一南北以后，于隋文帝开皇三年（589年）"罢天下郡"，实行州、郡两级制；至炀帝大业三年（607年），恢复秦制，改州为郡，以郡统县，历时甚短，成为州制向道制的过渡阶段。

唐代政区以道为主，有三种设置。一是道的设置。唐代设道，犹如汉末设州，是由监察区演变为政区的。唐朝贞观元年，按山河形势将全国分为10个道：关内道、河南道、河东道、河北道、山南道、陇右道、淮南道、江南道、剑南道、岭南道。至开元年间，在前10道中又划分出5个道，成为15个道。安史之乱后，道成了州以上的一级行政单位，形成了道、州、县三级行政制。道的长官为巡察使、按察使，后改为采访处置使，职权为监察、考课地方；至开元末，又兼有黜陟使，权任甚重。二是"府"的建置。唐承北周大总管府制，在诸京都和皇帝驻跸之地设大都督府，另分上、中、下州设都督府。督都为最高军事主官，僚属有长史、别驾、司马。在边疆地区还置都护府，如唐中宗时有安西、凉州都护府。三是节度使的设置。节度一名起于魏晋，初仅官，并无辖区；而唐景云二年（711年）以凉州都督府充任河西节度使，节度方正式列入官制。唐玄宗开元、天宝年间增至10节度使，主要是镇守边疆；此后在内地也设有节度使，使边地军事机构成为全国的政区。后节度使又兼刺史之职，手握军政大权，成为权势显赫的地方长官。其属僚有行军司马、副使、判官、支使、掌书记、推官，辖区也称道，这就形成了两条交互的系统，道、府（州）、县与节度使（道）、府（州）、县。唐中叶以后，节度使权重，原有之道渐成虚设，权归节度，为唐末五代藩镇之乱之根源。

宋承唐制，仅将"道"改为"路"，管辖职守相同。北宋初，全国划分15路，神宗元丰年间有23路，宣和四年（1122年）为26路，南宋嘉定元年（1208年）为17路。路的常设机构及长官有四：一是"经略安抚司"，长官为经略安抚使；二是"转运司"，长官为转运使；三是"提点刑狱司"，长官为提点刑狱公事；四是"提举常平司"，长官为提举常平官。宋代县令之名虽存，事实上朝廷另派官员前去知（主持）一县事务，故称"知县"；州一级行政长官又有朝臣担任，称"权知某州军州事"，简称"知州"。宋朝的节度使、观察使，名存而实废，两使下的幕职官、曹掾官与唐代不同，仅是闲差。由此可知，宋之刺史、县令已成虚设之职，而实际任事的是京官外派的知县、知州。

三、元明清时期的地方官制

元代在地方实行行中书省制度，简称"行省"，为中央派至地方的最高级行政机关。其官名同中央官名大致相同，长官为丞相、平章，皆由蒙古人担任，属僚有左右丞、参知政事等。元将地方分为11行省，即岭北、辽阳、河南、江北、陕西、四川、甘肃、云南、江浙、江西、湖广。行省下设路、府、州、县。主要长官皆称"达鲁花赤"，意为"亲民的官"，由蒙古人担任，其下还设有总管、知府、知州、知县等官。另外山东、山西、河北和内蒙古等地被称做"腹里",作为中央直属管辖的特区,腹里的设立是行政区划史上的创举,它有效解决了困扰很多朝代的京畿防务及管辖问题,为都城建立了有效的缓冲带。

明代地方官制初袭元代,地方以行中书省总揽一切政务;而后朱元璋从自身经历中体悟到这一制度并不利于中央集权的建立,于是在洪武九年(1376 年)改地方行中书省为承宣布政使司,设左右布政使各一人,秩从二品,掌一省民政、财政诸事务。佐官有左右参政(从三品)、左右参议(从四品)等。另设提刑按察使司(主官为按察使),掌一省的司法和监察;都指挥使司(主官为都指挥使),掌一省军务,合称"三司"。三司并列,共同对皇帝负责,起到相互牵制的作用,以加强中央对地方的控制,但亦造成三司配合,尾大不掉之弊。所以明中叶以后,朝廷又将明初临时差遣的总督、巡抚改变职能,使其掌握实权,凌于三司之上,分揽地方职能,加强对地方职权的监管,实为地方最高行政长官。总督辖数省之地,也可统辖各省三司,并节制巡抚,但非巡抚上司,二者互相制约。正德以后,各省设巡抚作为最高行政长官,统辖三司;但三司并非巡抚的下属职员,各省具体事务还由三司主管,巡抚只是朝廷和省级政权之间的联络官,行使上传下达的职能。依明制,在布政使司、按察使司下设道,作为其派出机构,布政使之下的参政、参议分司督粮道、督册道、各处分守道;按察使之下副使、事分司提督学道、清军道、驿传道、各处分巡道。明朝的实际行政区划,还是省下设府(包括直隶州)、县(包括散州)两级制。

清代地方行政设置与明代后期相似,全国分 18 省,另有黑龙江、吉林、盛京 3 个将军辖区,以及蒙古、回部、新疆、青海、西藏等地。省下设道、府、县。总督和巡抚是省级的最高长官(并称"封疆大吏"),握有省级军政大权。总督辖一省、二省、三省不等,综理军民,一般都兼兵部尚书、都察院右都御使衔,又称"制军"、"制宪"、"制台";巡抚仅辖一省,掌军政刑狱,又称"抚台",亦有省不设总督、巡抚之例。督、抚属官为布政使、按察使,并称两司。布政使掌一省财赋,又称"藩台"、"藩司";按察使掌管一省典狱、监察,别称"臬(聂)司"、"臬台"。乾隆以后,布政使司裁除了参政、参议、副事等职,专设分守道、分巡道,多兼兵备衔,其长官称"道员"或"道台"、"观察",管辖府、州以上行政长官。道以下为府(直隶州、厅),长官称"知府",掌管一府的民事、财政、司法等事务。另于北京设顺天府、盛京设奉天府,此二府地位特殊,长官称府尹,品秩高于其他知府。府以下设县(散州、厅),长官称"知县",掌一县的行政、财税及教化。清朝在内蒙、外蒙、新疆、青海、奉天、吉林、黑龙江等地还建立盟、旗行政区,多为满族人聚居地;盟相当于内地的府,旗相当于内地的县。据《清史稿地理志》载,清朝光绪年间置 22 省,有府、厅、州、县 1 700 多个,可以说清代是古代职官制度中地方官制最为完备的朝代。

第三节 尊天法地的官制文化

一、中央集权思想

1. 宰相制度的演变标志了中央集权的强化

自秦至清,中央决策机构中宰相一职的名称、职守不断发生变化。秦武王二年(前 309

年），"初置丞相"（《史记·秦本纪》），始权力较重，一些国君将国政全部委之于丞相，如庄襄王和秦王政九年（前238年）以前，"吕不韦为相国"（《史记·吕不韦传》）总揽一切军政大权，国君则可不问政事。其后，秦统一天下，渐次设立太尉、御史大夫，以缩小相权。至西汉，中央决策机关改为三公（大司马、大司徒、大司空）并相制；东汉以后，三公又一次失权，尚书省渐次成为中央决策的核心。至隋唐，建立三省制度，中央集权体制更加完善。宋代枢密院至元代中书一省制度的建立，再至明清的内阁制及清朝雍正以后军机处的设立，宰相名称不尽相同，权力此起彼伏。相权在皇权的强大重压之下，不断向皇权屈服，宰相最终成为皇帝的幕僚长。与此相应，宋代以后地方官员实行京官外任制，如行省、知州、知县等，也是中央集权的政治反映。

2．军事机构与军事长官隆盛是中央集权的重要体现

在中国的历史上，朝代的更迭必然有排他的军事行动，军事权力关系政权的建立与巩固，因而为历代皇帝所看重。秦汉时军事长官由三公之一的太尉充任，地位与丞相等同。清朝军机处的设置，其实是皇帝的"值庐"，其人员皆由皇帝亲自从亲王或重臣中挑选，按资历的不同，分别称为"军机大臣"、"军机大臣上行走"、"军机大臣上学习行走"等，职掌全国军政事务，承旨行政。凡军国大计，无不从军机处出，以至于内阁各部门闲无他事，"六部长官各无专事"。尤其是唐代节度使制与明清总督制度的军事设置，成为中国制度文化的一大特点。其始是由皇帝向边镇或军事要地派往军事长官，目的是安边与控制地方政治；节度使的幕府与总督衙门可以征辟官属，军帐下有幕府群僚，文官武将列于帐前，甚至于由幕府入朝为官成为文人入仕的捷径，后官到宰相的也不乏其人。至于尾大不掉，形成藩镇割据，则与其设立初衷相左。

3．宦官系统庞大是集权政治的反映

宦官又称"寺人"、"奄人"、"中官"、"内侍"、"太监"等，是指那些在王宫中担任看守宫门、传达命令、侍奉起居等杂役的刑余之人。他们虽地位低贱，但因其是君王的近侍，比外臣更容易接近君王而渐受宠信，能在一定程度上对君王施加影响，甚至于直接干预朝政。从春秋起，宦官与外臣内外勾结以谋取权势甚至于发生宫廷政变的事，不绝于史。东汉以后，宦官拥有实权；唐代专为宦官设立内侍省，以枢密使之职直接干预朝政，自称为"内廷宰相"；宋沿唐制，设立宣徽院。明代宦官机构更为庞大，冠盖历朝，据《明史》记载，熹宗时期宦官魏忠贤专权，宦署有"四司"、"八局"、"十二监"，合称"二十四衙"，其权倾朝野。相当于宰相的内阁大学士也仅仅有"拟票"（草拟诏令）之责，而无实权，一切事务皆决于司礼监太监的"批红"，正所谓"司礼之权，居于阁上"、"相权转归之寺人"。这一现象与君王有意削弱相权有很大关联，是中央集权思想在宦官制度上的一种反映。

4．庞大的皇室管理系统是皇权隆极的象征

古代官制中的郎官位低权重，深受世人重视。其始是宿卫殿门，出充车骑、征伐的低级官吏；之后职能不断扩大，至秦汉间已演变为一支庞大的近侍官僚系统。据《汉书·百官公卿表》载，郎中令是其最高长官，武帝太初元年（前104年）更名光禄勋，是九卿之一，秩正二千石。这些郎官与皇帝关系较近，对皇帝都有一种特殊的感情，所以派其出任公卿大臣或地方长吏，在中央，可以巩固以皇帝为核心的统治地位，增强公卿大臣对皇帝

的忠诚；在地方，则能增强以皇帝为中心的帝国中央的向心力、凝聚力，加深中央与地方的关系，有利于进一步巩固中央集权、提升皇帝的权威。

二、权力制衡问题

从古代官制设置的演变来看，无论是三公九卿，还是三省六部，其间权力上的相互监督都很明显，这是王朝统治得以稳定的重要保证，也是防止腐败、进行权力制约的一项重要措施。所以古代官制在政务机构之外，又设置了较为完备的监官、谏官制度，合称"台谏"。

台官指御史大夫、御史中丞、侍御史、殿中侍御史、监察御史，其主要职务为纠弹官邪，是监督官吏的官员。它滥觞于西周，时有"三监"（武王以邶封武庚，以鄘封管叔，以卫封蔡叔，以图安抚殷民、监视武庚，称为"三监"）制度；其制度化始于战国的御史，秦汉时置御史府，后改为御史台，属少府。魏晋后，御史台从少府独立出来，唐改为宪台，明清时为都察院，主要职责是监察百官。

谏官指谏议大夫、拾遗、补阙、司谏、正言，其主要职务是侍从规谏，是讽谏君主的官员。该制度始于春秋时齐桓公设"大谏"；秦汉无机构，但有谏官；唐代履行谏议职责的是门下省；宋专设谏院，有给事中、谏议大夫等职位，合称"给谏"；明代设通政使司，职掌受事、封驳、引进三职；清沿明制，略有不同的是，通政使设满、汉各一人。

台谏制度不断完备，是防止专权独断、腐败衍生的主要举措，忽必烈曾说："中书省是我的左手，枢密院是我的右手，御史台是我用来医治左右手的。"

三、地方政权建设问题

由于中国古代统治阶层具有家族、宗法性质，其地方官制往往渗透家国同构思想，家族权力与国家权力相互作用。由于古代中国一直处于小农经济占主导地位的状况，所以与这种生产方式相联系的家族制度深深根植于数千年中国社会结构之中，家族结构扩大至国家结构，家与国的系统组织与权力配置都是严格的家长制。"家庭－家族－国家"，这种"家国同构"的社会政治模式渗透于周朝的乡遂制度，即乡长、遂长与族长共同治事。至秦汉以后，村社结构的出现与完善成为古代地方政权建设"家国一体化"的标准模式。这种管理文化，在当代仍然"余音不绝"，我们不难从现实中感受这种文化传统根深蒂固的存在。

四、官阶等级问题

古代职官制度组织严密而完整，其官阶也极为严格，其中包括品阶、俸禄、爵位等。品阶是表示官员级别高低的一个标志，西周时期，官有九命之别，其中九命级别最高，一命最低。汉代以禄秩的多少作为官员级别的别称，如汉代官员有秩万石、中二千石、二千石、千石、八百石等不同级别。魏晋始以品来表示官员级别的高低，隋唐之后，我国古代官吏以九品为等级的制度基本上固定下来，并以法律形式作为规定。

随着官员品级的制度化，不同品级的官员在服色、礼仪等方面都有不同，这种区别也被制度化。例如，唐代官员在着服上，官品不同，服色有区别：文官一品至三品穿紫色朝服，四品、五品穿深绯色，六品穿深绿色，七品穿浅绿色，八品穿深青色，九品穿浅青色。明清时除了服色规定之外，对不同品级官服上的绣纹也有严格规定，明代文官品阶以官袍鸟类纹饰为标志：一品绣仙鹤，二品绣锦鸡，三品绣孔雀，四品绣云雀，五品绣白鹇，六品绣鹭鸶，七品绣鸂鶒，八品绣鹌鹑，九品绣练雀；而武官一品、二品绣狮子，三品、四品绣虎豹，五品绣熊，六品绣彪，七品、八品绣犀牛，九品绣海马。清制则以蟒袍绣饰数目来区分官品：三品以上绣九蟒，四品至六品绣八蟒，七品以下绣五蟒；帽顶珠饰则是：一品镶红宝石，二品、三品镶珊瑚，四品镶金青石，五品镶水晶，六品镶砗磲，七品镶素金，八品、九品镶镂花金顶。九品分级，各朝不尽相同，实际较此更为细密，如北宋徽宗时定文官为三十七阶，武官为五十二阶。等级森严的官阶是古代官制文化的一大特点。

练 习 题

一、填空题

1. 中国古代官制的设置体现了＿＿＿＿＿、＿＿＿＿＿＿的文化特色，又与疆土的＿＿＿＿＿相适应。

2. 周代六官是指：天官＿＿＿＿、地官＿＿＿＿、春官＿＿＿＿、夏官＿＿＿＿、秋官＿＿＿＿、冬官＿＿＿＿。

3. 秦汉三公是指＿＿＿＿＿＿、＿＿＿＿＿、＿＿＿＿＿。

4. 唐代中央官制施行三省六部，三省是指＿＿＿＿省、＿＿＿＿省、＿＿＿＿省；六部是指＿＿＿＿部、＿＿＿＿部、＿＿＿＿部、＿＿＿＿部、＿＿＿＿部、＿＿＿＿部。

5. 西汉至武帝，京畿地区的长官称＿＿＿＿、＿＿＿＿、＿＿＿＿，合称"三辅"。

6. 唐代在地方管理上有三种设置，一是＿＿＿＿＿＿；二是＿＿＿＿＿＿＿；三是＿＿＿＿＿＿。

7. 明代在地方管理上设三司以相互牵制，"三司"是指＿＿＿＿＿、＿＿＿＿、＿＿＿＿＿。

8. 元代在地方是实行＿＿＿＿＿＿制度，简称＿＿＿＿＿＿，其官名同中央官名大致相同，长官为＿＿＿＿＿＿、＿＿＿＿＿＿，皆由蒙古人担任。

9. 清代省级的最高长官称＿＿＿＿＿＿和＿＿＿＿＿＿。

10. 古代官制在中央集权思想上的主要体现是＿＿＿＿＿＿、＿＿＿＿＿、＿＿＿＿＿、＿＿＿＿＿。

二、选择题

1. 西周时期，掌管土地和人口的官职是（　　　）

　　A. 天官　　　　　　B. 地官　　　　　　C. 春官　　　　　　D. 夏官

2. 唐代的尚书令是由汉代的（　　　）官职的属员演变而成的。

　　A. 少仆　　　　　　B. 郎中令　　　　　C. 少府　　　　　　D. 宗正

3. 唐代负责"封驳"，主管审议的中央机构是（　　　）

　　A. 秘书省　　　　　B. 尚书省　　　　　C. 门下省　　　　　D. 中书省

4. 地方机构郡县设置始于（　　　）时期

　　A. 春秋战国　　　　B. 秦汉　　　　　　C. 隋唐　　　　　　D. 明清

5. 古代官员品级制度化，不同品级的官员在服色、礼仪等方面都有不同，唐代身着紫

色朝服的官员品级是（　　）

　　A. 一品至三品　　　B. 四品、五品　　　C. 六品、七品　　　D. 八品、九品

三、思考题

1. 谈谈"三公九卿"的名称由来及职掌。
2. 简述唐代三省演变的过程。
3. 简要介绍秦代郡县制。
4. 总结我国古代官制的特点。

第 八 章

中国古代教育制度

中华民族，历史悠久。悠久的文明是几千年文化传承的结果，而这种传承来自于历代兴盛的教育。中国古代教育无论私学还是官学，都非常重视人格修养和政治教化，人文性质非常浓厚，追求道德的自律和自省精神。

中国古代教育起源很早，早在夏朝就有了学校，即所谓的"三代之道，乡里有教，夏曰校，殷曰庠，周曰序"（《汉书·儒林传》）。这里的校、庠、序是不同时期学校的名称。夏朝教育机构的设置，据说有养老与教育的双重性质。殷商时期，尊神祀鬼，学在宗庙，重视巫史之教，但教育制度的建立比夏朝更为系统。在殷墟甲骨卜辞中，已经有"教"、"学"、"师"、"笔"、"雍"等字出现。

第一节 教育体制初步完备的周代

一、西周时期："乡学""国学"并立

西周时期，官办教育较为完备。西周教育是官师一体的，即由在职或已经致事归于闾里的官员负责。这一时期的学校有"乡学"和"国学"两种，这两个系统无论是在教、学人员，学宫地点，还是在教学内容等方面都存在差异。

西周乡学的学宫包括塾、庠、序。乡学是一般贵族子弟的学校，既是学习场所，也是地方议事处所。周代乡学教育以德教、必备的生活知识与仪法践履知识为主，主要培养民众的德行，以政令及身教教育民众。文教方面以六艺为主，并以考论的方式选材、选士，以兴贤治民，或向更高一级的教育机构提供人才。

国学设在王都和诸侯国都城里，是大贵族子弟的学校。国学又有大学、小学之分。小学又名西学，是启蒙教育，除教习识字外，还教洒扫进退的规矩和六艺知识。六艺即礼（礼节仪式）、乐（音乐和舞蹈）、射（箭术）、御（驾车）、书（写字）、数（算法）。大学又名东序、瞽宗、上庠、成均、辟雍、泮宫等，教的是更高深的修身、治国、平天下的本领。设在王都的大学叫"辟雍"，设在诸侯国都城的大学叫"泮宫"。

周代教育官分师氏、保氏、乐氏等职。师氏教"三德"、"三行"，即德行方面及孝

敬父母、尊重贤良等方面的内容；保氏教"六艺"、"六仪"，这属于国学的基础教育；乐氏教"乐德"、"乐语"、"乐舞"，是更高一级的教育形式，教学内容上包括《诗》、《书》、《礼》、《乐》等文教知识。西周时期推行政教合一的礼乐政治，以培养文质彬彬的大人、君子为教学目标。《诗》教对完成这项教学任务起着至关重要的作用。《诗》主要由乐官在国学中进行教授，其内容包括与《诗》相关的乐德、乐仪、乐语、乐舞等。《诗》教在西周的整个教育系统中占有非常重要的地位。

　　贵族子弟 8 岁入小学，15 岁入大学；小学 7 年，大学 9 年。入学 7 年，要考是否安学亲师、敬业取友，兼查学问、德行。再 9 年，要考是否博学无方、义理通达。他们直到近 30 岁时才算完成学业，才有资格参与治理国家。"三十而立"即是这个意思。学习结束后，经过严格考试和评选，双优者才能取得做官的资格，这就是孔子所言"学而优则仕"。大学所教的最终目的就是培养能"化民易俗，近者说服而远者怀之"的有德有才的各级政治人才。

二、春秋战国时期：官学衰而私学兴

　　平王东迁之后，春秋时期的官学教育基本延续了西周官学的教育制度与形式。但至春秋末期，随着诸侯之间征伐战争的日益频繁，礼乐制度随之崩坏，"天子失官，学在四夷"，官学衰败而私学兴起。

　　春秋时期的官学基本保持了西周官学的教学内容，仍然以《诗》、《书》、《礼》、《乐》四教为重，但多出了《周易》、《军志》等内容，不过，这些内容在官学中可能并不常设。随着春秋战国时期礼崩乐坏的不断深入，西周时几乎包揽所有文教内容的乐官的文教范围逐渐缩小，开始向纯粹的作乐、演奏与乐教集中；而最初由周代乐官所掌的文教内容在战国时期开始逐渐地向民间的诸子私学以及朝廷中的博士官转移。

　　春秋中后期，私学逐渐盛行。战国时期，"诸侯并争"，经济实力以及人才资源成为制胜的根本，当政者为了本国的强盛，积极招揽贤士以为己用。私学发展到了鼎盛时期。私学与学派互不可分，一家私学就是一个学派。各家私学都形成了自己的独特风格，或表现在教师授课，或表现在学生招收，或表现在教学内容，彼此间差别很大。这一时期的私学尚没有固定场所，教师到处游学。私学的创办，使受教育对象的范围扩大了。私学招收的学生基本上没有年龄限制。只要对私学内容有兴趣，均可入学受教，上至老翁、下至幼童，来者不拒，只要缴纳一定的学费即可。学生的身份对入学受教也没有影响，无论官员还是平民，抑或商人、贱民。诸子百家多具有积极用世的特点，皆有本派主张，应时而动地针对当时的社会问题提出自己学派的解决办法。同官学一样，私学教授的主要内容也是《诗》、《书》、《礼》、《乐》，也属于以礼乐教化为主的人文教育。孔门私学"学而优则仕"的信条，激发了众生以天下为己任的胸怀，使入仕为宦逐渐成为求学的目标。法家私学通过争鸣使其主张为统治者所接纳，并使其师徒纷纷被尊为各诸侯国的座上宾。

　　孔子是众多创办私学者中最著名的一位。传说孔子弟子 3000，最优秀者 72 人。随着私学的兴起，也出现了一批教育家，其中孔子、墨子、孟子、荀子最为著名。他们积累了丰富的教学经验，为我国古代提供了系统的教育理论思想。如孔子提出了"有教无类"，指出教育对象的广泛性；提出因材施教、诲人不倦、举一反三的教育方法，至今还有积极的作用。

第二节　教育由饱受摧残到儒学独尊的秦汉时期

一、秦代无教育

秦统一六国，建立中国历史上第一个中央集权的封建帝国。儒家学派不满意秦始皇专制集权的封建统治，主张分封制，反对郡县制。秦始皇于是采纳了李斯的意见，禁止私学并焚毁除了医药、卜筮、种树以外的所有私人藏书，还坑杀书生；而令天下百姓"以吏为师"，"以法令为学"。秦王朝不但没有开设国学，又禁绝私学，学校及教育饱受摧残。

二、汉代的儒学独尊

1．汉代兴学的背景

汉朝建立之初，汉高祖刘邦并不看重知识教化，直至叔孙通制定朝仪，使那些"饮酒争功，醉或妄呼，拔剑击柱"的草莽武臣朝见时无不"震恐肃敬"，他才意识到知识分子的重要性，于是开始兴学。

汉武帝时，先后整治异姓王，平定七国之乱，汉朝的统治才得以真正的巩固，方集中精力解决教育问题。元朔元年（前128年），汉武帝接受董仲舒的建议，"罢黜百家，独尊儒术"，并于元朔五年（前124年）设立了封建社会的第一所大学：太学，后来又建立了地方级的郡国学。从此儒学成了占统治地位的正统思想，国学渐渐兴盛起来。这样，中断了数百年之久的官学又出现了。

2．汉代官学

汉代官学有三类：太学、郡学和专门学校。

太学设在京师长安，是汉代传授知识、研究专门学问的最高学府。当时进入太学的方式和条件：一是由中央太常直接选补，条件为18岁以上，仪貌端正；二是从各地方挑选，标准是"好文学，敬长上，肃政教，顺乡里，出入不悖"。

太学以儒家经学教育为职任，设有《诗》、《书》、《礼》、《易》、《春秋》5个门科，同时要求兼习《论语》、《孝经》。内容上以今文经学为主，注重阐发经典的"微言大义"，以五经内容的深浅程度排定《诗》、《书》、《礼》、《易》、《春秋》的顺序。教学上严格师法和家法：师法指传经时以太学立为博士的人的经说为准绳，如《公羊春秋》以董仲舒所言为师法；家法指博士的弟子或门人传经时，又有所心得，更为章句，形成一家之言，如"颜氏公羊"和"严氏公羊"即为家法。汉代把道德位居教育首要，无论是学校教育还是社会教育都以道德培养为主，在选拔人才时，也往往注重"德"的要求。

两汉太学的教师通称博士，是朝廷任命的国家正式官员，博士领袖称仆射，东汉时改称祭酒。博士参加政治和学术方面的讨论，有时还去巡视地方政教一类的工作。对博士的选择和任用，两汉是不一样的：西汉以征拜或荐举的方式选用名流；东汉则用考试的方法进行挑选，还需有人写"保举状"，说明被保举人的道德、学问、经验和师事何人等，要求教师"明于古今"、"通达国体"，条件相当高。

太学弟子，每人研习一经，学生按政府规定的名额和标准招收，入学后可享受免除赋税徭役的待遇。太学生完成学业后，可根据其考试成绩的优劣，授以相应的官职。西汉太学制度与规模，自汉武帝以后逐渐增益，据有关史料记载，汉武帝时博士5人，汉宣帝时增至14人，汉元帝时有博士15人。汉武帝时学生仅50人，汉昭帝时100人，汉宣帝时200人，汉元帝时达1000人，汉成帝时增至3000人。而到东汉时期，太学已成为有学生30000余人，校舍240房、1850室的大学校了。

由于太学是根据政治需要而设，学习内容是圣贤之言和治国之道，学习目的是做官从政，因而太学生常参与政治、评议朝政。他们绝大多数人常以青年的满腔热情和强烈的社会责任感，过问现实政治问题。我国历史上太学生干预政治的最早记录，是西汉哀帝时，太学生援救敢于抨击专权外戚的司隶鲍宣的事件。其时千人上书请愿，声势浩大。东汉桓灵时，宦官专权，政治黑暗腐败，太学生的出路日益困难，于是他们和社会上正直的名士相结合同宦官进行了坚决斗争。在斗争中，虽不少人遭迫害、打击，但他们英勇不屈，表现了知识分子阶层在混浊的政局中所应有的刚正品格，此种精神一直流传下来，成为中华民族的优良传统。

汉代中央官学是由皇帝下诏兴建，郡国学则是根据朝廷的指令，由地方主管官员负责兴建。郡学源于汉景帝末年，蜀郡守文翁率先在益州（成都）设立地方学堂，并派遣人员以官费到京城学习五经和律令。汉武帝时下令天下郡国以其为范，皆立学校官，于是成为制度。地方官学中的教师亦为国家正式官员，地方官学的学生虽没有太学生那样优越的条件和优厚的待遇，但其出路也颇宽。地方主管官员往往利用其向朝廷察举士人的权利，把辖区内官学中的优秀者荐举上去。班固在《东都赋》中曾这样描绘："四海之内，学校如林，庠序盈门。"可以说是郡学繁盛的写照。"郡国曰学，县道邑侯国曰校，校、学置经师一人；乡曰庠，聚曰序，序庠置《孝经》师一人。"（《汉书·平帝纪》）与太学一样，郡学也修习儒经，但更重视《孝经》，这与汉代乡举孝廉制度相契合。

汉代的专门学校包括贵胄学校、宫廷学校和鸿都门学。东汉时期为外戚子弟开办的"四姓小侯学"属于贵胄学校。四姓小侯学始创于东汉明帝永平九年（66年）。"四姓"指外戚樊氏、阴氏、郭氏、马氏四家，称其为"小侯"是因四姓都不是列侯。初设时，置5年经师，以《孝经》为主，兼习《尚书》、《论语》等儒家经典。后来又扩大招生，不限于四姓子弟，其他贵族子弟也可以入学修业，当时匈奴也曾派子弟来此求学。汉安帝元初六年（119年），又开邸第，诏征"济北、河间王子男女年五岁以上四十人，又邓氏亲近子孙三十余人"入学修业，并为年幼者置配师保，邓太后亲自驾临监视，给予特殊礼遇。

创设宫廷学校，是为对宫中女子进行经学及仪礼教育。开展宫廷教育，为汉代邓太后始创，其进步意义及对后世的影响非同一般，实为汉代官学的一大特色。

鸿都门学创建于东汉灵帝光和元年（178年）二月，因校址设在洛阳鸿都门而得名。开设此校，实为打击朝臣和太学生的力量。该校学生由州、郡、三公择优选送，被选送者多数是士族看不起的社会地位不高的平民子弟。鸿都门学开设辞赋、小说、尺牍、字画等课程，打破了专习儒家经典的惯例。宦官派为了壮大自己的势力，对鸿都门学的学生特别优待。学生毕业后，多被给予高官厚禄，有些出为刺史、太守，入为尚书、侍中，还有的封侯赐爵。鸿都门学一时非常兴盛，学生多达千人，但延续时间不长，后随着汉王朝的衰亡而结束。鸿都门学不仅是中国最早的专科大学，而且也是世界上创立最早的文艺专科大学。其开唐代专科学校之先声，打破封建官学儒家经典教育的界限，而代之以文学艺术。以辞赋取士，促进了文学艺术的繁荣与发展，其价值与影响远超过其存在本身。

3．汉代的私学

西汉初年，统治者没有创办官学，却对私学实行不干预政策，民间私学开始复苏。当时私学的教学内容可谓不拘一格：既有儒家的《诗》、《书》、《易》、《礼》，也有黄老、刑名、法律等。秦汉之际至汉武帝元朔五年（前 124 年）近百年间，汉代教育全赖私学以维持。官学制度建立以后，私学未见削弱，反而与官学相互补充。汉代私学在先秦私学发展的基础上，已开始形成初步体系，即以书馆为主要形式的蒙学教育、以"乡塾"为主要形式的一般经书学习和以"精庐"或"精舍"为主要形式的专经研习。

两汉相比较，东汉私学更为昌盛，规模甚至超过官学，名师众多，收徒甚盛。名儒开门授徒，读书人千里寻师，云集门下。有的私学入门弟子与著录弟子达万人之众，实为汉代学校教育发展一大特色。终汉一代，官学与私学并行不悖。专经研习阶段的私人教学大都建立了稳定的治学和讲学场所，名为"精舍"或"精庐"，多建在名师家乡或山水胜地，亦带有隐居性质。这种专经传授的精舍或精庐，对后世书院制度的建立与发展有极大影响。

第三节　教育时兴时废的魏晋南北朝时期

魏晋南北朝时期教育的总体形势是官学时兴时废、似断又续，官学教育也发生了变革，无论是教学内容、方法还是学校类型都有重大变化。此时期教育的延续主要依靠私学、家学。

一、官学时兴时废

魏晋南北朝时期，太学仍属国家最高学府。东汉末，太学因战乱基本处于瘫痪状态；至魏文帝曹丕时，又重新在洛阳得以恢复。虽然政局极不稳定，但由于曹魏诸帝对太学的重视，太学仍得以延续下来，但已经出现了贵族子弟不愿进太学同平民子弟一起学习的现象。

晋代时，于太学之外别立国子学，专为士族贵胄开设，唯有五品以上子弟才可以入学。国子学设祭酒一人，博士一人，助教十余人。太学所收学生则为庶族子弟，包括弟子、门人、寄学、散生等，生源较为复杂，地位比国子学低。太学、国子学双轨教育制度至此形成。教育等级化的出现，是教育发展史上的一个新现象，反映了当时等级森严的门阀制度。按门第而不是按学识才干用人的九品中正制，使国子学和太学的教学效果都非常差，因为做官不靠学业而靠门第，所以学生都不肯用功，这是魏晋南北朝教育的致命伤。

十六国时期，学校教育的持续性被打乱，但是以儒学为核心的传统教育并未断绝，无论是各少数民族或是汉族建立的政权，均视之为教育的重心。

南朝近 170 年中，学校教育仍处于时兴时废的状态，儒学一统学校的局面已被打破，专科学校相继设立，学校的类型趋于多样化。南朝宋文帝元嘉时期，先后开设了儒学馆、玄学馆、史学馆、文学馆，史称"经、玄、史、文四馆"。此时的教育冲破了独尊儒术的藩篱，相继开创了史学、文学、律学、书学、佛学、道学等学科教育，从而使教育与社会发展的联系更紧密。另外，国学课程除讲授五经外，还增设了黄老、庄老、太史公、楚辞、汉赋等科目，这与此期玄学的兴盛密切相关。

二、私学、家学繁盛

魏晋南北朝私学兴盛。社会变革与动乱使官学无法得到持续稳定的发展，而私学恰恰在这种情况下发展起来，儒、道、玄、佛诸种思潮并存，学术思想比较活跃，形成了私学繁荣昌盛的局面。这一时期出现了大批淡泊名利、不务权势、潜心教学的学者，培育了大批人才，如三国时的管宁、邴原，西晋的束晳、李密、王衰、范平、刘兆，东晋的孔衍、范宣等都是当时著名的私学家。他们聚徒讲学，其追慕者多达千百人。到南朝时，私学的内容更加广博，儒学、玄学、老庄佛学等均以不同方式成为私学活动的内容，在战乱及频繁的改朝换代中，维系和促进着文化教育的发展，成为中国文化教育史上的第二次百家争鸣。

魏晋家族制度强化，家族教育获得了长足的发展，可谓达到了一个高峰。家族教育，以家族内长者亲授学业、耳提面命的传统模式为主。名门大族中累世学业相袭的现象十分普遍，出现了大批的文学世家，如曹氏父子、琅娜王氏、汝南袁氏、琅哪颜氏、陈郡谢氏等。"唐诗晋字汉文章"，书法在晋代有很大的发展。著名的书法家，如王羲之、王献之父子和卫灌、卫恒父子的书法技艺，都为家传。王羲之及其七子——玄之、凝之、徽之、操之、涣之、肃之、献之，在当时都以书法闻名，除玄之、肃之外，其余五人都有墨迹传世。

魏晋南北朝，家训大为流行。世家大族乃至一般家族对家风都十分重视，一家之长常常从自己的亲身经历和感受出发，对子孙严加训诫，规范他们的思想和行为，使之保家兴族不辱先祖，从而使得魏晋南北朝的"家诫"、"家训"大量问世，可考者至少有80 余篇（部）。例如，诸葛亮的《诫子书》和《诫外甥书》、王修的《诫子书》、王肃的《家诫》、嵇康的《家诫》、王昶的《诫兄子及子书》、陶渊明的《与子俨等疏》和《命子诗》、颜延之的《庭诰文》等。其中《颜氏家训》最为人们所熟知，被誉为"古今家训之祖"。

第四节　教育制度渐趋完备的隋唐时期

隋唐时期是中国古代教育制度的发展期。隋朝文帝初年创立了专门的教育机构——国子寺，隋炀帝时更名为国子监，这一称呼一直沿用到清代。然而隋朝国祚短暂，教育方面并无其他建树。

一、唐代教育制度的完备

唐朝沿袭隋制，教育制度逐渐完备，建立了从中央到地方的完备学制体系：既有中央官学，又有地方官学；既有以传授儒家经典为主的经学学校，也有以传授专业知识为主的专门学校；还有留学生制度。这一时期的学校在教学管理上更规范：官学学生从入学到毕业都有相应的制度规定，不同的学校有不同的教学内容，并形成了完备的考试、升学、假期制度等。唐代在京师设立国子监，长官称国子监祭酒，管理学校教育。当时京师学校都隶属国子监，可分为 6 类。

国子学：招收文武三品以上子孙，学习经、史及文字学。

太学：招收文武五品以上子孙，学习内容与国子学相同。

四门学：招收文武七品以上子弟和庶人中的俊士，学习经史及一些时事政务策论。

书学：招收八品以下子弟及庶人中通学者，学习文字学。

算学：招收八品以下子弟及庶人中通学者，学习《九章算术》、《周髀算经》、《缀术》等。

律学：招收八品以下子弟及庶人中通学者，以律令为专业，兼习格式法令。

国子学、太学和四门学属贵族学校，书学、算学和律学属专科学校。这 6 类学校的教师称某科博士，如国子学博士、律学博士。学生有定额，入学年龄在 14～19 岁之间。

另外，中央还有弘文馆、崇文馆、崇玄馆、医学、卜筮、天文、历数、漏刻等。弘文馆和崇文馆学习内容与国子学相同，前者隶属门下省，后者隶属东宫；医学分医科、针科、按摩、咒禁、药师 5 个分科，隶属太医署；卜筮隶属太卜署；天文、历数、漏刻都隶属司天台。

二、唐代的地方学校

唐代地方学校按区域划分，有京都学、府学、州学和县学。前 3 类学校以经学为中心，兼学医学；县学专学经学。唐代教育以官学为主，唐玄宗天宝以后，国家动乱，官学衰微，私学才开始兴盛。唐代教育体系完整，学校教育与科举考试紧密结合，确立了如算学、天文、医学等自然学科为学习内容的专门学校，这种有关专业的训练，在世界教育史上也属领先。另外，唐朝还建立了留学生制度。周边国家如日本、新罗、高丽等国多次派遣留学生来唐学习经史、法律、礼仪、文学、科技等。

唐代既重视儒学教育，又重视文学、审美教育，但并不搞"独尊儒术"，多元化的特点使唐代儒学教育区别于汉代和宋明时代。唐代中期，儒学教育有衰落的趋势，主要是科举取士制所造成的。前期，科举考试（指进士）考的是帖经、墨义和策问，考试内容主要是对儒家经典的记忆和理解，要通过学校教育。从唐高宗和武后时起，科举考试逐渐以诗赋为主，主要考查文章写作能力和文学创作能力。由于文学创作能力难以通过学校教育来培养，因此，自科举考试侧重于诗赋之后，自学逐渐成为士人的主要学习方式，所谓"十年寒窗"即指士人居家苦读。大致从唐中期开始，学校教育衰落，儒学影响力下降。

第五节　教育与科举相连的宋元明清时期

唐代以后，宋金元明清几代的学校教育始终与科举选士相联。官学就建制而言，从中央到地方，堪称完备。一般来说，历代帝王多数热衷于科举取士，而忽视培养人才的学校，尤其在每一朝代后期，学校大多徒有形式，仅为生员取得参加科举考试的一种资格而已。

一、宋代教育

宋太宗时，国子监下设国子学，并置广文、太学、律学三馆。不久，太学从国子学中分离出来，单独建校，招收八品以下官员子弟和少数庶人俊秀者。地方官学有明文规定，9类人不得进入官学："隐匿丧服"、"尝犯刑"、"亏孝悌有状"、"两犯法经赎"、"为乡里害"、"假户籍"、"父祖犯十恶"、"工商杂类"、"尝为僧及道士"，"皆不得与士齿"。

宋代太学以外，还有律、算、书、画、医等专业学校。宋代仁宗时期，由范仲淹倡导，提出科举考试应当以学校教育为本的观点。宋神宗时期，在王安石的倡导下，改革了学校制度而创立了"三舍法"，即将太学分为外舍、内舍、上舍3部分，将竞争机制引入学习中：学生凭学习成绩由"外舍"升"内舍"及"上舍"，上舍学生优秀者可免去乡试、省试，甚至直接补官。这实质上是通过"三舍法"选拔优秀毕业生做官。

宋代地方教育比汉、唐发达，如设立了专管地方教育的行政长官，国家颁置学田作为地方学校的固定经费，还注意发展地方科技教育和武学教育等。

二、元代教育

元代官学除国学、乡学外，还有建立在乡村的社学。五十家为一社，选举年长而通晓农事的人，立为社长，教习农桑。每社建立一所学校，选择通晓经书者为教师，农闲时社中子弟入校学习。元代社学的建立，对普及乡村教育起到了作用。清代的乡设社学普及文教，即传承于元代。

三、明代教育

明代确立了"治国以教化为先，教化以学校为本"的文教政策，推崇程朱理学，实行文化专制。

明代中央官学主要有国子监，另有宗学、武学、医学、阴阳学、四夷馆等。明代国子监分南北两监（南京和北京），监生来源广泛，主要有贡监、举监、荫监和例监4类。明代扩大了招生范围，不再规定只有几品以上子弟可以入学。用钱可以捐买国子监生的资格或身份，即所谓的例监或捐监。明代在监读书的还有少数民族及日本、高丽留学生。明代国子监的教学管理制度较之前代更为完备。其一，建立分堂教学和积分制。国子监教学组织分为六堂，其中"正义"、"崇志"、"广业"为初级，"修道"、"诚心"为中级，"率性"为高级。监生按其程度进入各堂肄业，然后逐级递升。其二，实施了周密的课程安排。除朔、望两天的例假外，每日皆安排有课业，分晨午两课举行。晨课在晨间，由祭酒率领属官出席，祭酒主讲。午课在午后举行，主要为会讲、复讲、背书、论课等，由博士、助教主持。其三，实行监生历事制度，即派监生到京城各衙门历练事务，3个月考核，优者进入候选为官。

明代地方官学较为发达，管理周密，制度比较健全。主要有府学、州学、县学等，另外府、州、县皆设有武学、医学、阴阳学，农村设有社学等。

关于地方官学的学习内容，洪武初年（1370年）"令生员专治一经，以礼、乐、射、御、书、数设科分教"。洪武二年（1371年）又重行规定，分为礼、射、书、数四科，要求生员熟读精通经史礼仪等书，初一、十五必须学习射击，每日练习书法500字，数学须通《九章算术》。地方官学定有严密的考试制度，月考每月由教官举行一次，岁考、科考则由掌管一省教育行政大权的提学官主持。

四、清代教育

清代教育由低到高分为蒙学、社学、国子监。

蒙学多为私学，多属识字教育。社学是政府倡导设立的，每一乡设立一所社学，挑选通晓文义、行谊谨厚，足以为人师表者充任教师；办学经费由官府筹集。社学教育从蒙学教育的第二阶段开始，主要学习四书五经及史政、诗文、掌故等。社学学生考列第一等者，可以升入官学取得廪生资格，廪生无缺额，则以增广生员的资格入学，待廪生有出学者递补；增广生员无缺额者，以附学生员资格入学，依次递补。社学是官学的预备学校。生员，又称"秀才"，来自童试录取者。读书人一旦取得生员资格便脱离民籍，可以穿着蓝色长袍，免除差徭，进入绅衿之列。生员出学除考中举人之外，还有5种方式，都是选送国子监深造，此处不再赘述。

清代国子监生员来源复杂，有贡有监。贡生有6种：拔贡、优贡、副贡、恩贡、岁贡和例贡；监生有4类：恩监、荫监、优监和例监。被录取的贡生、监生并不都坐监读书。取得入监读书的资格要通过考试，名为"考列"。考列一、二等者再试，名为"考验"。贡生考中一、二等者，监生考中一等者方取得入监资格。国子监的课程设置与府、州、县学大同小异，以四书、五经、性理、通鉴等书为必修，其他八经、二十一史（《明史》修成后为二十二史）及其他著作可由学生自选。此外他们还被要求每日临摹晋、唐名帖数百字。诏、诰、表、策、判等文体亦在课程之内。考试分为月考和季考，考试内容都是四书文、五经文和诏、诰、表、策、判；每月还有其他小考。

总之，宋代以后，学校教育与科举选士密切相连。思想统治越来越强化，等级限制逐步消失。"存天理灭人欲"的理学教育思想，到南宋末年以后，更获得正宗地位。元代开始，朱熹的《四书集注》被御定为基本教材。国子学与太学的等级限制已趋宽松。元、清是中国境内少数民族所建立的统一政权，统治以汉族为主体的国家，故学校的民族界限极森严。少数民族生员在学的待遇与出仕，均优于汉族国子监生。但就同一民族的学生而言，等级限制逐步趋向消失，形成了较完善的学校管理制度。宋以后分别出现了府、州、县、社各类学校的建制与廪养制度（规定教官名称、职责以及学生人数和待遇）、教学制度、考试制度、奖惩制度以及向中央国子监输送监生的贡士制度等，学校管理很是详备。

另外，宋、元、明三代，不仅官学体制完备，私学教育也遍及城乡。此期的私学设置一般分为两类：一类是蒙学性质的，教授识字和国学基本知识，称为小学、乡校、村学等；一类是研究学问的地方，学生多为年长者，如私设经馆、书院等。

第六节　中国古代的普及教育——蒙学

一、先秦时期蒙学的兴起

人类的文明、社会的进步，有赖于整个国民素质的提高。当今不少国家对适龄儿童、少年采取义务教育的方式进行全民教育，旨在提高整个国民的文化素质。古代中国也很重视对儿童的教育，这种教育被称为"蒙学"。蒙学创始于夏朝，秦汉时期得以不断发展，唐宋以后逐步形成相对稳定的教学内容和程序，主要进行读书、习字、作文的教学，大多属于私学性质。

早在三代时期，就有"小学"教育。周代就有了供学童识字、习字用的字书。《汉书·艺文志》载："《史籀篇》者，周时史官教学童书也。"《史籀篇》是著录于史册的最早的蒙学课本。周代时，贵族子弟 8 岁入小学，小学 7 年。学习内容为六艺，即礼（礼节仪式）、乐（音乐和舞蹈）、射（箭术）、御（驾车）、书（写字）、数（算法）。

二、秦汉以后蒙学的发展

汉代启蒙教育的场所主要是"书馆"，教师称为"书师"。"书师"由从事私人教学的人担任。入学儿童的年龄一般在 8 岁左右。其学习的主要内容是识字、习字。此时已经有了比较稳定的通用教材，教学内容和要求趋向统一。汉代小学的字书有《仓颉篇》、《训纂篇》、《谤喜篇》、《凡将篇》、《急就篇》等，保存到现在的只有《急就篇》。汉代的"书馆"又可分为"坐馆"和"家馆"两种类型。前者是书师以家室或公共场所，坐馆施教，附近学童可入馆就学，人数不等，多则百人。后者是贵门富户聘请书师来家施教，本家或本族学童在家就读。在汉明帝永平九年（66 年）专设"宫邸学"教育贵胄子弟之前，皇家子女也是通过私学性质的"家馆"来接受启蒙教育的。周秦以降迄于隋，启蒙教育几乎就以识字为主。萧梁时周兴嗣作《千字文》，成为后来最通行的字书。

唐代的童蒙教育基本属于私学性质。唐代文人来自社会的多个阶层，不同的社会地位和家庭状况往往也决定了他们所选择的教育形式不同。唐代童蒙教育的形式主要有两类：一为师授，一为家传。皇族、贵族等官宦家中人为学一般都由师授，在家中"设塾延师"，建学馆、家塾、学院之类以教子弟。很多下层的家庭是没有能力聘师上门的，就只有去投师，因而老师遍布于当时的乡学及村学、私塾中。

唐代一如前朝，《急就篇》、《千字文》都是启蒙时的常用字书。早期曾流行《急就篇》，著名学术大师颜师古还专门为其作注；后来基本就以《千字文》为主。识字之后，唐政府规定并提倡的进行道德教化的教材是《论语》、《孝经》。《论语》一书主要教人为学、做人的道理；《孝经》则系训诫子弟忠君尊亲事长之守则。另外，政府还鼓励学习儒经史书、诗赋文章等。

　　宋代是古代蒙学发展较为完备的时期。此时的童蒙教育呈现出大众化的趋势。教育对象除宗室子孙和一般官僚地主家庭的子弟以外，相当一部分是出身于平民的农家子弟。除了有专门为皇室、贵族子弟设立的宗学、诸王宫学、内小学等贵胄性质的学校和由官方设立并管辖的国立、地方小学以外，还有大量的为广大中下层知识分子和普通百姓子弟设立的，包括私塾、义学（义塾）、家塾、村塾、冬学在内的各种私学。

　　家庭教育也是宋代童蒙教育的主要形式之一。不少家长亲自担任教师，对子弟进行启蒙教育。如欧阳修"四岁而孤，母郑，守节自誓，亲诲之学，家贫，而以荻画地学书。幼敏悟过人，读书辄成诵"。苏轼"生十年，父洵游学四方，母程氏亲授以书。闻古今成败，辄能语其要"。此外，理学家朱熹11~14岁，也受业于家中。

　　"宗约"、"义约"、"家规"等社会教化形式，也是宋代童蒙教育的重要途径。

　　宋代童蒙教育以道德教育为重，以立志、明人伦、孝悌和正心敬身为主要内容。以孝悌为主要内容的"明人伦"是童蒙伦理道德教育的核心。宋代许多著名学者如朱熹、吕祖谦、吕本中、陈淳、王应麟等，都十分重视童蒙教育，他们亲自创作了高水平的蒙学读物并广为流传，如王应麟的《三字经》、刘克庄的《千家诗》、吕本中的《童蒙训》、吕祖谦的《少仪外传》、朱熹的《童蒙须知》和《小学》、程端蒙的《性理字训》、真德秀的《家塾常仪》和无名氏的《百家姓》等。在重视伦理道德教育的同时，宋代还非常重视对蒙童进行一些自然、科学常识的教育，反映出童蒙教育开始出现重视自然和科技知识教育的趋向。

　　《三字经》全用三言，句法灵活，语言通俗，是中国古代最著名的蒙学课本。相传为宋王应麟所编（一说宋末区适子所撰），经明、清陆续补充，至清初的版本为1 140字。全书从论述教育的重要性开始，然后依次叙述三纲五常十义，五谷六畜七情，四书五经子书，历朝代史事，最后以历史上奋发勤学、"显亲扬名"的事例作结，把识字、历史知识和封建伦理训诫冶为一炉。《百家姓》是集汉族姓氏为四言韵语的蒙学课本，北宋时编，作者佚名。从"赵、钱、孙、李"始，为"尊国姓"，以"赵"姓居首。全篇虽是400多个前后并无联系的字的堆积，由于编排得巧，极其便于诵读。《三字经》、《百家姓》、《千家诗》与《千字文》曾合称"三、百、千、千"，是相辅相成的整套启蒙识字教材，一直流传到清末。

　　元代童蒙教育沿袭宋朝，道德教育方面的文献进一步增加，如许衡的《小学大义》、熊大年的《养正群书》、郭居经的《二十四孝》都是这类作品。此时的最大变化是由于印刷技术的进步和认识水平的提高，出现了图文对照的蒙养教材，代表作是虞韶编的《日记故事》。

　　明代蒙童课程内容分为五项：一考德；二背书诵书；三习礼或课访；四诵书讲书；五歌诗。童蒙教材因为前代的积累，数量可观，但学者们还继续编写着新教材，逐渐重视起历史常识和自然知识的传授教育。最有代表性、影响最大的两部新创作的蒙学文献是丘睿的（一说为程登吉所写）《幼学琼林》和萧良有撰写的《龙文鞭影》。

　　清代蒙学有多种办学形式：馆学、义学、族学、家塾等。民间知识分子设馆授徒称为"馆学"；村中大户人家出资建馆聘师，本村子弟免费入学，称为"义学"；族学同义学相似，同宗之人聚族而居，家族的族长支用族产兴办学校，供本族子弟入学就教。清代蒙学教育一般分为识字和读书两个阶段。识字阶段，先是读《三字经》、《百家姓》、《千字文》等识字入门书籍，其后陆续讲授《小学》、《圣谕广训》等文学、伦理书籍，开设浅近的历史、地理、博物常识课，如《高厚蒙求》、《史学提要》、《名物蒙求》等，以扩展知识面；开设通俗诗教育课，如《神童诗》、《千家诗》等，用以陶冶性情。多数学馆的教育到这一阶段就停止了。有一些义学和族学将蒙学教育发展到第二阶段，即以读书为主的阶段。此阶段的教学内容主要是与官学的招生考试相衔接，如四书、《孝经》以及政书、史书及著名的诗词、文范篇，同时还要学作制艺，即八股文。在第二阶段中便不断有人出馆，或考取官学，或进入社学，或学业中辍改而务农、经商、从幕、投考吏员等，而其中以考官学为正途。当然，其间也不乏不屑于仕途而以专心治学为务者。

第七节　独特的高等教育形式——书院教育

一、书院的发展

1.书院教育的兴起

书院之名始于唐代，分官、私两类，但都不是聚徒讲学的教育组织，前者如集贤殿书院，为藏修书之所，后者为文人士子治学之地。唐代安史之乱以后，国家由强盛走向衰落，政治腐败，民生凋敝，文教事业也受到严重冲击，官学废弛，礼仪衰亡。于是一些宿学鸿儒受佛教禅林的启发，纷纷到一些清静、优美的名胜之地读书治学。此后，归隐山林、论道修身、聚徒讲学之风逐渐兴起。真正具有聚徒讲学性质的书院至五代末期基本形成，五代时期江西庐山设立的白鹿洞国学，至北宋初更名为白鹿洞书院，成为中国古代真正意义的书院的发端。古代书院，有名可考的不下千百所，仅宋代就有379所，最著名的是北宋初的四大书院和南宋四大书院。宋初四大书院有两种说法：一为白鹿洞书院、石鼓书院、应天书院、岳麓书院；另一说法是无石鼓书院，而列嵩阳书院。后人综合这两种说法，再补充江宁府的茅山书院，称其为"宋初六大书院"。宋代书院普遍订立了比较完备的条规，这是书院制度化的重要标志。

白鹿洞书院为宋代书院之首，位于江西省庐山五老峰南麓后屏山下。南宋时著名的理学家、教育家朱熹到白鹿洞书院察看遗址，请孝宗批准，筹款建屋，征集图书，聘请名师、广集生徒，亲任洞主，亲自讲学，并制定了"博学之，审问之，慎思之，明辨之，笃行之"五条教规，即有名的《白鹿洞书院揭示》。《白鹿洞书院揭示》不但体现了朱熹以"格物、致知、诚意、正心、修身、齐家、治国、平天下"等一套儒家经典为基础的教育思想，而且成为南宋以后中国封建社会700年书院办学的教育宗旨，也是教育史上最早的教育规章制度之一。外族的入侵、内部的倾轧和科举的腐败，致使南宋的官学形同虚设。由于朱熹等人对书院卓有成效的复办和理学的流行，书院又日渐昌炽。南宋书院数量远远超过北宋，根据名声，"南宋四大书院"指的是白鹿洞书院、岳麓书院、丽泽书院和象山书院。

2.元代以后书院教育的发展

元朝统一江南之后，南宋有骨气的知识分子大多不愿与蒙古统治者合作，不肯到元朝政府入仕为官，也不肯到元朝所立的官学中去讲学，甚至不愿他们的子弟在元朝政府设立的官学里学习。因此不少南宋学者退而建立书院，自行讲学。统治者为缓和蒙汉民族的矛盾，笼络汉族士心，对书院采取保护提倡的政策。书院之盛一时超过南宋——不仅在南方得到继续发展，而且以强劲之势向北方推进。《日下旧闻》载："书院之设，莫盛于元，设山长以主之，给廪饩以养之，几遍天下。"

　　随着元政府逐渐对书院加以控制，元代书院日益呈官学化趋势。其采取的措施有：朝廷和地方官府委任书院山长，或由政府派遣人员出任山长，山长由政府授予官衔，纳入国家官制，按品级领取官俸；书院的直学、教授、学正、学录等职务的任命与提升，都必须经过政府的批准；元代各级政府遣员承担了书院山长及教职员的考察与稽查；财权上，元政府鼓励民间绅士和官僚出资聘请学者兴办书院，书院山长干预书院本身的财政管理；对书院的招生、考试以及学生毕业后的去向等一系列管理和人事方面的问题，严加控制。书院学生在学有所成后，可由地方官员推举，经监察机关的考核，符合标准者或成为教官，或入仕做官。

　　元代对儒家文化非常尊重。程朱理学和科举制度结合之后，被正式确立为官方正统。与理学一体化的书院等被视为官学，书院建设者之中，既有汉人、南人，也有蒙古与色目人，因此有"书院之设，莫盛于元"的说法。据统计，元代创建书院296所，加上修复的唐宋旧院部分，书院总数达到408所。在书院的发展史上，元代的最大贡献是将书院和理学一起推广到北方地区，缩短了新形势下形成的南北文化差距。

　　明代书院的发展经历了"沉寂—勃兴—禁毁"的曲折道路。明初，因政府重视发展官学，提倡科举取士，使官学盛极一时，程朱理学长期处于官方学说地位，失去了往日的进取而流于僵化，书院近百年不兴。到了正德、嘉靖年间，以王守仁、湛若水为代表的思想家，就以书院为阵地，发动了一场思想解放运动，书院再度兴起，据统计，明代共建有书院1 699所，超过了唐、宋、元三朝的总和。随着书院讲学的政治色彩愈来愈浓，"讽议朝政、裁量人物"之风日盛，统治者深感"摇撼朝廷"。明代后期，当权者先后4次禁毁书院，严重地阻碍了学术思想的发展。尤其是"洞学科举"的创设，使书院、官学、科举逐渐融为一体。

　　清初，统治者为压制舆论、消除南明的复国情绪，对书院严加限制。从元代开始的书院官学化倾向，到清代达到极致：顺治皇帝下令"不许别建书院"；康熙皇帝虽以文韬武略著称，但也始终不肯撤销禁令，而仅仅以颁额、赐书给书院来引导其发展方向；乾隆时代，连招生择师、课业考核、奖惩办法等都在诏令中有明确规定；雍正则采取扶持与控制相结合的政策。首先，将一批书院迁出深山老林，建在各省省城，以便控制。其次，政府掌握了书院主持人和讲学者的任命权，并制定了考核、奖励、提升的制度。政府给予山长以优厚的待遇，大约一年200~600两俸银。另外，清政府还掌握和控制了书院设置的审批权。从书院的选址、山长的任命到教师的聘请以及书院的设置，实际上全由清政府掌握与控制。随着书院官学化的日渐加强，清代书院原有的教学风格与学术研究的性质及其独立性和自主性已所剩无几，实质上已成为官学的一个类别。与府、州、县学一样，大多数书院成了十足的科举考试的预备机关。

　　同时，由禁止而达到控制目的的文化政策，加上文字狱的影响，使书院改变了学术追求，一种离现实政治较远而以实事求是的态度去考究经典的学风终于形成，此即所谓"乾嘉考据之学"。随着与学术的再度结合，书院得到了长足发展，有清一代，全国建有书院3 868所，基本普及城乡。

　　鸦片战争之后，闭关锁国百余年的"天朝大国"的大门终于被西方列强的"坚船利炮"所打破。在"师夷制夷"的洋务运动中，洋务学堂如雨后春笋般兴起。清政府采纳了张之洞、刘坤一的建议，于光绪二十七年（1901年）下诏将各省城书院改为大学堂，各府书院改为中学堂，各州县书院改为小学堂，并多设蒙养学堂。至此，书院制度经过近千年的曲折历程，最终汇入了近代学校教育的洪流之中。

二、书院的教育方式

书院是介于私学与官学之间的一种特殊的教学组织形式，它具"非官非私"、"既官既私"的特征，其办学特质上主要有三。一是有官方的认可、扶助。从历代书院的确立来看，往往与皇帝赐匾额、经书等有关。宋初的六大书院皆是如此。北宋真宗皇帝召见山长周式，颁书赐额，书院之名始闻于天下，有"潇湘洙泗"之誉。明代中后期，明世宗御赐"敬一箴"，王阳明心学和东林学派在此传播和交流，明清著名的爱国主义思想家王夫之在此求学。清代，康熙和乾隆分别御赐"学达性天"和"道南正脉"额。二是注重藏书、读书。宋代"书院之所以称名者，盖实为藏书之所"，而藏书的目的是为了读书。三是自由讲学，研讨学术。宋明的书院，更多地承袭了私学讲学自由、各有所本之风习，以传播学术思想为职志。宋代理学的流行与书院自由讲学、研讨学术的追求密不可分。

书院与官学最大的区别是，书院有自身的品格和学术追求。与此相联，书院有独特的教学方法。一是自学。书院藏书丰富，为学生自由读书和独立钻研提供了方便，书院教师的职责就是指导学生自修读书。朱熹创造的读书六条——循序渐进，熟读精思，虚心涵泳，切己体察，著紧用力，居敬持志——对后世产生深远影响。强调读书须有疑，有疑而又深思未得者即当请教大师，这就叫做"质疑问难"。二是讲演辩论。其方式有"升堂讲说"、"学术会讲"等。书院大师除了阐发自己的学术见解外，还十分重视不同学术观点的论辩交流。宋代最著名的学术论争是"朱陆异同"。朱熹与陆九龄、陆九渊兄弟当时分主不同书院，授徒讲学，各立"理本论"与"心本说"，多次相会江西鹅湖论学（史称"鹅湖之会"），相互论争。明代后期的顾宪成、高攀龙特别制订了书院会讲制度、规定："每年一大会"，"每月一小会"，并订有"会约"、"会规"，以道义相磋磨，学术相珍重。另外，书院努力将学术研究与教育活动结合起来，一方面通过学术研究深化学理探讨，促进教学活动；另一方面又通过教学和学术研究培养人才，扩大学派影响。正是这种交互递进，极大地推动了中国封建社会思想和学术的发展。

练 习 题

一、填空题

1. 史书记载中，我国最早的学校名称为_____、_____、_____。
2. 汉代官学有三类：_____、_____和专门学校，专门学校又包括_____、_____。
3. 唐代隶属于国子监的学校有_____、_____、_____、_____、_____、_____。
4. 唐代地方学校有_____、_____、_____、_____。
5. 宋代地方教育比汉、唐发达，如设立了_____的行政长官，国家颁置_____作为地方学校的固定经费，还注意发展地方科技教育和_____教育等。

6. 清代教育由低到高分为_____、_____、_____。

7. 明代蒙童课程内容分为五项：一_____；二_____；三_____；四诵书讲书；五_____。

8. 古代启蒙读物主要是三、百、千、千，它们是指_____、_____、_____、_____四部识字教材。

9. "宋初六大书院"是指_____、_____、_____、_____、_____、_____。

10. 朱熹创造的读书六条是_____、_____、_____、_____、_____、_____。

二、选择题

1. 我国封建社会设立的第一所大学是（　　）
　　A. 太学　　　　　　　B. 贵胄学校　　　　C. 宫廷学校　　　　D. 鸿都门学

2. （　　）被誉为"古今家训之祖"。
　　A. 诸葛亮的《诫子书》　　　　　　B. 嵇康的《家诫》
　　C. 颜延之的《庭诰文》　　　　　　D. 《颜氏家训》

3. （　　）是著录于史册的最早的蒙学课本。
　　A. 《仓颉篇》　　B. 《训纂篇》　　C. 《史籀篇》　　D. 《急就篇》

4. "博学之，审问之，慎思之，明辨之，笃行之"是下列（　　）的教规。
　　A. 白鹿洞书院　　B. 石鼓书院　　C 嵩阳书院　　　D. 岳麓书院

5. （　　）位列宋代书院之首。
　　A. 白鹿洞书院　　B. 应天书院　　C 嵩阳书院　　　D. 岳麓书院

三、思考题

1. 谈谈中国古代教育的发展与演进。
2. 简述中国古代书院的发展概况。
3. 中国古代书院的教育方式如何？

第三篇

中国传统物质与民俗文化

第 九 章

中国传统建筑文化

　　作为世界四大文明古国之一，中国有着悠久的历史，灿烂的文化，特别是中国的古建筑，自其萌芽，直到今世，从单体建筑到院落组合乃至城市规划等，都有自己的理论与方法，在世界上独树一帜，有着卓越的成就。它不仅是珍贵的历史文化遗产，还可以为当今的建设提供宝贵的经验。

第一节　古建筑的起源与发展

一、奠基时期

　　在原始社会初期，我国境内人类活动伊始。当时的人们并没有建筑的概念，他们对于生存空间的要求，也只是能够遮风避雨、抵御猛兽侵袭。他们或者栖身在天然的洞穴中，或者与鸟兽混杂在一起。《易·系辞》就有"上古穴居而野处"的记载，考古发掘也证实了原始社会初期的穴居状态：在北京、辽宁、贵州、广东、湖北、江西、江苏、浙江等地，都曾发现原始人居住的岩洞。《韩非子·五蠹》载："上古之世，人民少而禽兽众，人民不胜禽兽虫蛇，有圣人作，构木为巢，以避群害。"由此推测，在地势低洼、气候潮湿而多虫蛇的地方，巢居是人类采用过的另一种原始居住方式。

　　随着生产力的缓慢提高及氏族文化的逐渐形成与发展，人们的居住状态也从巢居和穴居发展到了新的阶段，出现了干栏式与木骨泥墙的房屋。在南方较潮湿地区，"巢居"演进为初期的干栏式建筑（见图9-1），已发现的最早遗迹为7 000年前的余姚河姆渡遗址，其中的许多木构件遗物，如柱、梁、枋、板等，都带有榫卯，有的构件还有多处榫卯。在北方，从穴居到木架和草泥建造出的简单的半穴居（见图9-2），发展为地上的木骨泥墙房屋，以西安半坡村和陕西临潼姜寨最具代表性。姜寨有五座"大房子"，每座"大房子"周围环绕着若干小房子，其布局反映了母系氏族社会聚落的特色。但是在环境适宜的地区，穴居依然是当地氏族部落主要的居住方式，只不过人工洞穴取代了天然洞穴，且形式日渐多样。例如，在黄河流域，由于土质均匀，含有石灰质，便于挖制洞穴，因此原始社会晚期，竖穴上覆盖草顶的穴居非常普遍。在山西、甘肃、宁夏等地，还广泛出现了在黄土沟壁上开挖横穴而成的窑洞式住宅。

图 9-1　干栏式建筑

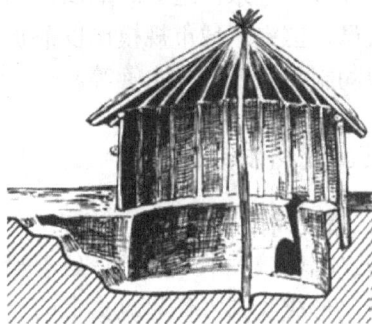

图 9-2　半地穴式建筑

　　总之，在原始社会，特别是新石器时代，我们的先民已经走出丛林，创造出多种建筑形式。在建筑结构上，窑洞、木梁架和干栏式基本上确立了以后几千年中国传统建筑的土木结构形式，具体技术如夯土技术、木骨泥墙、烧烤地面和室外散水等都为后世长期沿袭，这一切都为中国建筑的发展奠定了基础。因此，我们可以将这一时期称为我国建筑的"奠基时期"。

二、形成时期

　　原始社会末期，随着生产力的发展和私有财产的出现，社会产生了分化。禹的儿子启建立了第一个奴隶制国家夏，随后历经商、周，前后约 1 600 年。夏商周时期是奴隶社会时期，也是我国古代建筑的基本形成阶段。

　　尽管夏代遗址发掘较少，仅有河南偃师二里头夏代宫殿遗址、河南登封告成镇王城岗遗址和河南新密新寨遗址等，但我们已经可以从中看到夯筑技术、房基高台化和草泥抹墙等现象。

　　商代遗址相对较多，比较著名的有郑州商城遗址、湖北黄陂盘龙城商城遗址、河南偃师尸沟乡早商城址、河南偃师二里头遗址和殷墟等，其中 1983 年在河南偃师二里头遗址以东五六公里处的尸沟乡发现的一座早商城址，由宫城、内城、外城组成。宫城中已发掘的宫殿遗址上下叠压三层，都是庭院式建筑，其中主殿长达 90 米，是迄今所知最宏大的早商单体建筑遗址。

　　西周最有代表性的建筑遗址当属陕西岐山凤雏村的早周遗址。它是一座相当严整的四合院式建筑，院落布置和现代四合院近似，影壁、大门、前厅、后室依次列于中轴线上，内部建筑相互之间有廊道连接，对外则相对封闭，房屋主体用包有木柱的夯土或垛泥墙为承重墙，内柱沿面阔方向成列，进深方向则不成列，说明当时是以檩架为主梁架。房屋还有很好的排水设施，特别是使用了瓦来解决屋顶防水问题，这意味着从陶器发展而来的制瓦技术使建筑脱离了"茅茨土阶"的简陋阶段。

　　春秋时期，建筑上的重要发展是瓦的普遍使用、砖的应用和为诸侯宫室专用的高台建筑的出现。各国兴建了大量城市和宫室，宫室都属台榭式建筑，以阶梯形夯土台为核心，倚台逐层建木构房屋。借助土台，单层房屋聚合在一起，形成类似多层大型建筑的外观，以满足统治者的奢华享乐和防卫要求，如侯马晋故都新田遗址中的土台，高7米，面积有5 000多平方米。这一时期以宫室为中心的城市也初具雏形。此后的战国时期出现了更多的城邑、宫室，城市规模比以前扩大，高台建筑更为发达，并出现了砖和彩画，晚期开始出现陶制的栏杆和排水管等。

三、成熟发展时期

1．秦汉时期

秦汉时期，天下一统，正处于封建社会的上升期，社会生产力的发展促使建筑产生显著进步，形成我国古代建筑史上的一个繁荣时期。此时的建筑发展较以前各代更为迅速，出现了很多磅礴大气、气势恢弘的建筑，如秦长城、秦始皇陵、阿房宫、未央宫、上林苑等；虽然很多建筑现在只能见到其遗址，但还是能大致看出主体建筑的规模。这一时期，我国古代建筑的很多主要特征都已形成：建筑由屋顶、屋身和台基3部分组成，与后代建筑非常相似；高台建筑日益减少，楼阁建筑逐步增加，建筑外观日趋复杂；木构架结构技术已日渐完善，其主要结构方法——抬梁式和穿斗式已发展成熟；从画像砖和明器中可见，斗拱的组合和结构形式已很清晰；砖石建筑和砖券结构有了较大发展，主要表现在墓室建筑上；城市规划将住宅和宫室官署南北分置，汉末营建的邺城成为后世都城规划的参考原型。

2．魏晋南北朝时期

魏晋南北朝是中国历史上充满民族斗争和民族融合的时代。由于这一时期的朝政更迭，社会生产的发展比较缓慢，在建筑上也不及秦汉时有那样多生动的创造和革新，只是在原有基础上继续发展。在建筑材料方面，砖瓦的产量和质量有所提高，金属材料被用做装饰。在技术方面，大量木塔的建造，显示了木结构技术的提高；砖结构被大规模地应用到地面建筑，河南登封嵩岳寺塔的建造标志着石结构技术的巨大进步；石工的雕凿技术也达到了很高的水平。除此之外，魏晋南北朝时建筑的最大特色就是，佛教的广为传播引起了佛教建筑的发展，并带来了印度、中亚一带的雕刻、绘画艺术。这不仅使我国的石窟、佛像、壁画等有了巨大发展，而且也影响到建筑艺术，使汉代比较质朴的建筑风格，变得更为成熟、圆淳。

3．隋唐时期

隋朝统一中国，结束了长期战乱和南北分裂的局面；但由于隋炀帝骄奢淫逸，隋短命而亡，唐取而代之。隋唐是我国封建社会的鼎盛时期，无论在城市建设、木架结构、砖石建筑还是建筑装饰等方面都有巨大发展。

隋朝在建筑上的成就主要是兴建都城大兴城和东都洛阳城，以及大规模的宫殿和苑囿，并开凿南北大运河、修长城等。大兴城是隋文帝时所建，城内有108坊和2个市，纵横排列，形成方格网街道；宫城在中轴线北端，其南为皇城，集中衙署于内。大兴城是总结北魏洛阳及北齐邺城南城经验而建，其规模宏大、分区明确以及街道规整划一都超过了历代都城。建于隋大业年间的河北赵县赵州桥，是世界最早出现的敞肩拱桥，大拱跨度达37米，这种敞肩拱桥不仅可减轻桥的自重，而且能减少山洪对桥身的冲击力，在技术和造型上均达到了很高的水平，是我国古代建筑的瑰宝。

唐朝的社会经济文化繁荣昌盛，到唐中叶开元、天宝年间达到了极盛时期，建筑技术和艺术也有巨大的发展和提高。唐朝的城市布局规模宏大、气魄雄浑，其长安城在隋大兴城的基础上继续营建，成为当时世界上最大的城市，影响已波及日本的平城京、平安京等城市。此时的建筑群处理愈趋成熟，不仅加强了城市总体规划，宫殿、陵墓等建筑也加强了突出主体建筑的空间组合，强调了纵轴方向的陪衬手法。木建筑解决了大面积、大体量的技术问题，并已定型化，当时木构架如斗拱等，构件形式及用料都已规格化。砖石建筑有进一步发展，主要是佛塔采用砖石构筑者增多，目前我国保留下来的唐塔均为砖石塔。唐代的建筑艺术日趋成熟，其建筑风格特点是气魄宏伟，严整开朗，色调简洁明快，屋顶舒展平远，门窗朴实无华，给人庄重、大方的印象。

4. 宋元时期

唐代以后，五代十国并列，直到北宋又完成了统一，社会经济再次得到恢复和发展。除了宋政权之外，也有辽、金等政权并立，此后，元实现天下的统一。宋辽金元是我国建筑史上的继续发展和大变革时期：辽代建筑风格接近唐代，宋代建筑细致柔美、富于变化，金、元沿袭宋制，多民族建筑风格共存是这一时期建筑的特点之一。

两宋在军事上相对衰落，但手工业与商业发达，为建筑的持续发展奠定了良好的基础。这一时期的中国古建筑发生了较大的转变，主要表现在城市布局、砖石建筑、工料标准和外观装饰等方面。由于手工业和商业的发展，宋打破了汉唐以来的夜禁和里坊制度，拆除坊墙，民居区由原坊内小街发展成横列的巷，商业区沿城市大街布置，城市结构和布局起了根本变化。宋时的砖石建筑主要是佛塔，木塔已较少采用，这些砖石建筑反映了当时砖石加工与施工技术所达到的水平。建筑构件和工料估算在唐代基础上进一步标准化、规范化，将木构架建筑的用"材"尺寸分等，按房屋大小、主次来量屋用"材"，"材"一经选定，木构架部件的尺寸也相应得出。从建筑外观和装饰来讲，宋朝建筑的规模一般比唐朝小，但比唐朝建筑更为秀丽、绚烂而富于变化，出现了各种复杂形式的殿阁楼台，建筑装饰绚丽而多彩，风格渐趋柔和。

契丹原是游牧民族，其在唐末吸收汉族先进文化，逐渐强盛，因此辽的建筑风格受唐影响很大，较多地保留了唐代建筑的手法。女真贵族统治的金朝占领中国北部地区以后，吸收宋、辽文化，逐渐汉化，因此金朝建筑既沿袭了辽代传统，又受到宋朝建筑影响。西夏是我国西北地区以党羌族为主体的政权，北宋初开始强盛，吸收汉族先进文化，建立典章制度。从其遗存的众多佛塔来看，西夏佛教盛行，建筑受宋影响，同时又受吐蕃影响，具有汉藏文化双重内涵。

蒙古贵族统治者建立了一个疆域广大的军事帝国，实现了国家的统一。蒙古贵族搜罗了不同地域的各种工匠，加上这一时期对外交流的扩大，使得建筑风格呈现出一种多样化的融合统一。由于统治者崇信宗教，宗教建筑异常兴盛，尤其是藏传佛教得到提倡后，内地也出现了喇嘛教寺院，如北京妙应寺白塔，就是都城内的一座喇嘛塔。汉族传统建筑也在继续发展。木架建筑方面，仍是继承宋、金传统，但在规模与质量上都逊于两宋。中亚各族的工匠也为工艺美术带来了许多外来因素，使汉族工匠在宋、金传统上创造的宫殿、寺、塔和雕塑等表现出若干新的趋势。

5. 明清时期

明朝是在元末农民大起义基础上建立起来的汉族地主阶级政权。明初经过半个世纪的整顿吏治、发展农业和兴修水利等一系列措施，使社会经济迅速恢复和发展，手工业生产和对外贸易十分繁荣。随着经济文化的发展，建筑也有了进步。由于制砖手工业的发展，砖的生产大量增长，明代大部分城墙和一部分规模巨大的长城都用砖包砌，地方建筑也大量使用砖瓦。琉璃瓦的生产，无论数量或质量都超过过去任何朝代。木结构方面，经过元代的简化，到明代形成了新的定型的木构架，斗拱的结构作用减少，梁柱构架的整体性加强。建筑群的布置更为成熟，南京明孝陵、北京十三陵、明代天坛和北京故宫都是成功的建筑群布置实例。

清代康熙至乾隆时期是经济最辉煌的时期，由于采取了一系列重大有效的振兴经济的措施，农业、手工业和商业等方面的封建经济取得巨大发展，也使得建筑的发展有了物质保障。清代建筑的发展突出表现在园林建筑、藏传佛教建筑和民居建筑3个方面。园林建筑在结合地形、空间处理、造型变化等方面都有很高的水平，集历代造园经验之大成，其皇家园林之恢弘富丽、私家园林之精致灵秀，都是历史上罕见的。清对蒙古族、藏族实行"怀柔"政策，"因俗习为治"，大力提倡藏传佛教。在建筑上的影响就是藏传佛教建筑的发展，其神秘的艺术色彩、空间布局和装饰风格独树一帜，令人叹为观止。清时由于官私建筑大规模发展，木材积蓄又日渐稀少，砖瓦的供应量明显增加，因而一般质量较好的民居大多用砖材作为围护材料，以砖石承重或砖木混合结构形式的建筑较明代增多，其他材料如石材、竹材、白灰等，也被进一步开发利用，装饰材料更加扩大，各类硬木、铜件、金箔、纸张、纱绸、油漆、琉璃等皆被用来美化建筑物。

第二节　古建筑的基本构造与主要构件

一、古建筑的基本构造

1996年，联合国教科文组织派专家实地考察云南省丽江申报的"世界文化遗产"。专家一行到了北京，丽江地区却发生了大地震，文物局经过研究，决定还是陪同联合国专家按原计划考察丽江。在丽江，专家们看到很多新建大楼坍塌严重，老城区的古建筑受损反而没有想象中那样严重，即便有些古建筑墙壁坍塌，但构架依然挺立，给专家们极大的震撼。1997年底，丽江市被顺利批准列入"世界文化遗产"名录。丽江地震中古建筑"墙倒屋不塌"的现象再一次印证了中国木构架结构的优越，其基本构造方法主要有抬梁式、穿斗式、榫卯结构和斗拱结构等。

1. 抬梁式

抬梁式也叫叠梁式，是中国古建筑的一种主要构架方式，最迟产生于春秋时期，目前所见最早的图像是四川成都出土的东汉庭院画像砖。这种结构主要以木材为主，由立柱、梁和檩等主要构件组成；具体做法是以立柱和横梁组成构架，屋瓦铺设在椽上，椽架在檩上，檩承在梁上，梁架承受整个屋顶的重量再传到木柱上。抬梁式构架一般用柱较少，室内空间比较宽敞，在宫殿、寺院等大型建筑中普遍采用，但这种结构对材料要求比较高。

2. 穿斗式

穿斗式也叫立帖式，在汉朝已经相当成熟。它是直接用立柱支撑屋顶的重量，柱间用穿枋连接固定，用挑枋承重屋檐。这种结构相对简单，对材料要求不高，选材施工极为方便，而且柱间较密，加强了房屋山墙的抗风能力。但由于屋内立柱密集，空间不够开阔，也不便于门窗的开设，所以较少用于大型建筑，常见于季风较多的南方民居。

3．榫卯结构

在古建筑的木构架中，梁柱间构件的结合，主要用榫卯结合。榫卯结构是我国一种独特的木构技术，采用凹凸处理的接合方式，凸出部分叫榫，凹进部分叫卯（见图 9-3）。迄今发现的最早以榫卯进行构件连接的实例，为约7 000 年前浙江余姚河姆渡文化遗址的木结构榫卯构件。根据榫卯越压越紧、越拉越松的特点，建筑物往往出现四周往中心微微倾斜的特征，这样产生的向里的压力，使水平与垂直的构件结合更为牢固，整座建筑中心更为稳定。中国木结构古建筑之所以能保存数百年甚至千年以上，其间经历大大小小许多地震的考验，仍能挺然直立，证明了其具有良好的抗震性能。

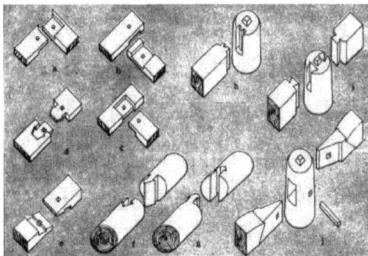

图 9-3　榫卯结构

4．斗拱结构

斗拱，是中国古代建筑上特有的构件（见图 9-4），主要由若干个方形的"斗"和弓形的"拱"以及"升"、"昂"、"翘"等组成，位于柱顶、额枋、梁柱与屋顶之间。它的作用是支挑深远的屋檐，并把其重量集中到柱子上，用来解决垂直和水平两种构件之间的重力过渡。斗拱的产生和发展有着非常悠久的历史。从 2 000 多年前战国时代采桑猎壶上的建筑花纹图案，以及汉代保存下来的墓阙、壁画上，都可以看到早期斗拱的形象；唐宋时，斗拱同梁、枋结合为一体，除支挑屋檐、承托天花板以外，主要功能是保持木构架的整体性；明清以后，斗拱的结构作用消失，主要是装饰作用。斗拱一般用于大式建筑，即只有宫殿、庙宇等高级官式建筑才可以使用，而且以斗拱层数的多少来表示级别，有着森严的等级含义。

图 9-4　斗拱

二、古建筑的主要构件

中国古建筑的组成被称为"三段式"，主要包括屋顶、屋身和台基 3 个部分，每部分各具特色。

1．屋顶

古建筑的大屋顶是其外形最引人注目的部分，是中国古建筑区别于西方古建筑最鲜明的特征，视觉效果十分突出。从外观来看，屋顶举折起翘，檐角舒展如鸟翼，曲线优美流畅；这种设计还使得雨水落下时可以冲得更急更远，既保护了木构架屋身，也使地基免于雨水的冲击和侵蚀。除审美价值以外，古建筑屋顶还是森严礼制等级的绝对体现：越高等级的殿宇，屋顶就越大、越隆重。屋顶的类型主要有：两面坡但两山墙与屋面齐的"硬山顶"，两面坡但屋面挑出到山墙之外的"悬山顶"，上半是悬山而下半是"四面坡"的歇山顶，四面坡的"庑殿顶"，以及四面、六面、八面坡或圆形的"攒尖顶"，此外还有"重檐攒尖顶"、"重檐歇山顶"和"重檐庑殿顶"等。等级较高的建筑多用歇山顶和庑殿顶，普通建筑大多是硬山顶或悬山顶；胡乱搭建者，不仅是无礼，更是犯法。

古建筑屋顶上还有各种兽形构件即吻兽（见图 9-5），吻兽可分为大吻和脊兽。大吻也叫正吻、龙吻或鸱吻，位于正脊两端，其形一般为面向正脊、中心卷曲、形似龙尾的兽，张开大口衔住脊端，喜欢吞火布雨，背上插有一把宝剑。相传这把宝剑是晋时道士许逊所有，此宝剑有两个功能：一是防鸱吻逃脱，取其永远喷水镇火之意；一是传说妖魔鬼怪最怕许逊这把剑，取其避邪之意。脊兽是一对栩栩如生的仙人走兽，一般位于庑殿顶的垂脊上或歇山顶的戗脊上，计有仙人、龙、凤、狮子、天马、海马、狻猊、狎鱼、獬豸、斗牛、行什共 11 个。走兽的多寡与建筑规模和等级有关，数目必须是一、三、五、七、九、十一这些单数，连带仙人在内共 11 个走兽是最高级别，中国建筑中只有太和殿庑殿顶上享有此规格，其他建筑必须少于此数，去除原则是减后不减前。

图 9-5　吻兽

古建筑屋顶上的这些吻兽初看好似装饰，其实隐藏着不可替代的功能作用。屋脊是屋顶两面坡面的接缝处，是整个屋顶最容易渗漏、结构最脆弱的部位，必须用砖瓦加固密封。庞大的屋顶坡面上一排排互相紧扣的瓦筒，需要牢牢钉固，屋脊上的仙人走兽最初就是用来加固钉紧瓦筒的钉帽，后来才演变出各种造型；而屋脊相交的点便是鸱吻努力咬合之处，鸱吻的作用也是在于坚固屋顶、防止漏水。可以说，正是由于吻兽的存在，古建筑的屋顶才更为牢固，真正实现了功能实用与艺术造型的完美统一。

2．屋身

中国古建筑的屋身部分是建筑的主体。木结构框架这种承重体系的负重由柱来承担，解放了房屋的墙体，这就使得建筑物既可轻盈灵透，又可随意装饰，组成屋身的门、窗以及其他替代墙体的隔断物，都有很强的装饰性。门作为建筑的门面，依照屋主身份、房屋性质，可以有不同的搭配；墙因为不用承重，其设置或空灵剔透，或薄如屏风；窗的样式更是数不胜数，依据主人喜好和工匠们的灵巧构思，有着各种经典或创新造型。

我国古建筑在平面布局上是以"间"为单位，构成或大或小的建筑群体。"间"由四柱围成，处于建筑正面的间数叫"开间"，纵深间数叫"进深"，开间多为单数，开间越多，等级越高。

我国建筑的木结构体系也有明显的缺陷：除了怕火以外，也怕雨水侵蚀和虫蛀等。因而很早的时候，人们就给木材涂上漆或其他材料作为保护，后来发展出多种彩画。至今见到的最多的古建筑彩画是明清时期形成的和玺彩画、旋子彩画和苏式彩画。和玺彩画是等级最高的彩画，其中间的画面由各种不同的龙或凤的图案组成，间补以花卉图案，画面两边加框，并且沥粉贴金，金碧辉煌，十分壮丽。主要用于紫禁城外朝的重要建筑以及内廷中帝后居住的、等级较高的宫殿。旋子彩画等级次于和玺彩画，画面用简化形式的涡卷瓣旋花，有时也可画龙凤，可贴金粉，亦可不贴，一般用于次要宫殿或寺庙中，是明清官式建筑中运用最为广泛的彩画类型。苏式彩画等级最低，源于江南苏杭地区。南宋时苏州匠人为南宋宫殿进行室内装修，使得苏式彩画名声大振。明永乐年间营修北京宫殿，皇室大量征用江南工匠，苏式彩画因之传入北方。其画面为山水、人物故事、花鸟鱼虫等，内涵丰富、格调高雅而又富贵华丽，一般用于园林中的小型建筑，如亭、台、廊、榭以及四合院住宅、垂花门的额枋上。

3．台基

台基是我国古代建筑不可缺少的部分，早在河南偃师二里头遗址中已有发现。作为古建筑的重要组成，它肩负着通风、防潮、稳定立柱和抗震等多种功能，还可以弥补中国古单体建筑不甚高伟的缺欠。最初的台基以土堆成，后来逐渐演进，开始有了级别的划分，主要有普通台基、较高级台基、更高级台基和最高级台基4种。普通台基多用灰土或碎石夯筑而成，高约有一尺，多用于较小的建筑。较高级台基比普通台基高，常在台基上边建汉白玉栏杆，用于较大建筑或宫殿建筑中的次要建筑。更高级台基，即须弥座，"须弥"是古印度神话中的山名，相传位于世界中心，系宇宙间最高的山，中国古建筑采用须弥座表示建筑的级别，一般用砖或石砌成，上有凹凸线脚和纹饰，台上建有汉白玉栏杆，常用于宫殿和著名寺院中的主要殿堂建筑。最高级台基，由几个须弥座相叠而成，用于皇家重要建筑，从而使建筑物显得更为宏伟高大，常用于最高级建筑，如故宫三大殿和山东曲阜孔庙大成殿，都耸立在最高级台基上。

第三节　中国古建筑赏析

中国古代涌现出许多建筑大师，建造了众多传世的宫殿、坛庙、陵墓、园林、民居等。这些建筑不仅供我国现代建筑设计借鉴，而且早已产生了世界性的影响，成为举世瞩目的文化遗产。中国古建筑好比一部沉甸甸的史书，不仅保存着汉唐的雄浑气概，也展现了千千万万劳动者的聪明才智。

一、北京故宫

北京故宫，旧称紫禁城，坐落于北京城的中心。故宫南北长961米，东西宽753米，面积约为725 000平方米，是明、清两代的皇宫，也是世界上现存最大、最完整的古代木结构建筑群。故宫始建于明永乐四年（1406年），历经14年至永乐十八年（1420年）基本建成，先后有明、清两朝24个皇帝居住其中。

从总体布局上说，它可分为外朝和内廷两部分。外朝以太和殿、中和殿、保和殿三大殿为中心，文华殿和武英殿作两翼，为行使朝政的主要场所。内廷由乾清宫、交泰殿、坤宁宫和东西六宫构成，为皇室的生活居住区。其主要建筑除严格对称地布置在中轴线上外，特别突出强调三大殿，尤其是太和殿的重要地位，整个故宫的设计思想突出了封建帝王的权力和森严的等级制度。

宫殿群由紫禁城围护，城高 10 米，外又围以 52 米宽的护城河。整座城开有东西南北四座城门，正门（南门）为午门、后门（北门）为玄（神）武门，东门为东华门、西门为西华门。城的四角各建有一座角楼，每座角楼各有 9 梁 18 柱 72 条脊，结构复杂，式样奇特，为古建筑中罕见的杰作。

整个故宫以午门至神武门为中轴，呈对称排列，中轴线向南延伸至天安门，向北延伸至景山，恰与北京古城的中轴线相重合。登上景山，眺望故宫，只见一座座殿宇在明确的中轴线贯穿下，层层递进，高潮迭起，辉煌壮丽，气度非凡，堪称古建筑之瑰宝。它展示了古代工匠无比的智慧与创造力，也反映了中国古代建筑文化的辉煌。

二、北京天坛

天坛位于北京城南端，始建于明永乐十八年（1420 年），是明、清两朝历代皇帝祭祀天地之神和祈祷五谷丰收的地方。天坛面积辽阔，东西长 1700 米，南北宽 1600 米，总面积为 272 万平方米，相当于紫禁城的 4 倍。天坛被两重坛墙分隔成内坛和外坛，形似"回"字；其主要建筑都集中在内坛，南有圜丘坛和皇穹宇，北有祈年殿（见图 9-6），两部分由一条长 360 米、宽 30 米、高 2.5 米的大道丹陛桥连接。

圜丘坛是皇帝举行祭天大礼的地方，始建于嘉靖九年（1530 年），坛平面呈圆形，共分三层，皆设汉白玉栏板，有外方内圆两重矮墙，象征着天圆地方。坛中心的天心石，以极具声音科学的设计，使人站在此处轻声说话就会有回声从四面八方传来。因此，每当皇帝在这里祭天，其洪亮声音，就如同上天神谕一般，加上祭礼时庄严的气氛，极具神秘效果。

皇穹宇位于圜丘坛以北，也始建于嘉靖九年，是供奉圜丘坛祭祀神位的场所，为重檐圆攒尖顶建筑。清乾隆时重建，改为鎏金宝顶单檐蓝瓦圆攒尖顶。它有东西配庑各 5 间。其正殿及东西庑共围于一平整光滑的圆墙之内，墙高 3.72 米，直径 61.5 米，周长 193 米；内侧墙面平整光洁，能够有规律地传递声波，而且回音悠长，故称"回音壁"。

图 9-6 祈年殿

祈谷坛是举行祈谷大典的场所，建于明永乐十八年（1420 年）。祈谷坛的祭坛为坛殿结合的圆形建筑。坛为 3 层，高 5.6 米，下层直径 91 米，中层直径 80 米，上层直径 68 米。祈谷坛上为祈年殿，祈年殿是一座宏伟独特的建筑，鎏金宝顶蓝瓦三重檐攒尖顶，层层收进，总高 38 米，覆盖着象征"天"的蓝色琉璃瓦，檐下的木结构用和玺彩绘，坐落在汉白玉石基座上，远远望去，色彩对比强烈而和谐，上下形状统一而富于变化。

北京天坛因其严谨的规划布局、奇特的建筑结构、瑰丽的建筑装饰，被认为是我国现存的一组最精致、最美丽的古建筑群，它不仅是中国古建筑中的明珠，也是世界建筑史上的瑰宝。

三、秦始皇陵

秦始皇陵位于陕西省临潼县东约 5 公里处，是中国秦朝第一个皇帝——嬴政的陵墓。秦始皇即位之初就开始修建，工程进行了 30 多年，至秦始皇驾崩之际尚未竣工，二世皇帝继位，接着又修建了一年多才基本完工。秦始皇陵规模宏大，气势雄伟，陵园总面积为 56.25 平方公里，内有截顶方锥形封土，原高约 115 米，历经千年风雨，现仍高达 76 米，底面长 515 米，宽 485 米。陵园以封土堆为中心，四周陪葬分布众多，内涵丰富、规模空前，除闻名遐迩的兵马俑陪葬坑、铜车马坑之外，又新发现了大型石质铠甲坑、百戏俑坑、文官俑坑以及陪葬墓等 600 余处，秦始皇陵考古工作中先后出土的文物多达 10 万余件。

位于封土堆之下的秦始皇陵地下宫殿是陵墓建筑的核心部分。秦王朝是中国历史上辉煌的一页，秦始皇把他生前的荣华富贵全部带入地下，因而秦始皇陵集中了秦代文明的最高成就。《史记》记载："穿三泉，下铜而致椁，宫观百官，奇器珍怪徙藏满之。以水银为百川江河大海，机相灌输。上具天文，下具地理，以人鱼膏为烛，度不灭者久之。"根据考古学家近年用科学方法对墓室探测，证明墓内确有水银，看来文献的描述并非虚构。随着考古工作的进展，应该会有更多让人震惊的发现。

秦始皇陵是中国历史上第一座帝王陵园，它规模宏大、气势雄伟、结构独特，充分展现了 2 000 多年前中国人民非凡的艺术才能，是中华民族的骄傲和宝贵财富。

四、嵩岳寺塔

嵩岳寺塔位于郑州登封市城西北 5 公里嵩岳寺内，初建于北魏正光年间，至今已有 1 500 多年的历史，是中国现存最古老的密檐式砖塔，也是唯一的一座十二边形塔。嵩岳寺塔塔高 37.6 米，底层直径 10.6 米，内径 5 米余，壁体厚 2.5 米。塔的外部由基石、塔身、宝刹组成，密檐自下而上逐层内收，构成一条柔和的抛物线，塔顶冠以砖质宝刹。

该塔基石平面为十二边形，台体内砌砖以黄泥浆黏合，外部砖壁表面饰白灰皮。台基之南，砌月台，条砖铺地。月台之南，以青石和青砖砌踏道。台基北面，有一甬道通向塔后大殿，甬道两侧以石块砌筑，与台基相接处以青石踏跺相连。月台和甬道均为后代补砌。塔下有地宫。塔身分为上、下两部分，中间由腰檐作为分界。其中下段高 3.59 米，为上下垂直的素壁，比较简单，仅在四正面有门道；上段高 3.73 米，为全塔最好装饰，东、西、南、北四面各辟一券门通向塔心室，四正面券门与下段门道通，券门上有印度式火焰券门楣，其余八面各砌出一座单层方塔形壁龛，各转角处砌壁柱。中部是 15 层密叠的重檐，用砖叠涩砌出，檐宽逐层收分，外轮廓呈抛物线造型，其内部则是一个砖砌大空筒，有几层木楼板。最高处有砖砌塔刹，通高 4.75 米，以石构成，自下而上由基座、覆莲、须弥座、仰莲、相轮及宝珠等组成，宝珠上部残为平顶，伸出金属刹杆，刹杆上饰件已失。嵩岳寺塔挺拔刚劲，雄伟秀丽，无论在建筑艺术上，还是在建筑技术方面，都是中国和世界古代建筑史上的一件珍品。

五、卢沟桥

卢沟桥位于北京市西南约 15 公里的永定河上，是北京市现存最古老的石造联拱桥。卢沟桥始建于金大定二十九年（1189 年），明正统九年（1444 年）重修，清康熙帝时毁于洪水，康熙三十七年（1698 年）重建。卢沟桥全长 266.5 米，宽 7.5 米，最宽处可达 9.3 米。桥身全用花岗石建成，有桥墩 10 座，共 11 个券孔。10 座桥墩以 9 米多厚的鹅卵石和黄沙的堆积层为基础，在桥墩、拱券等关键部位均有银锭铁榫连接，坚不可摧。桥上的石刻十分精美，桥身的石雕护栏上共有望柱 281 根，柱高 1.4 米，柱头刻莲座，座下为荷叶墩，柱顶刻有众多大小不等、形态各异的石狮子。著名建筑学家罗哲文先生《名闻中外的卢沟桥》一文曾对这些雕刻精美、神态活现的石狮子有过极为生动的描绘："……有的昂首挺胸，仰望云天；有的双目凝神，注视桥面；有的侧身转首，两两相对，好像在交谈；有的在抚育狮儿，好像在轻轻呼唤；桥南边东部有一只石狮，高竖起一只耳朵，好似在倾听着桥下潺潺的流水和过往行人的说话……真是千姿百态，神情活现。"卢沟桥的石狮子姿态各不相同，雌的戏小狮，雄的弄绣球，有的大狮子身上还雕刻了许多小狮子，最小的只有几厘米长，有的只露半个头、一张嘴，因此，长期以来民间有句歇后语："卢沟桥的石狮子——数不清"，明代《帝京景物略》也有卢沟桥的石狮子"数之辄不尽"的记载。

六、四合院

四合院是一种由几幢单体建筑组合而成的典型北方住宅形式，尤其以北京四合院最具特色（见图9-7）。整个院子一般由门、廊子、厅堂、寝室、厢房、耳房、倒座、花园等相互配合组成。院门一般开在院子的东南角，院中的北房是正房，正房建在砖石砌成的台基上，比其他房屋的规模大，是院主人的住室。院子的两边建有东西厢房，是晚辈们居住的地方。在正房和厢房之间建有走廊，可以供人行走和休息。四合院的围墙和临街的房屋一般不对外开窗，院中的环境封闭而幽静。一般的四合院都有二进院落，大型的

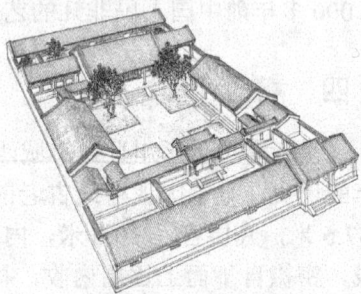

图 9-7 北京四合院

有三四进院落甚至更多，这种院落组合极为灵活，往大了扩展，可以是王府甚至皇宫，往小了收缩，就是普通百姓的住宅。

与北京四合院建筑风格不同，陕西、山西等地的四合院民居属于狭长型，两侧厢房大都两门两窗，甚至更多，几乎失去了四方的形状。西南少数民族的四合院如云南"一颗印"四合院式住宅，形如印章，也和北京的四合院有一定的区别。还有云南纳西族的"三坊一

照壁"、"四合五天井"式四合院，更多地体现出淳朴的西南建筑特色。

练 习 题

一、选择题

1. 下列不属于原始社会建筑形式的有（　　　）
   A. 榫卯结构　　　B. 木骨泥墙　　　C. 斗拱结构　　　D. 干栏式
2. 斗拱是中国古代建筑上特有的构件，一般不会出现在（　　　）
   A. 宫殿建筑　　　B. 庙宇建筑　　　C. 官式建筑　　　D. 民居建筑
3. 嵩岳寺塔位于郑州登封市城西北 5 公里嵩岳寺内，是中国现存最古老的（　　　）
   A. 密檐式塔　　　B. 喇嘛塔　　　C. 楼阁式塔　　　D. 花塔

二、填空题

1. 中国古建筑的基本构造方法有抬梁式、_____、榫卯结构和_____等。
2. 中国古建筑的组成被称为"三段式"，主要是屋顶、_____和_____3 个部分。
3. _____是我国现存最精致、最美丽的一组古建筑群，主要有有圜丘坛、皇穹宇和祈年殿等建筑。

三、问答题

1. 简述中国传统建筑的起源与发展。
2. 中国传统建筑有哪些主要构造方式和构件？
3. 中国传统文化中的等级观念是怎样通过建筑表达出来的？
4. 中国有哪些优秀的传统建筑代表？

第（十）章

中国传统园林文化

中国传统园林发展至今，已有 3 000 多年的历史，它植根于我国传统文化深厚的积淀之上，以其丰富的文化内涵、鲜明的个性特征、独特的艺术风格，为世界所瞩目，是中国文化遗产中的一颗璀璨明珠。

第一节　园林的起源与发展

一、生成时期

原始社会时期，人类的生产力水平比较低，并没有能力从事造园活动；进入奴隶社会以后，生产力得到快速发展和提高，出现了剩余生活资料，才使得造园成为可能。

商周时期，人们出于对天体和大自然现象的敬畏崇拜，非常愿意接受天的旨意、按其旨意行事，他们认为天神住在很高的地方，于是就筑起高台，作为祈祷之地。此后在逐渐的发展过程中，以高台为中心的"囿"，祭祀功能淡化，游乐性增强。据《史记·殷本纪》记载，商纣王在今河南汤阴建造了"鹿苑"离宫，"益收狗马奇物，充牣宫室"，又扩建沙丘（今河北邢台）苑台，多置珍禽异兽放养其中。《诗经·大雅·灵台》也描述了周文王建灵囿，囿中有养鱼的灵沼，还豢养了许多麋鹿鸟兽。这种把自然景色优美的地方圈起来，放养禽兽，供帝王狩猎游玩的"囿"，可以说是我国传统园林的雏形。

秦始皇统一中国后，开始大规模营造宫室，这些宫室营建活动中也有园林建设，如上林苑内的兰池宫，宫内就低地进行挖掘，引渭水作"长池"象征东海，池中筑岛象征蓬莱、瀛洲，这种山水结合的模式对后世宫苑建筑影响很大。

两汉在秦朝宫苑建筑经验的基础上继续发展，最具代表性的就是汉武帝在秦上林苑旧址上扩建的上林苑。上林苑规模庞大，周围缭墙 400 余里，共设 12 座苑门。苑内动、植物繁多，皇帝一次祭祀和宴宾就从苑内提取鹿千只，远方进贡的树木花草就有 2 000 多种。苑内有大型宫殿建筑群 12 处，或处理政务，或停留休憩，各有其功用；其中建章宫最大，宫北有太液池，池中有象征东海蓬莱、方丈、瀛洲三神山的三山。可以说，上林苑完全继承了秦制，也成为后世宫苑建筑的典范。

从殷周时的囿发展到秦汉时期的苑，我国传统园林从敬神发展为求仙，从狩猎游娱发展为观赏居住，从简单的修筑台沼发展为自然与建筑的结合，造园艺术有了很大的进步。商周秦汉时期，可以称为我国传统园林的生成时期。

二、转折时期

魏晋南北朝时期，北方落后的少数民族南下入侵，国家处于分裂状态，社会动荡不安。在意识形态方面，儒学的正统地位被挑战，呈现出诸家争鸣、思想活跃的局面。佛教自汉末传入中原，此时开始迅速发展，道教同样盛行。这一切都使得传统园林的发展出现了新的方向。魏晋南北朝时期的苑囿虽然仍在很大程度上模仿秦汉之际开创的仙岛神域的格局，但是，连年战乱使得人们思想和情趣发生了很大的变化：长生不死、服药求仙的人生观被否定，代之以生命短促、及时行乐的思想，园林设计更加注重游娱性质。

对社会不满的士大夫阶层，追求思想解放，崇尚隐逸，寄情山水，他们的审美变化也影响着园林建设。如北周庾信的《小园赋》有"榆柳三两行，梨桃百余树"，"云气荫于丛著，金精养于秋菊"，此时的造园风格与晋初石崇的"金谷园"已有很大的区别。"金谷园"较多受到两汉园林建设大、全、景多的影响，庾信的《小园赋》更注重一鸟一花的精细造景，很大程度上反映了当时人们对自然美的领悟。这些区别的产生，不得不归功于当时风行的"山居隐逸"，这对于后世造园活动中的山水体系的进一步发展具有极重要的意义。

此外，佛教自传入中国，初期的寺院都是大宅邸或官署改成的，多附园林，后来新建佛寺也沿袭成习。同时出于对清幽安静的宗教气氛的追求，很多佛寺选址于山林之中，于是一些风景优美的地方逐渐渗入人文景观，寺庙园林由此形成。

三、全盛时期

隋唐时期是中国历史上封建社会的全盛时期，结束了魏晋时期的分裂割据，国家复归统一，社会安定，经济富足。意识形态方面，在前一时期诸家争鸣的基础上，形成了儒、道、释互补共尊，儒家仍居正统地位的格局。这一时代体现了中国传统文化的宏放风度和旺盛生命力，园林的发展也进入全盛时期。

隋朝时，隋炀帝荒淫奢靡，在东都洛阳大力营建宫殿苑囿，以西苑最为著名。据《隋书》记载："西苑周二百里，其内为海，周十余里，为蓬莱、方丈、瀛洲诸山，高百余尺，台观殿阁，罗络山上，海北有渠，缘渠作十六院，门皆临渠，穷极华丽"，可知西苑除规模宏大外，在造园手法上开池筑山、聚石引水、植林开涧，将宫苑建筑融于山水之中。

唐时所建宫苑的壮丽，比以前有过之而无不及。宫廷御苑设计也愈发精致，特别是由于石雕工艺已经娴熟，宫殿建筑雕栏玉砌，显得格外华丽。长安建有宫苑结合的"南内苑"、"东内苑"、"芙蓉苑"及骊山的"华清宫"等，宫室殿宇楼阁，"连接成城"，唐王在里面"缓歌慢舞凝丝竹，尽且君王看不足"。

在城市与乡村日益隔离的情况下，身居繁华都市的官僚和文人们，为了不出家门就能享受到"主入山门绿，水隐湖中花"的乐趣，也开始大规模地参与到造园活动中。这些官僚及文人墨客大多有很高的文化素养，他们将诗与画融入园林的布局与造景中，甚至直接用绘画作品为底稿，寓画意于景，寄山水为情，逐渐把我国造园艺术从自然山水园林阶段，推进到写意山水园林阶段。

四、成熟时期

两宋时，城市的商业经济空前繁荣，市民文化兴起，传统文化此时虽已失去汉唐时的宏放气度，却更重视精致境界中的自我完善。明清时，园林艺术进入精深发展阶段，无论是北方的帝王宫苑，还是江南的私家园林，在设计和建造上都达到了高峰，是中国古典园林集大成时期。

宋时，由于经济的发展，造园非常普遍，从帝王、贵族到平民，造园的地区和规模都得到扩大，特别是在用石方面，有较大发展。宋徽宗有很高的艺术涵养，对绘画颇有造诣，尤其喜欢把石头作为欣赏对象。他下令从民间搜寻奇花异石，舟船相接地运往京都开封建造宫苑，所建"寿山艮岳"，是有史以来最为优美的游娱苑囿；此外，还有"琼华苑"、"宜春苑"、"芳林苑"等一些名园。

明清时，造园活动发展到了顶峰，我们现在可见到的皇家园林和文人私家园林大部分是这一时期所建。皇家园林以"避暑山庄"、"颐和园"等为代表，私家园林则有"沧浪亭"、"拙政园"、"留园"等。造园的创作思想仍然沿袭唐宋，讲究"小中见大"、"须弥芥子"、"壶中天地"，自然观、写意、诗情画意成为创作的主导思想。此时的造园已不是对大自然的单纯模仿，而是有意识地加以改造、调整、加工、提炼，从而表现一个浓缩的自然，达到"虽由人作，宛如天成"的效果。

第二节　传统园林的构景要素

中国传统园林历史悠久，历经 3 000 多年的漫长发展，形成了世界上独树一帜的风景式园林体系，其中所蕴含的精湛的造园技法为世人称赞。特别是传统园林通过各种要素的艺术布局，实现了人工与自然的和谐统一，进而加入了人的情感，上升到诗画意境的高度，从而使得中国传统园林有了"景外之意"的无限空间，在世界园林中卓尔不群。

一、山

中国传统园林是对大自然的概括和提炼，其中山景自不可少，园林中的山主要有 3 种。一种是堆土为山，主要利用凿池挖沟得来的土，堆积土坡，配置浓密的树林，造成峰峦起伏变化。土山利于植物生长，能形成自然山林的景象，极富野趣。一种是叠石为山，主要是用石造山，大的可以堆成酷肖峰石嶙峋的自然界山景，其间或有隧洞、石梁，可供人攀登游览；小的只能作观赏之用，多见于成组的石峰和成组的叠石。还有一种最常见的是土石假山。土石相间，草木相依，使山脉石根隐于土中，泯然无迹，而且还便于植树，树石浑然一体，山林之趣顿出。自秦汉上林苑，用太液池所挖土堆成岛，象征东海神山，开创了人为造山的先例。历经魏晋隋唐，宋时由于山水诗、山水画的发展，对叠山艺术更为讲究。明清时，造山艺术已成熟和普及，现存的拙政园、豫园等，都是明清时代园林造山的佳作。

二、水

如果说山是自然的骨骼，那水便是自然的血脉。为表现自然，理池也是造园最主要的因素之一。不论是皇家园林还是私家园林，空间毕竟有限，为了在有限的空间中淋漓尽致地展现水的无尽风情，古典园林关于水也有着不同的处理手法。对于比较浅的水面，可以在其上架曲折的石板小桥，加强水的幽深之感；如果水面比较窄小，则可以用曲折的池案或建筑的平台加以掩映，以打破岸边的视线局限，或在水边用乱石堆叠，并植配以细竹芦苇，让人产生山野风致的审美感觉。

三、植物和动物

没有植物和动物的大自然是不可想象的，花草树木宛如山峦之毛发，飞鸟游鱼则给自然带来了勃勃生机。在园林中，植物和动物也是景观中最灵活、最生动、最丰富的题材。中国传统园林着意于表现自然美，对花木的选择标准，讲究姿美、色美、味香，并且要有美好的寓意。例如，竹子象征清逸和谦逊，松柏象征长寿和坚贞，莲花象征洁净，菊花象征隐逸，牡丹象征富贵，石榴象征多子多孙等，都是园林中常见而颇受欢迎的植物。中国传统园林在最早的园囿中，已将动物作为观赏、娱乐的对象。魏晋时园林中的众多鸟禽，是园林山水景观的天然点缀。宋徽宗修建艮岳时，从天下搜集珍禽异兽数以万计，运往京都汴梁；这些鸟兽经过训练，甚至可以听从命令，乖巧列于仪仗队中。园林中的动物不仅可以用来观赏娱乐，也有很多美好隐喻，如龟代表长寿，鹤除长寿外还代表富贵等。

四、路

园林中路的设置不是为了交通方便，而是通过游廊小径，曲折迂回，让人们漫步其间，从多角度去观赏园景。路面铺设也很讲究，一般用碎石或卵石铺成，构成鹤、鹿、莲、鱼等各种图案，象征"健康长寿"、"年年有鱼"、"百年好合"等寓意，既起到装饰作用，又寄托主人的美好愿望。

五、建筑

在花草掩映之间、假山水潭之畔的是亭台楼阁，也就是园林中的建筑。传统园林中的建筑，不仅要供人居留停靠，还要和园林景观相融合，起到点景、隔景的作用，真正实现建筑与自然、人与自然的和谐统一。中国传统园林中的建筑形式多样，有厅堂、馆、楼阁、斋、轩、榭、舫、亭、廊、墙等。

1. 厅堂
厅堂是园林中的主体建筑，一般体形较高大，有良好的观景条件与朝向，常常作为园林建筑的主体与构图中心。厅堂多作聚会、议事、赏景之用，多种功能集于一体。它不仅要求较大的空间，以便容纳众多的宾客，还要求门窗装饰考究，建筑总体造型典雅、端庄。厅前通常广植花木，叠石为山。厅又有鸳鸯厅、四面厅之分。鸳鸯厅是用屏门、罩等装修手法将厅分隔为空间大小相同的前后两部分，好像两座厅堂合并在一起。前半部向阳，宜于秋冬，后半部面阴，宜于春夏。厅前后两部分的梁架一为扁作大梁，雕饰精美，一为圆作，极为简练，由此形成对比，如同鸳鸯雄雌不同的外形，故名。鸳鸯厅的优点是一厅同时可作两用，如前作庆典后作待客之用。四面厅四面有廊，皆设落地长窗，或前后两面设落地长窗、左右设半窗，不下厅堂即可以观赏到四周的景色，同时还给人以人与建筑和周围的自然环境融合在一起的感觉。远香堂是苏州园林中最典型的"四面厅"，其平面为矩形，南北为主向，开有一列落地长窗，厅堂内非常空透，方便赏景，而且室内没有一根阻碍视线的柱子；透过玻璃窗户环顾四周，犹如观赏长幅的画卷，一到夏天，池中荷花盛开，清香满堂，故而取宋周敦颐《爱莲说》中"香远益清"的诗句作为堂名，境界十分开阔。

2. 馆

馆原为做官之人游览或客舍之用。在中国传统园林中，馆的称谓用得比较多，且很随意，没有一定形制可循。大凡观览、眺望、起居之用的建筑均可题名为馆，一般所处地较显敞。如苏州留园五峰仙馆，厅堂面阔五间，中间用纱隔屏风隔出前后两厅。其中前厅约占了整个建筑的 2/3 的面积。正厅中间朝南设供桌、天然几、太师椅等家具，左右两边分设几、椅。众多家具将正厅空间分隔成为明间、次间等空间系列，空间分布较错综复杂，典雅繁美。

3. 楼阁

楼阁多为两层或两层以上，在中国古代属高层建筑，也是园林建筑中常用的建筑类型。因其体量较大，凌空高耸，在园林造景中占有重要地位，一般用做书房、供佛或用来观赏风景。楼阁可独立设置于园林中的次要位置，成为重要景点。在较小的园林中，楼阁一般建在后部或一侧，这样既能丰富全园的景观轮廓线，又便于借园外之景俯览全园之景，还能收取远方景致。

4. 斋

斋的原意为洁净身心；所谓斋戒，原意是坚忍和克制，后引申到修身养性的场所都称为"斋"。由于任何建筑都能用于这样的目的，斋也就没有一定的形制，既可以是一座完整的园林，也可以是一个小庭院，更多的则是单幢小屋；但其有一个共同点，就是环境大多幽深僻静，与外界相对隔离。传统园林的斋，一般建造在园林一隅，虽有门窗可以随意出入，但由于门前多有植物或建筑遮掩，一般游人不知有此。斋内常常在墙角道旁广植草木，令其繁茂青葱，地面常年保持湿润，以利苔藓生长，从而产生"苔痕上阶绿，草色入帘青"的意境，创造一种清静、淡泊的情趣。斋的建筑形式较为随意，依园基及相邻建筑妥善处理，其风格大都朴素清雅，具有高雅绝俗之趣。斋在园林中大多作静修、读书、休息之用。

5. 轩

轩在古代指车上边较高部分，园林建筑以轩命名，是取轩车虚敞高举之意，是小巧玲珑、开敞精致的建筑物。轩一般建在高处，周围环以游廊、花墙，室内简洁雅致，有自己独立幽雅的小环境，室外或可临水观鱼，或可品评花木，或可极目远眺。

6. 榭

在古代建筑中，台上的木结构建筑叫榭，它的特点是只有楹柱和花窗，而没有四周的墙壁。现在常见的多为水榭，一般都是在水边筑平台，平台周围有矮栏杆，台上建筑开敞通透，屋顶通常用卷棚歇山式，檐角低平，显得十分简洁大方。榭的功能以观赏为主，又可作休息的场所。

7. 舫

舫是仿照船的造型，在园林的水面上建造起来的一种船型建筑物，供人们游玩设宴、观赏水景。舫前后分为三段，前舱较高，中舱略低，后舱建二层楼房，供登高远眺。其前端有平台与岸相连，模仿登船之跳板。

舫这种建筑，在中国园林艺术的意境创造中具有特殊的意义。庄子说过"巧者劳而知者忧，无能者无所求。饱食而遨游，泛若不系之舟"，舫就成了古代文人隐逸江湖的象征，所以舫在园林中往往含有隐居之意，表示园主隐逸江湖，再不问政治。

但是舫在不同场合也有不同的含意。如苏州狮子林，本是佛寺的后花园，所以其园中之舫含有普度众生之意；而颐和园之石舫，按唐魏征之说"水可载舟，亦可覆舟"，由于石舫永覆不了，所以含有江山永固之意。

8. 亭

亭是园林中使用最多的建筑，主要供游人作短暂的停留，许慎《说文》："亭者停也，人所停集也。"亭在造园艺术中广泛应用，可眺望，可观赏，可休息，可娱乐。亭一般不设门窗，只有屋顶没有墙，具有四面迎风、八面玲珑的特点。其形态万千，丰富多彩：按平面形状分，常见的有三角亭、方亭、六角亭、八角亭、圆亭、扇面亭、梅花亭、套方亭；按屋顶形式分，有单檐亭、重檐亭、攒尖亭、盖顶亭、歇山亭，攒尖高耸，檐宇如飞，形象十分生动而空灵。当然，亭在园中也是点景、造景的重要手段，或立山巅，或藏幽林，往往平添无限诗意。其布置有时仅孤立一亭，有时则三五成群，凡有佳景处都可建亭，起到画龙点睛的作用。即使无佳景，也可从平淡之中见精神，使园林更富生气和活力。沧浪亭园林中的沧浪亭，拙政园中的松风亭、嘉实亭都是著名的亭。

9. 廊

廊是一种"虚"的建筑形式，由两排列柱顶着一个不太厚实的屋顶，在中国园林中，最富有可塑性与灵活性。廊狭长而通畅，弯曲而空透，用来联结景区和景点，能促人生发某种期待与寻求的情绪，达到"引人入胜"的目的。廊的实用性很强，既可使游人于烈日之下免受曝晒之苦，又可使游人于风雨之中不遭吹淋之罪，在酷暑风雨之时，仍然可以观赏不同季节和气象之下的园林美。此外，廊柱还具有框景的作用。

10. 墙

墙在园林建筑中起着不可缺少的作用，其主要功能是分割空间，对景物起衬托与遮蔽作用。墙的形式变化很多，有平墙、波形墙等。墙上常设漏窗，使墙面活泼而富于变化。漏窗窗框的形式有方、横长、直长、圆、六角、扇形及其他各种不规则形状，漏窗图案变化无穷，内容多为花卉、鸟兽、山水或几何图形，也有以传奇小说、戏曲及佛、道故事的某些场面为题材的。

第三节　中国传统园林赏析

一、北方园林

北方园林以皇家园林为代表，多为帝王的离宫别馆，气势宏伟，建筑华丽，真山真水较多，比较著名的有颐和园、北海和避暑山庄等。

颐和园位于北京市西北近郊海淀区，是中国保存得最完整的一座皇家行宫御苑，占地290公顷，其中水体约占总面积的3/4。颐和园原名清漪园，始建于乾隆十五年（1750年），咸丰十年（1860年）清漪园被英法联军焚毁，光绪十四年（1888年）慈禧太后重建，取意"颐养冲和"，改称"颐和园"。

颐和园景区规模宏大，主要由万寿山和昆明湖两部分组成。万寿山属燕山余脉，高58.59米，前山以佛香阁为中心，组成巨大的主体建筑群。从山脚的"云辉玉宇"牌楼，经排云门、二宫门、排云殿、德辉殿、佛香阁，直至山顶的智慧海，形成了一条层层上升的中轴线。东侧有"转轮藏"和"万寿山昆明湖"石碑，西侧有五方阁和宝云阁。后山有宏丽的西藏佛教建筑和五彩琉璃多宝塔，山上还有景福阁、重翠亭、写秋轩、画中游等楼台亭阁。登上万寿山，站在佛香阁的前面向下望，颐和园的景色大半收在眼底，特别是昆明湖，在和煦阳光照耀下宛如一面明镜，游船、画舫在湖面慢慢地滑过，几乎不留一点痕迹。

昆明湖是颐和园的主要湖泊，约220公顷，景观仿杭州西湖，自西北逶迤向南建有西堤。西堤蜿蜒曲折犹如一条翠绿的飘带，把湖面划分为3个大小不等的水域，每个水域各有一个湖心岛，湖中3座小岛鼎足而立，寓意着神话传说中东海的蓬莱、方丈和瀛洲3座神山。西堤上桃柳成行，还建有6座婀娜多姿、形态互异的小桥，使昆明湖益发神似西湖。

北海位于北京城内景山西侧，是我国现存最悠久、保存最完整的皇家园林之一，距今已有近千年的历史。北海园林的开发始于辽代，金代又在辽代初创的基础上于大定十九年（1179年）建成规模宏伟的太宁宫。至元四年（1267年），元世祖忽必烈以太宁宫琼华岛为中心营建大都，琼华岛及其所在的湖泊被划入皇城，赐名"万寿山"、"太液池"。永乐十八年（1420年）明朝正式迁都北京，万寿山、太液池成为紫禁城西面的御苑，称"西苑"。清朝承袭明代的西苑，乾隆时期对北海进行大规模的改建，奠定了此后的规模和格局。

整个北海的布局是南岛北水，以琼华岛为中心，其南以永安桥与团城相连，沿北海的东、北岸分别布置有濠濮间、五龙亭等景点。

琼华岛简称琼岛，因岛上建有白塔，故又俗称"白塔山"。岛高32.3米，岛上建筑精美，高低错落有致，依山势分布，掩映于苍松翠柏之中。乾隆书"琼岛春阴"石碑，立于绿荫深处，为"燕京八景"之一。

濠濮间是北海的园中之园之一，幽静别致，很有特色，四面古松葱郁、遮天蔽日，景色清幽深邃。

五龙亭在北海北岸西部，建于明万历三十年（1602年），清代屡有修葺。五龙亭伸入水中，由五间亭子组成，前后错落布置。亭之间由桥与白玉石栏杆相连呈 S 形，如同巨龙，故称"龙亭"。中间亭子最大，称"龙泽亭"，左边两亭名为"澄祥"、"滋香"，右边两亭名为"诵瑞"、"浮翠"。龙泽亭专供封建帝后们钓鱼、赏月，文武官员陪钓在其余四亭。

避暑山庄位于承德市中心区以北，武烈河西岸一带狭长的谷地上，占地 564 万平方米，是中国现存最大的古典皇家园林。康熙二十年（1681 年），清政府为加强对蒙古地方的管理，巩固北部边防，在距北京 350 多公里的蒙古草原建立了木兰围场。每年秋季，皇帝带领王公大臣、八旗军队乃至后宫妃嫔、皇族子孙等数万人前往木兰围场行围狩猎，以达到训练军队、固边守防之目的。为了解决皇帝沿途的吃、住，在北京至木兰围场之间，相继修建 21 座行宫，热河行宫——避暑山庄就是其中之一。避暑山庄及周围寺庙自康熙四十二年（1703 年）动工兴建，至乾隆五十七年（1792 年）最后一项工程竣工，经历了康熙、雍正、乾隆三代帝王，历时 89 年。

山庄的建筑布局大体可分为宫殿区和苑景区两大部分，苑景区又可分成湖泊区、平原区和山峦区三部分。

宫殿区是皇帝处理朝政、举行庆典和生活起居的地方，占地约 10 万平方米，由正宫、松鹤斋、万壑松风和东宫四组建筑组成。正宫是宫殿区的主体建筑，包括 9 进院落，其中最为著名的是用楠木建成的主殿——澹泊敬诚殿，也叫楠木殿，各种隆重的大典都在这里举行。其后的殿堂是皇帝处理朝政、读书和居住的地方。

湖泊区是苑景区的精华，康熙曾夸耀说它"天然风景胜西湖"。其湖区面积虽不及颐和园的昆明湖，但湖面被小岛和长堤分成了大小不同的区域，层次分明，洲岛错落，碧波荡漾，各湖之间又有桥相通，两岸绿树成荫，望去只觉曲折有致，秀丽多姿。

平原区在湖区北面的山脚下，地势开阔。西部绿草如茵，一派蒙古草原风光；东部古木参天，具有大兴安岭莽莽森林景象。草原以试马埭为主体，是皇帝举行赛马活动的场地。林地称"万树园"，园内有不同规格的蒙古包，其中最大的一座称"御幄蒙古包"，是皇帝的临时宫殿，乾隆经常在此召见少数民族的王公贵族和外国使节。

山峦区在山庄的西北部，面积约占全园的 4/5。这里山峦起伏、群峰环绕、沟壑纵横，山谷中清泉涌流，密林幽深，还有众多楼堂殿阁、寺庙点缀其间。

二、江南园林

江南园林多是达官贵人或富商修建的私家园林，淡雅素净、小巧玲珑、幽静隐逸，可居、可憩、可游，比较著名的有拙政园、豫园和寄畅园等。

拙政园位于苏州，唐朝时为诗人陆龟蒙的住宅，元朝时为大宏寺。明正德四年（1509 年），御史王献臣仕途失意归隐后将其买下设计重修，历时 16 年乃成。园名取意西晋文人潘岳《闲居赋》中"灌园鬻蔬，以供朝夕之膳……此亦拙者之为政也"，以抒发仕途失意后的情怀。拙政园建成后多次易主，几经兴废，现在所见大体为清末规模。

拙政园全园占地 5.2 公顷，分成中、西、东三部分。中部基本保留明代风貌，也是全园精华所在。其总体布局以水池为中心，高低错落、形体不一的亭台楼榭皆临水而建，颇具江南水乡的特色。"远香堂"是中部拙政园主景区的主体建筑，位于水池南岸，池水清澈广阔，遍植荷花。隔水相望的是两座亭子，西为"雪香云蔚亭"，以雪香喻梅花，点出其周边梅花盛开的景象；东为"待霜亭"，取意韦应物诗句"洞庭须待满林霜"，洞庭产橘，霜降始红，"待霜"点明此处有橘树。远香堂之西又有"香洲"、"倚玉轩"和"荷风四面亭"三足鼎立。香洲为一临水船型建筑，其名别有含义：香洲即芳洲，屈原在《楚辞·湘夫人》中有"采芳洲兮杜若，将以遗兮下女"，是说自己在芳洲上采了香草准备献给湘夫人，但湘夫人不能如期而至，只好将香草送给下女，暗示自己的忠心不被理解和接受，此处建筑隐喻芳洲，以荷花代表杜若，表达园主不为人知的苦闷心情。倚玉轩之西有一曲水湾深入南部居宅，这里有三间水阁"小沧浪"，它以北面的廊桥"小飞虹"分隔空间，构成一个幽静的水院。

拙政园西部水面迂回、布局紧凑，依山傍水建以亭阁。其主要建筑为两面临水的"三十六鸳鸯馆"。馆内装饰华丽精美，馆外回廊起伏，水波倒影，馆名点出水池有鸳鸯成对嬉戏的意境，是当时园主人宴请宾客和观景听曲的场所。西部另一主要建筑"与谁同坐轩"乃为扇亭，扇面两侧实墙上开着两个扇形空窗，一个对着"倒影楼"，另一个对着"三十六鸳鸯馆"。"与谁同坐"取自宋代文人苏轼的词句："与谁同坐？明月、清风、我。"反映了主人的清高和孤寂。西部其他建筑还有留听阁、宜两亭、倒影楼、水廊等。

拙政园东部传承至今，原有布置早已荒芜，现在所见全为新建，布局以松林远山、竹坞曲水为主，配以山池亭树，仍保持疏朗明快的风格。主要建筑有兰雪堂、芙蓉榭、天泉亭、缀云峰等。

寄畅园又名"秦园"，位于无锡市西郊东侧的惠山东麓，明嘉靖初年（约1527年）前后曾任南京兵部尚书的秦金（号凤山）购惠山寺僧舍辟为园，名"凤谷山庄"。此后随着秦氏家族的兴衰，寄畅园时建时毁、时荣时废，历尽沧桑变故。其间因取王羲之《答许椽》中"取欢仁智乐，寄畅山水阴"诗句改名"寄畅园"，沿用至今。

寄畅园南北长，东西狭，面积约14.85亩，园景布局以山池为中心，巧于因借，混合自然。园内大树参天，竹影婆娑，苍凉廓落，古朴清幽。其以巧妙的借景、高超的叠石、精美的理水和洗练的建筑，在江南园林中别具一格。清朝的康熙、乾隆二帝曾多次游历此处，一再题诗，足见其眷爱赏识之情。

寄畅园中主要景点有锦汇漪、知鱼槛和七星桥等。

锦汇漪位于寄畅园的中心，南北狭长，波光潋滟，形成园中开朗明净的空间。寄畅园的景色，围绕着一泓池水而展开，山影、塔影、亭影、榭影、树影、花影、鸟影，尽汇池中。

知鱼槛位于锦汇漪中心，突出池中，三面环水，方亭翼然，游人可倚栏观赏鱼藻。槛名出自《庄子·秋水》"安知我不知鱼之乐"之句。

七星桥横跨在锦汇漪上，由7块黄石板直铺而成，平卧波面，几与水平，池水轻拍，倒影如画。它与廊桥将池水分成两个不同情趣的小水面，显得深邃不尽、幽深无限，令人难以猜测水流的去向。

除此之外，沿池还建有郁盘亭、清响月洞、涵碧亭等建筑，丰富的园景令水面显得分外宽阔，极尽曲岸回旋的艺术效果。寄畅园的西南段还有一方池水，旁侧耸立着一座太湖石峰，丈余高，这就是有名的"美人石"，其造型尤为栩栩如生，令人不由得感叹园艺的构思奇巧。

三、岭南园林

岭南园林地处亚热带，终年常绿，又多河川，其风格既不同于北方园林的壮丽，也异于江南园林的纤秀，而具有轻盈、自在与敞开的岭南特色，主要代表有可园和余荫山房等。

东莞可园与苏州可园虽然同名，但风格有异。苏州可园是江南私家园林的代表，而东莞可园则代表了岭南园林的造园风格。东莞可园始建于清朝道光三十年（1850 年），为莞城人张敬修所建，初名"意园"，后改为"可园"。

园分两区，一是庭院区，一是可湖区。庭院区占地约 3.3 亩，主要由 3 个建筑群组成，曲廊穿插其中，贯穿全院。步入庭园，展现眼前的是远近闻名的环碧廊，环碧廊的开端设在"擘红小榭"，此为入口组的建筑。"擘红小榭"是园主捧红果、品荔枝的场所，可见主人的自得闲情。"草草草堂"之名得自园主怀念戎马生涯的草草衣食住行。西组群以双清室为主，结构十分奇妙，堂中的建筑、地面、天花、窗扇皆用"亚"字为图。双清室是园主人用来吟风弄月的地方。北组群以可堂为主，下为可堂，上为可楼，可堂北有"问花小院"，为主人赏花之处。顺环碧廊步出"问花小院"，来到一处广阔空间，园中花丛果坛，满目青翠，被称为"壶中天"。"壶中天"无任何建筑，它是倚着四面的楼房而形成的一方独立的空间，是园主人下棋喝茶的小天地。从这里出后庭，广阔的可湖展现眼前，让人身心大畅。

可湖区又名"花隐园"，湖中有钓鱼台、可亭、拱桥、可舟、水榭等。可亭平面六角，与雏月池馆曲桥相接，桥栏饰以"寿"字。可舟又名"伏波楼船"，为张敬修心仪汉代伏波将军的水陆两栖作战能力而作。可湖被长堤分成 3 区，堤上有红砖拱桥，堤边有竹制水榭，为写生之处。

余荫山房位于广州市番禺区南村镇东南角北大街，为清代举人邬彬的私家花园，始建于清代同治五年（1866 年），距今已有 130 多年历史。园占地面积 1 598 平方米，以小巧玲珑、布局巧妙著称，是典型的岭南园林建筑。

步入余荫山房，过虹桥、穿廊径，走不远便可达全园的主体建筑——"深柳堂"。 深柳堂前，有两株老榆盘栽，据说是园主亲自培植的，百多年来，榆树饱经风霜，树身已日渐通透，但老树新枝，如今依然苍劲挺拔。举步登堂，堂内布局装饰大雅含宏，超凡脱俗。其中分隔厅房的屏门，选用桃木雕刻成 32 幅扇格，刀法细腻，使厅堂显得高贵清雅。特别是一件"松鼠菩提"木雕花罩，制作工艺十分精巧，使厅堂呈现玲珑剔透景象，令人叹为观止。深柳堂木刻精品琳琅满目，名士墨宝闪耀精华，珍品极多，故称"深柳藏珍"。

与深柳堂相对应的，是造型简洁的临池别馆。其建筑细部装饰玲珑精致，兼有苏杭建筑的雅素与闽粤建筑的曼丽。这是园主的书斋，环境清静素雅。深柳堂和临池别馆中间则是以长方形石砌成的荷池。

往回廊深处行走，可见八角亭一座，名"玲珑水榭"，面积虽然不大，但八面全为窗户，结构高雅，既能够八面通风，又可以八方观景，不论春夏秋冬，人在水榭里面，近看水在亭下、鱼虾嬉戏，远看尽览全园景物，是余荫山房观景的最佳位置。

此外，余荫山房南面还紧邻着一座稍小的瑜园。瑜园是一住宅式庭院，是园主人的第四代孙邬仲瑜所造，现已归属余荫山房。

练 习 题

一、选择题

1. 魏晋南北朝时期,中国园林的发展处于下列哪个时期( )
   A. 生成时期 B. 转折时期 C. 全盛时期 D. 成熟时期
2. 临水建于水边平台的园林建筑是( )
   A. 榭 B. 阁 C. 斋 D. 轩
3. 下列园林中,不属于江南园林风格的是( )
   A. 拙政园 B. 豫园 C. 寄畅园 D. 可园

二、填空题

1. 商周时期,把自然景色优美的地方圈起来,放养禽兽,供帝王狩猎游玩的_____,可以说我是我国传统园林的雏形。
2. 明清时造园活动发展到了_____,造园的创作思想沿袭唐宋,讲究"小中见大"、"须弥芥子"、"壶中天地",自然观、_____、_____成为创作的主导思想。
3. _____是园林中的主体建筑,一般体形较高大,有良好的观景条件与朝向,常常为园林建筑的主体与构图中心。

三、问答题

1. 简述中国传统园林的起源与发展。
2. 中国传统园林的主要构景要素有哪些?
3. 试述中国传统园林的主要流派。

第十一章

中国传统服饰文化

李白曾以"云想衣裳花想容"来赞美杨贵妃，将她的衣裙比做天上的云霞，可以想见其服饰之华丽。服饰是人类特有的劳动成果，从最初出于防寒和遮羞的目的将兽皮披在身上，到后来逐渐增添出更多的审美意识，我们的祖先创造出了璀璨华美、丰富多彩的服饰文化。

第一节 传统服饰的起源与发展

一、原始服饰

原始社会距今已有二三百万年的历史了，当时的生产力水平低下，人们群居而生，共同狩猎采集、获得食物，然后平均分配。在这种状况下，人们的装束极为简单，无论男女老幼，都是以树叶或兽皮为衣。此后，随着生产力的提高，服饰的材料有了一些变化。考古学家在浙江余姚河姆渡遗址、陕西西安半坡遗址、湖北京山屈家岭遗址等新石器时代的文化遗址中，都出土了陶制纺轮。西安半坡遗址中出土的陶器上有着麻布纹饰，江苏吴县草鞋山遗址中发现了葛布残片，说明在新石器时代，纺织技术已相当成熟。此外，在河姆渡文化遗址中发现了刻有蚕纹装饰的象牙盅，说明当时蚕已经是人们比较熟悉而且喜爱的一种动物，在浙江吴兴钱山漾还出土了丝线、丝带和残损的绢片等丝织品。由此可知，新石器时代，麻、葛甚至丝绸已成为重要的衣料来源。

最初人们穿衣只是为了抵挡烈日、抵御风寒，完全出于生存需要。随着生产力的发展，生活得到了初步改善，人们思维能力进步，开始有了审美要求，服装的样式逐步开始变化。最初的服装极为简陋，一般都是夏天将树叶围护在身上，冬天则披着兽皮（见图11-1）。兽皮太大，可以用石器裁开；太小则可以用工具缝制成块，这种缝制工具叫"骨针"，在北京山顶洞出土有实物，由动物骨骼磨制而成，针长82毫米，直径3.1～3.3毫米，一端有直径1毫米（已残）的针孔，缝线可能是用动物韧带劈开的丝筋。现在很多少数民族的服饰都保留着原始服装的特色，如贵州和云南北部的彝族地区有一种羊皮衣，由整块羊皮做成，前后足作纽扣，夏天正着穿，冬天反着穿。纳西族的羊披肩则是将羊皮裁成方形，以绳拴在身上，一年四季不离身。

在披兽皮的基础上，人们又把兽皮进行加工，在中间挖个洞，做成贯头衣，套头穿上，中间再系带，能有效防寒。甘肃辛店出土的辛店文化彩陶纹饰就有穿贯头衣、腰间束带的人物形象。再晚些时候，服装开始上下分穿，青海同德宗日出土的彩陶盆纹饰和甘肃玉门出土的彩陶人都可以说明这种变化。

　　除了对上下身的遮掩保护之外，为了防日晒，或者防风寒，人们往往取一片树叶遮挡头部，久而久之，遮挡物就规范化了，变成了帽子。原始社会的帽子有树皮帽、藤编帽、兽皮帽等。同样，为了保护脚不被冻伤或受到其他创伤，人们从最初用兽皮或其他材料包扎脚，进而制成适合脚的鞋子，主要有草鞋、木履和皮鞋等。

图 11-1　原始服饰想象图

　　最初的服饰只是出于保暖和遮羞的需求，后来逐渐开始增添审美意识，除了上文提到的服饰样式的变化以外，人们也从发型、颈饰、手镯和耳饰等方面来装饰自己。原始的发型主要有披发、辫发或发髻几种。披发即让头发自然下垂，或束以头箍，或削为短发；辫发就是将头发聚拢梳成辫子，从头顶梳起自然垂下；发髻则是将头发归拢后盘于头顶，再用其他饰品将之固定。原始的装饰物主要是将漂亮的石子、贝壳、动物的牙齿或骨骼等打磨钻孔后连接成串，挂于颈间或手腕作为装饰，如仰韶文化中出土的少女骨串珠，用 8 721 颗骨珠串成，非常宝贵难得。

二、夏商周服饰

　　原始社会后期，随着生产力的提高，开始出现了贫富分化，出现了阶级。大禹的儿子启建立了第一个奴隶制国家夏，启的子孙桀骄横残暴，商部落汤取而代之建立了商王朝，商的最后一个王纣荒淫无道，周武王伐纣建立周。夏商周是我国历史发展的重要阶段，在此期间，社会经历了奴隶制度的建立、兴盛乃至衰败灭亡的全过程。

　　夏商和西周时期，上衣下裳是服饰的主流：上衣交领右衽，下身裙式短裳，裳内有无裆套裤，腰间系带，带下前腹部垂有斧形蔽膝。由于身份地位的差别，服饰款式又有细微变化。据殷墟大理石圆雕人像可知，高级权贵衣着为交领右衽短衣，有华饰，衣长及臀，袖长及腕，窄袖口，配以带褶短裙，宽腰带。殷墓圆雕石人立像中的中小贵族或亲信近侍则是右衽素长衣，前襟过膝，后裾齐足，配以宽裤，宽腰带，腰悬斧形蔽膝（见图 11-2）。又有普通贵族的高领长袖花短衣或圆领窄长袖花大衣等。如果是贱民或家奴，服装则非常简陋，仅穿圆领细长袖连袴衣，束腰索，甚至赤身露体或仅于腹前束一窄蔽膝。

图 11-2　安阳殷墓圆雕石人立像

　　春秋战国时，服饰有了新的变化，主要流行襦、裳、袴、袍和深衣等。

　　襦是短上衣，长度不同，或齐腰，或齐膝盖，为常人平时所穿。裳是男女遮蔽下体的主要服装，与后世裙子颇相类似，蔽前一片用三幅布帛联缀，蔽后一片面积稍大，用四幅布帛联缀，另外还有一条用来系结的腰带。袴又作绔，是一双套在小腿上的套筒，有的无裆，两条绔筒用带子直接系在腰带上；有的只有一部分裆，也有裤腰，但整体仍属无裆裤，这样的裤子都是穿在裳内的。袍是长衣，通常为两层，中纳棉絮，用来御寒，最初作为内衣，穿着时必须加罩衣。深衣交领右衽，曲裾，不论贵族庶人皆可穿用，可以将人的身体深深地掩藏起来，非常符合礼制的要求。制作时将上衣下裳分开剪裁再缝制成衣，上衣用布四幅，象征一年四季；下裳用布十二幅，象征一年十二月。

夏商周时期头饰比较丰富多彩，有帽形很高，分若干层戴在头上高高耸起的高顶帽，也有造型齐平，冠身四周有纹饰，有顶或无顶的矮平冠。

当时的人们已经普遍穿鞋，因身份不同，鞋也分等差。高级权贵、各地显贵或高级武士，穿皮革制高帮或高筒平底翘头鞋。上层贵族集团成员或贵妇，穿高帮平底丝履。贵族孩童穿宽松布帛软履。中下层贵族，一般臣属或亲近近侍，穿麻履、革履，亦为高帮平底。中下层百姓穿草鞋，用草、麻、树皮制成，仅做鞋底，穿时用绳纽系于脚上。此外还有木屐和靴，木屐是木底，底有前后两齿，下雨天在泥泞地行走比较方便；靴为长筒，原是北方少数民族所穿，赵武灵王胡服骑射后，开始传入中原地区。

三、秦汉服饰

公元前 221 年，秦始皇统一中国，建立了中国历史上第一个封建帝国。秦短命而亡，刘邦建汉，取而代之。秦汉是封建社会的上升期，服饰承袭前代，又有一些发展变化，主要流行深衣、袍、单衣、襦、袴、裈和裙等。

深衣，依然是秦汉时最为重要的服饰，是社会上层人士在正式场合的重要服装。形制仍为上下相连，交领右衽，曲裾，但也有了一些小小的变化，如两只袖筒比以前明显加宽。

袍服上下一体，有衬里，内衬棉絮，多为交领右衽，袖子宽大，领袖边缘有宽边装饰，穿着舒适方便。秦汉之前已有袍服，但主要穿在罩衣下，不可明穿。秦汉时，袍服被用于朝服之中，不分贵贱，上至皇帝、下至百官都可以穿用，颜色规定与深衣一样，随节气而变化。

单衣是一种衬衣，也可平常穿用，样式与袍近似，但比袍短，且无衬里，有曲裾式和直裾式两种，一般直裾而宽大的单衣称为"襜褕"，东汉时，襜褕已可作正式的礼服。

襦比袍和单衣都要短，长度一般到膝盖，有单襦，亦有蓄絮的复襦，常与袴或裙配套穿用。袴经过多年发展，演进到汉代已经比较完备了。不仅有开裆的套裤，而且还有合裆裤，叫"裈"，长度到小腿上下，腰间有带子相互系牢，多是普通劳动者穿用。汉时一些贵族子弟喜欢上襦下袴的服装搭配，他们穿的襦和袴均用上等的细绢裁制而成，绢又称"纨"，这些人倚仗权势、游手好闲，"纨绔子弟"一词就是由此引申而来。女性则比较喜欢上襦下裙的装束，只是汉代女子所穿的裙子多用四片丝绢缝纫而成，好像一个上窄下宽的梯形，穿时在腰间围绕成一个喇叭状圆筒，颜色以紫色和红绛色为主。

冠是秦汉上层男性的专利，主要有高山冠、獬豸冠、长冠和远游冠等。巾最初只是在下层男性社会成员中广泛使用，到东汉中后期，王公贵族也开始使用。此外还有帻，戴法是束好发髻后，再戴上帻，上层贵族到下层百姓皆可戴用，特别是东汉时帻上加冠，成为一种新的冠制。

秦汉时女性的发型丰富多彩，且多与神仙有关，生动地表达了统治者希望成仙的愿望。

秦有望仙髻、凌云髻、神仙髻、迎春髻、垂云髻、参鸾髻、黄罗髻、迎香髻等。汉除了保留秦的一些髻式外又有瑶台髻、堕马髻、同心髻等。女性还用各种饰物来装饰自己，如用铁丝、绢花和发丝等做成"帼"，用簪固定在头上，远望好似一个美丽的花篮，以示女性的娇美，"巾帼"一词以此引申而来。假发在先秦时已出现，不仅可以用来弥补头发稀少的缺陷，而且还被社会上层及从事乐舞表演的女性用做装饰，在秦汉的女子装饰中也常用到。此外，笄、钗和步摇等都是女性头上常见的装饰物。

秦汉时女子面部的修饰主要有抹脂粉、修眉和画丹唇等。脂粉有米粉、铅粉和脂：米粉是将米研成粉状，经水反复过滤后制成；铅粉是化铅而制成；脂则是油性护肤化妆品。将脂和粉涂在脸上，可以使皮肤看起来白皙柔嫩。修眉多在沐浴后进行，主要工具是镊子，当时流行细长的眉毛。唇部用朱砂来修饰，但并不涂满，而是将其点在嘴唇的中部。

秦汉时的鞋制依然是，贵族穿丝和锦制成的丝履、锦履，百姓多穿价格低廉的麻履、草履。在样式上，履有圆头、方头、笏头等。

四、魏晋南北朝服饰

魏晋南北朝是中国古代有名的乱世。一方面各国连年征战，社会动荡不安，人们心理失衡，追求颓废怪诞，在服饰上表现突出；另一方面，少数民族进入中原，带来了北方民族的服饰，中原汉族的服饰对少数民族也有一定的影响。这一时期的服饰主要有袍、襦、裤、裙、裤褶和裲裆等。

魏晋服饰基本上沿袭汉制，但由于汉末以来，军阀割据，时局动荡，及时行乐和逃避现实的现象十分普遍，特别是诸多文人士子，对生活完全失去了信心，他们思想上追求道教玄学，生活中追求自由飘逸，衣服非常宽大侈丽。男子的服装以上衣下裳为主，衣领多为交领，衣袖博大宽广，"一袖之大，足可为两"。在此风影响下，女子的服饰表现为"上俭下丰"，所谓"上俭"，是指衫襦等上身衣着比较窄小合体，但两只袖子仍旧很宽博；"下丰"指的是下裙部分裙摆较为宽大。

裤褶据说是北方少数民族的一种服饰，魏晋时主要流行于军中，后来民间不少人也以裤褶为时尚（见图11-3）。裤是裤子，裤筒非常肥大，由于这种裤筒过于宽肥，又有人在膝盖处用丝带扎束，起到紧护的作用；褶是上衣，短身大袖，交领对襟，长度多在膝盖以上。

裲裆也是少数民族服装，由裲裆甲发展而来。这种衣服不用衣袖，只有两片衣襟，其一当胸，其一当背，另外在两片衣襟上端钉缀两条比较结实的条块，将前后结合起来。南北朝时，男女皆可把裲裆服作为普通服装。

这一时期，男子常戴的有小冠、笼冠和纱帽。小冠有若干样式，常见的呈圆筒状，冠顶前低后高，形成坡面，坡面中心有两个竖向的口子，口中横穿一长板型装饰，冠后插簪以固定冠子。笼冠是用细黑纱漆制成的网状冠罩，看上去像个纱笼罩子。纱帽是官宦及士庶常戴的帽子，因用黑色帛纱围制而成，称"乌纱帽"，以后的唐代和明代都

图11-3 裤褶服

把它用在官服之中。

用假发进行装饰的习俗，在魏晋南北朝时期更是风行日炽。贵族妇女不仅用假髻来装饰头髻，并且用髻上的各种饰物区分等级。女子也更加注重自己的面部妆容，有鹅黄妆、靥妆和贴花钿等。额黄妆是在前额涂上黄粉或用黄粉在眉心画新月形。靥妆是用各种脂粉在两颊或眉心涂上一定花纹。花钿则是将金银或翡翠加工成薄片，再将之剪成花鸟等形状，贴在额头、眉心甚至两颊。这些妆饰对隋唐及后世女子的装扮都有深远影响。

魏晋南北朝时主要穿用葛、麻、皮、丝等材料做成的履。木屐是用木或竹为主要材料制成的鞋，南朝时曾风行一时，有的还在木屐的底部装上屐齿，甚至屐齿可以随意拆装。北朝多为少数民族所建，盛行各种靴鞋。

五、隋唐五代服饰

公元 589 年，隋文帝杨坚统一中国，不久隋炀帝即位。他穷兵黩武，奢华铺张，社会矛盾尖锐，隋短命而亡。此后李氏家族建立唐，唐代是封建社会的全盛时期，政治稳定，经济繁荣，思想活跃，文化开放，服饰文化绚丽多彩。安史之乱后，唐开始由盛而衰，此后的五代十国，服饰基本沿袭旧制，变化不大。

隋唐五代时，男子的服装主要是各种圆领袍，其样式为窄袖，圆领，长及膝下，最早出现于北周，是胡服的一种，隋朝开始普遍穿用。唐太宗时，又盛行在膝盖部位加一道襕线的袍服，即"加襕袍"，其实这种加襕袍北周已有，但此时明确其加襕线的含义是表示对上衣下裳祖制的继承。如果在普通袍服两侧胯骨以下处开叉，则成为缺胯袍，一般庶民及仆役男子为免行动碍事，常将此袍的一角或前后两片掖在腰带中，因此这种缺胯袍为高官贵族所不齿，并向朝廷建议定为庶人服。由于圆领袍服样式简单，穿用随意又不失礼，隋唐五代时深受人们欢迎，天子、百官乃至庶人都普遍穿用，但要以服饰颜色来区分贵贱。

半臂是魏晋时发展而来的一种短外衣，无领或翻领，对襟或套头，袖长及肘，身长及腰。男女皆可穿用，只是男子半臂一般穿在外衣里面，女子半臂可以明穿。半臂的兴盛时期是唐代前期，中期以后便显著减少。

胡服在隋唐五代很常见，穿用极为普遍，如南北朝时曾流行的袴褶服，唐时甚至被列入官服之中。唐玄宗时曾规定，百官上朝必须穿袴褶服，否则有罪。

隋唐五代女子服装主要以襦衫、长裙搭配，再辅以半臂、帔帛及带饰。贵族妇女的襦衫大多以传统大袖为主，普通妇女，尤其是侍女和劳动妇女，多用窄袖。裙子穿用时裙腰靠上，甚至提高到胸乳，比较流行的有间裙、花笼裙、百叠裙和石榴裙等。半臂大多套在窄袖襦衫外面，帔帛则披绕在肩背上，两边下垂，或将垂下部分随意绕在手臂上，越发衬托出女性的妩媚。（见图 11-4）

唐代女子思想开放，崇尚男子的阳刚之气，喜欢以男装显示自己的飒爽英姿。她们所穿男装形式有两种：一种是男式袍衫，圆领或交领右衽，窄袖或中袖，袍长及踝，腰腹系带；另一种为胡服，圆领或翻领，窄袖，衣长比袍服略短，腰间多系

图 11-4　隋唐五代女子服饰

蹀躞带。

中晚唐时，在上层贵族妇女中，又开始流行回鹘装，其特色是折领，窄袖，袖口与衣领处均绣有金缘，衣身宽大，下长曳地，腰际束带，穿用时佩戴华丽头饰。

隋唐五代男子的头衣主要有幞头、席帽、风帽和卷檐虚帽等。幞头由汉末魏晋时期的幅巾演变而来，中有内架，唐代盛行。席帽是以藤席为骨架编成的帽，取其轻便，相当于以后的笠帽。风帽为胡帽的一种，由西域传入中原，所用质料多为毡或皮，较厚且挺括，顶部浑圆，下部搭垂一帘，与风帽连为一体，将双耳及后颈盖住，用来抵挡风寒。卷檐虚帽又称番帽，也是胡帽的一种，式样为尖方顶或尖圆顶，帽檐向上翻卷，多与胡服相搭配。

女子头饰方面，最初喜戴头罩，即将一块布缝成桶状，其上以一块圆布盖顶；侧面挖开一与人面大小差不多的椭圆形洞，戴时可遮蔽头部，只露出面部。这种头罩源于西北少数民族，那里风沙大、空气寒冷、日照强烈，戴上头罩可以有效防止风吹日晒，后逐渐被帷帽取代。帷帽是一种高顶宽檐的笠形帽子，帽檐周边设有一层网状纱帘，下垂至颈部，可遮阳防风，较头罩更为美观，唐高宗时在民间流行。

这一时期发型变化多样、不胜枚举：最为流行的当属高髻，是一种髻式高耸的发式，样式变化无穷，如髻式似凤且装饰金翠凤凰可名"凤髻"，将鲜花插于发髻上可名"花髻"；与盘绕实心的髻相区别，鬟是一种盘绕空心的环状形式，为大多数青年妇女所偏爱，尤其双鬟式备受推崇；外鬟的形式高低不等、大小不一，既有梳在头顶上的，也有垂于脑后的多种样式。

当时女子的梳妆有施铅粉、抹胭脂、涂鹅黄、画黛眉、点口脂、画面靥和贴花钿几个步骤。涂鹅黄是在女子前额上涂上黄粉，是南北朝兴起的风气。胭脂点在面颊上的圆点叫面靥。花钿有很多形状，如桃形、梅花形、月形、石榴花形等30多种，有时用颜料直接画在脸上，更多的是先制成花样，用时贴在脸上。

隋唐五代的鞋子主要有：家居穿用的丝履，皮革或名锦做成的靴子，有屐齿便于泥泞地行走的木屐及麻、草等做成的鞋履，便于不同身份的人在不同的场合穿用。

六、宋朝服饰

五代末年，赵匡胤发动"陈桥兵变"夺取后周，建立宋朝，史称北宋。北宋经济繁盛，但军事力量薄弱，终为北方女真族所灭，此后宋皇室偏安一隅，史称南宋。与唐代服饰兼容百家、自由奔放、多彩多姿的开放风格相比，宋代服饰主要是朝着复古、质朴、规范、烦琐的风格发展。

在宋朝，袍、衫、襦、袄、背子，是大抵相仿的民服上衣。袍上下一体，一般较长，有夹里。衫为单衣，有长衫、短衫之分，无夹里。襦、袄长度一般至膝，有单、夹、棉之分，是广大劳动者的衣着。背子是宋代人们穿用最普遍的服饰之一，不分男女尊卑皆可穿用，样式为对襟、窄袖，衣长可长可短，袖亦长短不一，但腋下都有开叉，领、袖口、衣襟下摆都镶有缘饰。

两宋女子仍以衫、襦和袄为主要上衣，下穿各式窄裙或裤子。相对于唐代女子裙子的宽博、拖长，宋代女子的裙子一般比较窄俭，与襦衫搭配时喜欢将上衣下摆垂落于裙外。

裤子依然有开裆式和合裆式，开裆式穿于裙内，多为上层
贵族或富家之女眷穿用。合裆裤直接穿在外面，便于活动、
保暖性强，多为广大劳动妇女所穿。宋朝女子喜欢在衫襦、
裙裤之外穿背子作罩衣（见图11-5）；这一点与男子不同，
男子大多将背子衬于公服之内，在外面穿得比较少。

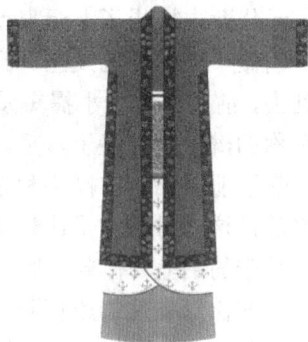

图11-5　女服中的背子

　　宋朝男子比较流行的头衣有幞头、东坡巾等。幞头的
样式有了新的发展，有直脚幞头、曲脚幞头、朝天幞头和
顺风幞头等。东坡巾是文人雅士崇尚的一种冠帽，形状为
帽口窄、帽顶宽，整个帽体棱角分明，帽檐有一层或两层
之分，均向上翻，帽檐中间当额部分开叉，帽后有垂带。

　　女性比较流行的头衣有重楼子冠、花冠等。重楼子冠形如宝塔，叠层架起，戴上可达
到身材修长的视觉效果。花冠始于唐，宋代出现了新的形式——用绢帛制成一年四季各色
花朵堆砌成冠，俗称"一年景"。

　　宋代妇女发式多承晚唐五代遗风，亦以高髻为尚，此种高髻大多掺有从他人头上剪下
来的头发，加添进自己的髻发中；甚至直接用他人的头发编结成各种不同式样的假髻，需
要时直接戴在头上。其使用方法类似于今日的头套。

　　宋代比较流行的妆容有：泪妆，以白粉抹颊或点染眼角，状如啼哭；薄妆，脸部施以
淡淡脂粉，以显雅致；慵来妆，薄施红粉，浅画双眉，鬓发蓬松而卷曲，给人以慵困倦怠
之感。可见，当时比较欣赏女子的娇弱之美。

　　宋代的鞋品种很多，按制作材料和穿着者的不同可分为：丝布鞋、革鞋，官僚绅士穿
用；麻鞋，差役等低层小吏穿用；草鞋，劳动者穿用。另有木屐，可作雨鞋穿用。由于缠
足，女子的脚形发生了严重的变化，翘头尖鞋应运而生。翘头鞋一般比较窄长，底子很薄，
鞋头上翘。

七、元朝服饰

　　元是蒙古族建立的政权，在其统治下，中国地域辽阔、种族混杂，各种文化交相辉映：
既有农耕文化，也有草原文化；既有中土文化，又有西亚伊斯兰文化、欧洲基督教文化。
这就造成了元朝服饰的多样性。

　　忽必烈入主中原后，将质孙服列为元朝官员的礼服，上至皇帝，下至百官卫士，甚至乐
工都可以穿用。质孙，翻译过来的意思是"一色"，故质孙服又称"一色衣"，是蒙古族人传统
的服饰之一，上下衣相连，上衣紧护，窄袖，右衽，交领或方领，肩背间贯以大珠为饰，下裳
为裙式，腰间打有无数细褶，裙长过膝。

　　在闲居或出行时，蒙古贵族和一般官员们也喜欢穿长袍。袍子斜领或方领，窄袖，右
衽，腰间大多系革带。也有不系带的长袍，与一般袍子差不多，只是腰间有细密的打褶，
又有红、紫帛丝捻成的线横饰在腰间。

　　女子的服饰主要分两种：一种是蒙古族妇女的衣着，称鞡靸袍，它以长袍为主，左右衽
都有，大多比较宽博；另一种是汉族风格，以衫襦、背子、裙裤为主。云肩也是元代流行的服
饰之一，是肩上披挂的一种装饰品，有装饰肩部与衬托面容的作用。

元代蒙古族男子上至皇帝百官，下至平民百姓，都习惯留一种叫做"婆焦"的发型。梳理方法是，将后脑一部分头发全部剃去，前额保留一小撮短发自然下垂，左右二侧头发分别结成对称的辫子，环绕于耳后，下垂至肩（见图11-6）。

除了前朝已有的幞头和东坡巾外，圆形笠子帽、瓦楞帽和暖帽等是这一时期男子比较流行的帽子。圆形笠子帽，形似当代士兵带的钢盔，有半球形的圆顶和一圈宽檐。瓦楞帽是用大小相同的梯形毡片缝成帽身，上面再加缝一个帽顶，看上去像一个倒放的斗。暖帽的帽顶有圆形、桃形之分，帽檐向上翘起，帽后披搭于肩，多以动物皮毛为之，是冬天保暖的帽子。

图11-6　男子的婆焦头

"姑姑冠"是蒙古贵族妇女的盛装冠，这种冠以高二尺许的木或竹制圆筒为胎，外面包以红绢或帛，冠身有彩绣花纹，冠顶插饰数根雉尾并坠挂珠宝。

靴是北方民族的传统足衣，蒙古族也不例外，不论出行、居家都习惯于穿靴；汉人则将其作为工服的搭配，如马夫、兵士、仆从等要穿圆领袍服配靴子。此外，元代的麻鞋、锦鞋、缎鞋、绳结鞋十分普及，形制与宋代相比变化不大。

八、明朝服饰

公元1368年，朱元璋称帝，立国号明。明朝建国后，采取了一系列讲求实效的措施，以利恢复生产。随着社会商品经济的发展和繁荣，新兴的各种手工业大量涌现，工商和市民阶层队伍迅速壮大。同时明朝统治者从蒙古族统治的元朝夺取政权后，注重对不符合汉族习俗的礼仪进行了整治，多采用和恢复了唐宋时期的制度和习俗。这都使得明朝的服饰风格在承袭唐宋服制的基础上，出现了新的变化。

明代一般男子的服装以袍衫为主，衣袖宽肥，有圆领，也有直领和斜领。举人、监生、贡生等都穿襕袍。衙门中的差役、皂隶等，一般穿用棉布制成的青色布衣，衣的腰下部打有许多密褶，腰间还束有红布织的腰带。但劳动人民的衣裳，多少年来变化却不大，仍旧以斜领右衽的短褐或布衫为主，下身穿裤，裤子一般比较短。

明代妇女服饰形制是参照宋代妇女服饰而制定的，主要有衫、袄和裙等。背子在明朝更为盛行，还有一种与背子差不多的外套——比甲，其形制为无袖，无领，对襟，衣长至臀部或膝部，两侧开叉（见图11-7）。

男子头衣主要有四方安定巾、六合一统帽和网巾。四方安定巾由黑色纱罗制成，戴用时巾呈四角方形，不用时还可以随意折叠，是职官、儒生常戴的一种便帽。六合一统帽，因以六条布块拼合成一顶帽而得名，取六方统一之意，初为执事、杂役等人戴用，以后由于方便实用，士庶人等纷纷戴用。网巾是以棕丝或丝帛编制而成的网罩，形似渔网，原本为道士的首服，由于其网眼较粗，罩在头上十分透气，价格低廉且脱戴便捷，深受广大底层百姓的喜爱。

明初女子的发式基本承袭了宋元，待嘉靖以后，妇女的发式起

图11-7　女服中的比甲

了明显的变化，主要流行牡丹头、双螺髻。明时还有一种很流行的头部装饰叫头箍，也称额帕。额帕形制非常简单，是一条二至三寸宽窄，长约为各自头围两倍多的丝巾，夏天多用质薄、透气性好的纱，冬天多用稍厚一些的绫，使用时将头额和一些头发包围起来，既简单又美观实用，所以深受明代不同年龄、不同层次的妇女喜爱。

明代男子的足衣有皮靴、布靴、布面鞋、锦面鞋、麻面鞋等。靴有朝靴与普通靴之分，朝靴为君臣上朝时所穿的礼服靴，以乌缎为之，靴底较厚；普通靴为日常所穿，靴底较薄。一般鞋的样式有小方头、圆头。由于缠足之风在明代依旧盛行，所以妇女的鞋子也就以"弓鞋"为主。最为流行的是弯钩形小翘头弓鞋，鞋底有平底、厚底和高底之分。

九、清朝服饰

明末农民起义此起彼伏，满族贵族乘虚而入，于 1644 年在北京建立清王朝。清的统治者最初强令汉人剃发留辫，改穿满族服装，引起汉族人民的强烈抵抗。为了缓和民族矛盾，政府提出"十不从"的政策，如"男从女不从，生从死不从"等，整体来说，清朝的服饰是在吸收汉族传统服饰制度的同时，更注意对本民族服饰特色的保存。

清朝男子服饰一般以满族的袍、褂和马甲为主。袍长至踝，袖口既有马蹄袖式，也有平袖式。褂是穿在袍衫外面的罩衣，为立领大襟或对襟前开身，身长至腰臀部位，下摆较宽，两侧有开叉。马甲亦称背心或坎肩，直接穿在袍外。清朝的裤子经过 2 000 余年的演变和发展，已经比较成熟。既有无裆套裤，穿在长袍或长褂里面，冬季用于抵御风寒，也有有裆和腰的裤，可以明穿。

满族妇女的服装与男子服装大致相似，也是以袍褂为主，在穿袍时，满族妇女都喜欢在脖领处围上一条浅色长条围巾。清代汉族妇女的衣装，仍沿袭明代的传统，上身多穿各式长衫或花袄，下身仍以穿各种各样的裙子为主；但到清代末期时，却又开始流行穿裤子。

清朝是少数民族入关建立的统治政权，为了树立大清威势，在发型上，统治者下令男子都要剃发，强制推行"留头不留发，留发不留头"的政策。在清代平民的首服中，各种巾饰比较少，最为流行的是各式小帽，如瓜皮帽，实际上就是明代曾盛行的六合一统帽。明代已有的毡帽，在清朝时也比较普遍。

清代满族妇女的发饰种类不是很多，但其造型颇为独特，最负盛名的是一种名曰"两把头"的发髻。清初，两把头的架式还比较小，后来逐渐加大。清代汉族妇女的发髻以明代传统为主，尤其是江南一带的广大汉族妇女，将明代发型髻式保持得相当完美，主要有牡丹髻、荷花髻等。假髻在这时也很盛行，有望月髻、蝴蝶髻、花篮髻等。清朝末年，不分年之长幼，额前均留一排齐眉短发的刘海式头饰，由于梳妆简单，且不失美观，非常流行，直至近现代仍旧能见到这种发型。

清朝男子的足衣一般以靴、鞋为主。鞋子样式比较简单，一般为窄帮圆口式，也有少数做成方口的。靴子只有皇帝和朝中百官及吏士、差人才能穿，一般平民百姓是不准许穿靴的。

满族妇女的鞋很别致，高跟设在鞋底正中央，高度在一至二寸，也有四五寸高的，鞋跟一般为木质，上宽而下圆，俗称"花盆底"。

第二节　帝王服饰与官员服饰

一、帝王服饰

古中国作为礼仪之邦，其礼仪的繁密主要是通过朝廷、皇家表现出来的。皇帝在何种场合穿何种衣服，都有礼仪上的正式规定。人们印象中的皇帝形象，都是头戴旒冕的庄重模样，在平日和后宫燕居时，皇帝也是那样的装扮吗？当然不是。具体地说，皇帝的服饰有冕服、朝服和常服等。其中冕服是历代帝王最隆重的服装，多在祭祀、盛典等重要场合穿着。冕服制度是自有等级规定以来，统治者借服饰制度来达到强化"礼制"、维护"伦纲"目的的一种手段。

冕服之制，传说殷商时期已有，至周定制规范、得以完善，自汉代以来历代沿袭，源远流长。虽然冕服的种类、使用的范围、章纹的分布等屡有更定、演变，各朝不一，情况较为繁复，但冕服制度一直沿用到明；至清朝建立，废除汉族衣冠，冕服制度在中国亦随之终结。

冕服包括冕冠和服饰。冕冠是古代帝王、诸侯及卿大夫祭祀时所戴的礼冠，主要由冕板、冕旒、笄、充耳等部分组成。冕板是最上面的木板，前圆后方，象征天圆地方之意。其后面比前面应高出一寸，使之呈向前倾斜之势，即有前俯之状，象征国王应关怀百姓。冕旒是冕板两端下垂的玉串，旒数按典礼轻重和穿戴者的身份而有区别，地位低的人不允许越位穿高于规定的礼服，否则要受到惩罚。天子为十二旒，周之诸侯王公之旒有九、七、五之分，但后来旒渐渐只限于帝王。冕板下部即为冠身，古称"冠卷"，夏用玉草、冬用皮革做骨架，表裱玄色纱，里裱朱色纱。冠卷两旁各有一个对穿的小孔，用于贯穿玉笄。冕板左右垂下的红丝绳叫"缨"，戴冕冠时，将冠覆于头顶，以玉笄挽之，再将缨绕颌而上，固定在玉笄的另一端。在两耳附近，还各垂有一段丝绳，下悬丸状玉石，名曰"充耳"，提醒君王不能轻信谗言。

冕服的主要服饰组成是上衣下裳，颜色为上玄下纁。冕服采用这两种颜色，是以上象征未明之天，以下象征黄昏之地。服饰上还有日、月、星辰、群山、龙、华虫、宗彝、藻、火、粉米、黼、黻十二种图案，通称"十二章纹"。按照历代注疏《周礼·春官·司服》的阐释，日月星辰，"取其明也"；山，"取其人所仰"；龙，"取其能变化"；华虫，"取其文理"（即取其五彩的外貌）；宗彝，取其忠孝；藻，取其洁净；火，取其光明；粉米，取其"养人"（即取其滋养）；黼，取其"割断"（做事果断之意）；黻，取其"背恶向善"。

上衣下裳的冕服腰间束带，带下垂有一块装饰，名叫"蔽膝"。蔽膝是古代遮羞物的遗制，源于人们缠裹兽皮的时代，后来有了规整的服装，人们仍将它挂在腹前，是礼服中重要的组成部分。蔽膝一般与下裳同色，帝王的蔽膝多用纯朱色，上有龙、火、山等图案。

二、官员服饰

据《周礼》记载："视朝，则皮弁服。"皮弁服就是最早的朝服，这种服装上衣下裳均用白细布制成，与其相配的是白色鹿皮做成的冠，冠顶被制成尖形，如两掌相合，称弁。弁上饰珠玉以区分等级。

秦汉官服主要是深衣和袍服。秦规定三品以上官员着绿色袍服。汉规定，依天气变化，春天用青色，夏天用朱色，季夏（阴历六月）用黄色，秋天用白色，冬天用黑色，即五（时）色衣。与官服同时穿用的还有各种冠，如进贤冠、武冠等。此外，佩绶也是汉代等级标志的重要表现形式之一。佩绶是用彩色丝线扎系的印纽和玉饰，根据官职大小互有差异，如诸侯王佩赤绶，长度为两丈一尺。使用上，可直接垂于胯下，也可以装入系于腰间的鞶囊之中。

隋唐五代时，以颜色区分官位等级的作用愈发明显，如唐高宗显庆元年（656 年）曾规定：紫为三品之服，绯为四品之服，浅绯为五品之服，深绿为六品之服，浅绿为七品之服，深青为八品之服，浅青为九品之服。与秦汉相比，唐代官服的装饰更为复杂，除佩绶外，还有佩鱼和革带等。佩鱼是隋唐时兴起的一种官服装饰，按照品级高下不同，佩以不同质地的鱼符。革带是用来悬挂佩饰的腰带，它也是官服上的一种饰物，亦有等级划分。如三品以上官员系玉带，五品以上系金带，七品以上系银带等。此外，武则天的"铭袍"改革对后世官服影响深远。铭袍也是一种圆领袍，其特殊之处是在袍的一定位置绣有铭文或其他图案，也叫绣袍。武则天时期的铭袍不绣铭文，为区分官员大臣的等级，另外选择几种不同的美禽悍兽为区分标志，主要有狮子、麒麟、虎、豹、鹰、鹿、雁等。

宋代公服基本式样为，头戴幞头，身穿大袖长袍，腰间系革带，带饰佩鱼，脚着乌皮革靴。官服中的袍服，与唐、五代没有大的区别，形制为圆领，身长过膝，下设一横襕；不同的是，宋代袍袖比唐代要宽博得多。等级划分依然沿袭唐代的"品色服"旧制，如三品以上紫袍，五品以上朱袍，七品以上绿袍，九品以上青袍。鱼符袋是宋时划分官员等级的又一重要标志。鱼符始于隋，唐时官员将写有本人姓名的鱼符装入鱼符袋内，出入宫门需出示，以供查验。宋时省去鱼符不用，而直接将袋挂在腰带之下，并根据颜色区分贵贱。

明代公服也用袍服，其形制为盘领右衽，两袖比较宽肥，颜色、花样有明确等级规定。头戴展脚幞头，足衣为皂色靴子，革带有等级区分。与前朝不同的是，明时官服在胸背部位，各附缀上一块方形补丁，因这块补丁是在缝制成衣之后再补缀上的，所以称之为"补子"，补子上绣有各色禽兽的图案，用以标志出官阶等级。

清代官服的主要元素有顶戴分品、花翎辨级、马蹄袖和补子服。在官场中，不同身份地位的人要戴不同质地的顶子，即便是素不相识的人，也可以一眼从对方的顶戴质料上分辨出其官位品级。皇帝的顶子级别最高，通常用最好的东珠（产于黑龙江、松花江等江水之中的蚌珠，因生于北国寒冷水域，生长缓慢，质地光润）；品官朝冠顶子，文武一品用红宝石，文武二品用珊瑚。花翎是清代官服冠帽上用以区分等级的标志，是指冠帽后面拖着的一根孔雀翎毛，羽毛尾端的花圆眼形图斑叫眼，以眼多为贵，皇帝和亲王、郡王一般不戴翎饰冠。

清代袍服上身和两袖部分都很合体，特别是袖子颇为窄瘦，其袖端更有特色，在袖尾手腕的位置接有一弧形袖头，形状非常像马蹄，后人常说的"马蹄袖衣"就是指此式袍服。马蹄部分袖头平时折于手腕之上，行礼时则放下，表示谦恭顺服，礼毕复折。遇有比武、射猎等野外活动时，骑在马上，手持弓箭，马蹄袖既可保暖，又可护手，所以清代满族人又称他们这种传统礼袍为"箭衣"。

补褂，是清代官员用以区分等级品位的官服之一。补褂的胸和后背为补子图案，内容与明代相似，但是皇族补子不用明代的方形，而改用圆形，图案为团蟒。文武官员为方形，文官用飞禽，武官用猛兽。

清代官服与以往朝代一样，除主要官服以外，还有一些衣饰的附件，如披肩、领衣和朝珠等。披肩是皇帝及以下王公大臣穿礼服时另加的一件围颈而披于肩的披饰。领衣是因清代礼服无领而特制的一种领子，形式为上阔下狭。朝珠一般用 108 颗珠串结，根据品级尊卑选用不同质料的珠子，有珊瑚、琥珀、象牙等，上朝或公出等礼仪场合必须配挂。

练 习 题

一、选择题

1. 下列服饰中，不属于秦汉时期服饰的有（　　）
   A. 深衣　　　　　B. 袍　　　　　C. 襦　　　　　D. 比甲
2. 隋唐五代时，男子的主要服装是（　　）
   A. 深衣　　　　　B. 圆领袍　　　C. 背子　　　　D. 马褂
3. 下列选项中不属于清代官服的是（　　）
   A. 顶戴花翎　　　B. 补子服　　　C. 幞头　　　　D. 马蹄袖

二、填空题

1. 夏商和西周时期，上衣下裳是服饰的主流：上衣_____，下身_____。
2. 唐代女子服饰多姿多彩，崇尚男子的阳刚之气，喜欢以_____显示自己的飒爽英姿；中晚唐时，在上层贵族妇女中，又开始流行折领、窄袖，穿用时佩戴华丽头饰的_____。
3. 冕冠是古代帝王、诸侯及卿大夫祭祀时所戴的礼冠，主要由_____、冕旒、_____和充耳等部分组成。

三、问答题

1. 原始社会时期服饰的材料主要有哪些？
2. 简述深衣的基本样式和蕴含含义。
3. 谈谈你对中国传统服饰文化的看法。

第十二章

中国传统饮食文化

中国传统饮食文化历史悠久，源远流长，是中国传统文化中的一朵奇葩。孙中山先生在其《建国方略》一书中写有"我中国近代文明进化，事事皆落人之后，惟饮食一道之进步，至今尚为各国所不及"，"中国烹调法之精良，又非欧美所可并驾"，"昔者中西未通市之前，西人只知烹调一道，法国为世界之冠；及一尝中国之味，莫不以中国为冠矣"。可以说，中国的饮食文化，是中华民族经过数千年的生产和生活实践，在食物原材料的开发、餐饮器具的研制、烹饪技艺的提高等方面创造、积累并影响周边国家和世界的宝贵财富。

第一节　饮食的起源与发展

一、萌芽时期

民以食为天，人是离不开饮食的，可以说，人类的历史就是从饮食开始的。关于人类的诞生，目前最通行的说法是达尔文的进化论，人类是从古猿进化而来的。作为自然界中并不算凶猛的一种动物，古猿的食物来源比较繁杂：既有植物，包括植物的果实、根、茎、叶，也有动物，如昆虫、小鸟甚至大型猛兽等。对这些用来充饥的食物，最初并不进行加工，主要是生食，正如《礼记·礼运》所记载："古者未有火化，食草木之食，鸟兽之肉，饮其血茹其毛。"《古史考》也说："太古之初，人吮露精，食草木之食，穴居野处。山居则食禽兽，衣其羽毛，饮血茹毛。"这些都生动地展示了我们的先祖在没有学会用火熟食技能时，连毛带血生食鸟兽的生存状况。而这种生吞活剥的饮食方式对人体的健康非常不利，考古发现证明，当时的人寿命很短，很多人活到十几岁就夭折了。这种情况大约维持了100多万年，直到人类发现火，并懂得用火来制熟食物才开始有所改变。

火在地球上出现的时间要远远早于人类，但人类对其加以利用，却经历了漫长的岁月。最初的火，也许是火山爆发、枯草自燃或者雷电引起的森林大火。对这种大火，最初人类是非常畏惧的，他们和其他动物一样，纷纷逃离森林。但当幸免于难的先民们回到大火熄灭的森林中时，发现那些被火烧过的动物，散发出阵阵香味。在饥饿的驱使下，人们鼓起勇气拿来食用，发现被火烧过的肉味道远远美于生吞活剥。在不断的摸索和失败中，人们终于懂得了利用自然火，并开始学习保存火种乃至人工取火，真正跨入了熟食时代。对火的掌握和使用，为人类的文明饮食播下了种子。

以火熟食，是我们饮食文化的起源，但除了火以外，要想让文明饮食的种子生根发芽，还需要一定的烹饪器具和相对丰足的食物材料。事实上，人们在采集种子和野果的过程中，已经发现一些植物的明显优点，如生产周期短、生长能力强、产量高、口感好等，他们将这些植物移植到自己的居住地附近，于是出现了原始的农业。像我们今天吃到的大米和小米，就是从野生水稻和狗尾巴草培育进化而来的。而捕猎到的动物的幼崽，在食物不是特别欠缺的情况下会被人工饲养起来，变成家禽家畜，原始畜牧业又出现了。事实上，通过考古发掘，我们已经可以确认，在原始社会新石器时代，谷物方面有粟、黍、稷、稻、麦等最古老的栽培作物，动物方面有猪、狗、鸡、牛、羊、马等最早被豢养的禽畜。人工种植谷物、饲养禽畜和采集渔猎结合起来，使得中国古人的食物来源相对稳定。

新石器时代，最主要的烹饪器具是陶器。在陶器诞生以前，人们只能在火上直接烧烤食物，或者用石头传热来使食物成熟，这就使得当时的烹饪受到了很大的限制。那么，对饮食发展具有重大意义的陶器是如何发明的呢？民间主要有黄帝作陶，神农作陶等说法。实际上，陶器应是先民们在长期的生产和用火实践中，慢慢发现火烧过的黏土会变成坚硬的泥块，不漏水、不变形，并且传热性高。于是，他们从最初相对简单的敞口盆和罐做起，逐渐制成造型越来越多样和实用的器具。釜、鼎、鬲、甑、甗等陶器的出土，说明当时除了煮以外，已经有了蒸的烹饪方式（见图 12-1）。

总之，整个原始社会，食物的获取一直是人类最主要的活动，他们在同大自然斗争的探索中不断开发食物资源并加以利用，从采集、渔猎的兴盛到种植业的发生，进而建立起以种植业为主、采集渔猎为辅的社会经济体系，从而亦逐渐形成了以黍、粟为主食原料，以采集渔猎所获作为副食原料的饮食结构。当时的炊具是陶制器皿和地灶、石灶；燃料仍系柴草；还有粗制的盘、盆作为食具，烹调方法是火炙、水煮、汽蒸并重，较为粗放。调味品主要是粗盐，但也只是在沿海地区可以吃到，至于烹饪技艺，最好的美味也不过是传说中的彭祖为尧帝烧制的"雉羹"（野鸡汤）。此时的先民进行烹调，仅仅出自求生需要，中国的传统饮食文化，也只是刚刚萌芽而已。

图 12-1　陶鬲

二、形成时期

原始社会末期，随着生产力的提高，出现了剩余产品，形成了贫富对立，相应出现阶级，中国开始进入奴隶社会，中国历史上第一个奴隶制国家是夏，此后历经殷商和西周，直到战国，奴隶社会才基本结束。这一时期，中国的政治、经济和文化发生了极大的变化，中国饮食也进入形成时期。

与原始社会相比，奴隶社会已经形成了以农业为主的复合型经济形态，社会逐步进入比较成熟的农耕时代。对甲骨文的研究表明，商代人们已经掌握农时，懂得灌溉，会施用粪肥，能使用牛拉犁耕田等。及至周代，为了表示对农业的重视，周天子每年春天都要亲自下地犁田，劝民务农。春秋战国时，各国为了称霸天下，更加重视农业，这都大大促进了农业的发展。农业生产的进步，也使得畜牧业有了高度发展。因此，夏商周时期，种植、养殖所提供的产品已经成为主要的食物来源，品种丰富而稳定，谷物类有"五谷"（稷、黍、麦、菽、麻籽），蔬菜类有"五菜"（葵、藿、薤、葱、韭），家禽家畜有"五畜"（牛、羊、猪、犬、鸡），水果类有"五果"（枣、李、栗、杏、桃）。此外，由于狩猎技术的提高，对野生动物的利用更进一步，熊、鹿、鹑、雉、鱼、虾、鳖、蟹等都成为贵族的佳肴。调味品也形成众多的体系，不仅有海盐，还懂得开采岩盐；甜味调料有以枣、栗、饴、蜜为糖源作出的饴糖、蔗浆和蜂蜜；梅子和醯是当时的酸味调料；肉酱和豆酱是当时最常用的调味品和佐餐之肴，如孔夫子所言："不得酱不食"；油主要是动物油。此外，还有辛香味调料花椒、姜、桂和蒜等。

夏商周时期，随着农业的发展以及生产部门的进一步分工，手工业也有了新的发展，最具有代表性的即是青铜器的冶炼和制造。上层贵族使用的炊具和餐具主要是青铜器，如鼎、鬲、釜、甑和刀、匕、箸、勺等。我国现已出土的商周青铜器物有 4 000 余件，其中多为炊餐具。青铜食器不仅便于传热，提高了烹饪功效和菜品质量，还显示礼仪、装饰筵席，其问世展现出奴隶主贵族饮食文化的特殊气质。平民百姓仍然是大量使用陶器，不过，人们在陶器的制作中不断改进、提高，采用不同的原料，利用高温烧制技术和施釉技术，在商朝中期创制出原始的瓷器，外表美观，使用方便，很受欢迎。

夏商周时期，人们不再是简单地制作食物，而是形成了初步的烹饪特色，选料严格，刀工精湛，配菜合理，在加热和调味上更是不断总结进步，菜品质量飞速提高，推出著名的"周代八珍"："淳熬（肉酱油浇大米饭）"、"淳母（肉酱油浇黍米饭）"、"炮豚（煨烤炸炖乳猪）"、"炮牂（煨烤炸炖母羊羔）"、"捣珍（合烧牛、羊、鹿的里脊肉）"、"渍（酒糟牛羊肉）"、"熬（类似五香牛肉干）"、"肝（烧烤肉油包狗肝）"。这些菜品显示出当时的烹调技术有了长足进步，人们可以较好地运用烘、煨、烤、烧、煮、蒸、渍糟等十余种方法。

三、发展时期

秦始皇一统天下，结束了战国时期的割据混战，中国开始进入封建社会，历经两汉、魏晋乃至隋唐，中国处于封建社会的上升时期。这一时期，中国的政治、经济和文化高速发展，中国饮食文化也迅速发展起来。

两汉非常重视农业，不仅大兴水利、开凿水渠，而且积极推广牛耕和农业生产新技术，使得农作物产量大大提高，国家府库充盈。魏晋南北朝时，北方战乱连年，南方相对稳定，北方农民不断南迁，带来了先进的生产工具和技术。唐朝时，农业生产工具继续改进，出现了水车、筒车灌溉，耕地面积大幅增加，粮食产量非常高。如杜甫在《忆昔》中描述说："忆昔开元全盛日，小邑犹藏万家室。稻米流脂粟米白，公私仓廪俱丰实。"这一时期的食物烹饪材料，除了常规的农业和畜牧业来源以外，也有很多新材料的开发和新原料的引进。例如，1961 年在河南密县打虎亭出土的汉代画像石豆腐作坊图，可以证明汉代已生产豆腐和豆制品，汉代的"豆饧"（甜豆浆或豆腐脑），在《盐铁论》中被称为"时尚食品"；据《汉书·召信臣传》记载，"太官园种冬生葱韭菜菇，复以屋庑，昼夜燃蕴火，待温气乃生"，说明当时已有了温室栽培；张骞出使西域，更带来了很多珍贵的外来蔬菜、水果和香料，如苜蓿、葡萄、安石榴和黄瓜等；战国以前，做菜和点心都是使用各种动物油，到了汉代，已经使用大豆油、芝麻油和菜子油；唐代麦芽糖和蔗糖的提炼技术大幅度提高，蔗糖更广泛地应用到烹饪上。

战国以来，铁的开采和冶炼技术逐步推广，铁制工具应用到社会生活的各个方面。西汉实行盐铁专卖，说明盐与铁同国计民生关系密切。铁比铜价贱、耐烧、传热快，更便于制菜，因此，铁制锅釜此时推广开来。与此同时，锋利轻巧的铁质刀具也得到广泛使用，刀工刀法的改进，使菜形日趋美观。两汉的炉灶、烟囱已由垂直向上改为"深曲（即烟道曲长）通火"，人们逐步使用煤炭，有利于掌握火候。东汉时，在陕北一带发现天然流露的石油，引火可以燃烧，当地百姓用它作燃料；在四川，人们已知利用地下储存的天然煤气"火井"来煮盐。在餐具方面，秦汉时期富贵之家广泛使用漆制器皿，长沙马王堆汉墓出土的就有壶、耳杯、盘、案和箸等。唐时，风姿特异的瓷质餐具逐渐普及到人们日常生活之中，取代了陶质、铜铁质和漆质餐具。唐代有邢窑白瓷和越窑青瓷，白瓷类银类雪，青瓷类冰类玉，杜甫称四川大邑的白瓷碗"扣如哀玉锦城传"。

这一时期出现了两次厨务大分工：一是红白两案的分工，《汉书·百官公卿表》中明确记载，汤官主饼饵，导官主择米，庖人主宰割；二是炉与案的分工，四川德阳出土的东汉庖厨画像砖上画着厨师烹饪劳动的情形，有人专管切配加工，有人负责加热烹调。这有利于厨师集中精力专攻一行，提高技术。在烹调技法上，此时也比夏商周时期精细，据《齐民要术》记载，当时的烹调有齑（用酱拌和细切的菜肉）、鲊（用盐与米粉腌鱼）、脯腊（腌熏腊禽畜肉）、蒸（蒸与煮）、菹绿（泡酸菜）、炙（烤）、饧脯（熬糖与做甜菜）等大类；每大类又有若干小类，合计近百种，是饮食文化的一大进步。

四、成熟时期

宋元明清是中国封建社会的中后时期，这一时期，中国传统饮食文化逐步完善，进入了成熟阶段。宋初比较注意休养生息，经济逐步回升。特别是采煤、冶铁、制瓷的兴盛，带动了商业贸易的发展，出现不少繁华都市。后来女真人崛起，宋、辽、金对立。不久，北方的蒙古族迅速强大，最终成吉思汗及其继承人统一了中国，建立了元朝。元建立后，放弃了落后的游牧经济及其剥削方式，恢复农业生产，注重屯田开荒和兴修水利，粮食大面积增产。但由于民族矛盾和阶级矛盾的激化，元代在 1368 年被明朝取代。明初加强中央集权，鼓励垦荒、减轻赋税、扶持工商，到永乐年间，国力相当雄厚。清初的顺治、康熙、雍正、乾隆四朝，政策较为开明，经济迅速复苏，农业、手工业和商业均创造出封建社会的最好成绩，饮食文化生机旺盛。清朝后期社会统治日见衰朽，统治阶级骄奢淫侈，却使得烹饪迅猛发展，中国烹饪技艺达到了古代社会的最高水平。

宋元明清时，食物来源不断增多。人们一方面对原有食材继续开发和利用，如汉时已有的豆腐，在明朝有了新品种，除了大豆豆腐以外，还有仙人草汁入米中做成的绿色豆腐，蕨根磨粉制成的黄色豆腐等，不仅好看，营养价值也很高。再有就是从国外引进新的食物原料,如占城稻、胡萝卜、白薯、美洲玉米、倭瓜、四季豆、丝瓜、辣椒、番茄和土豆等。辣椒原产于南美洲的秘鲁,15世纪传入欧洲,明朝传入中国,被称为"番椒",因为外形鲜艳可爱,它最初传入只是作为花卉观赏,后来才逐渐用做调味料。到清朝末年,凡是可以食用的东西都用来烹饪,食物材料已有2 000多种,非常广博。

这一时期,炊餐饮器具也有进步。从燃料看,这时较多使用煤炭;炉和灶也有变化,宋代发明了一种"镣炉"。它是在小炉外镶上框架,能够自由移动,利用炉门拔风,火力很旺。河南偃师出土的宋代妇女切脍画像砖上,便绘有此炉。此外还有六格大蒸笼、精致铜火锅以及与现代锅近似的金代双耳铁锅等。瓷质餐具仍占绝对优势,景德镇成功地烧制出釉下彩的青花、釉里红以及属于颜色釉的卵白釉、铜红釉,所制餐具造型精美,品种众多。可以与细瓷媲美的是宜兴工艺陶,上等的精品茶壶,不仅设计古朴、外形美观,而且盛茶不馊。明清的金银玉牙餐具更为豪奢,1771年,乾隆之女嫁给孔子72代孙孔宪培,嫁妆中有套"满汉宴银质点铜锡仿古象形水火餐具",由小餐具、水餐具、火餐具和点心盒组成,共404件,造型或根据食物原料的形象,或仿照古青铜器时代饮食器具的形状,其装饰以翡翠、玛瑙等珍品来镶嵌,餐具外刻琢诗文书画,整套餐具再现了先秦时青铜餐具的雄浑风姿,有很高的艺术观赏价值,为我国古食器的杰作。

宋元明清时,菜点的制作技术及工艺环节都非常规范。如袁枚在《随园食单》里,对工艺规程提出具体要求:"凡物各有先天,如人各有资禀",因此选料要切合"四时之序",专料专用,不可暴殄。他还主张火候应因菜而异,"有须武火者,煎炒是也,火弱则物疲矣;有须文火者,煨煮是也,火猛则物枯矣;有先用武火而后用文火者,收汤之物是也,性急则皮焦而里不熟矣"。此外单是炒法在清朝已派生出生炒、熟炒、爆炒、干炒、葱炒和杂炒等十余种,至于切割、配菜、调味、装盘等技术环节,都有完善的体系。

第二节　中国的四大菜系

大约在春秋战国时期,南北风味已有分野,吕不韦和孔子可谓代表。孔子的观点代表北方,他认为肉要切得方方正正才能吃,小于拳头的鸡雏不要吃,鸭尾巴、鸡肝、鹿胃、雁肾等不要吃;吕不韦作为南方的代表则相反,他认为天下的美味,莫过于猩猩的唇、大象的鼻子和鸭的尾巴。秦汉以后,区域性地方风味食品的区别更加明显,南北各主要地方菜种初露苗头。两宋的京城已经有了北食、南食等地方风味流派的名称和区别:北食主要活跃在黄河流域,它以猪犬牛羊为主料,注重烧烤煮烩,汤汁醇浓;南食遍及长江中下游,它是淡水鱼鲜辅以野味,注重蒸酿煨炖。清朝中晚期,主要地方风味已形成稳定的格局,当今世界闻名的"四大菜系"——川、苏、鲁、粤,就是在此基础上进一步发展起来的。

一、四川菜系

川菜主要由成都菜、重庆菜和自贡菜组成,尤以成都、重庆两地的菜肴为代表。其在秦末汉初就初具规模,唐宋时发展迅速,明清已富有名气,晚清时逐步形成地方风味极其浓郁的菜系,现今川菜馆遍布世界。川菜特色之一是偏爱麻辣,这与四川盆地的气候有关

—— 雾多、湿气重，麻辣使体表容易发散。其另一特色是善于运用普通材料，做出多种美味佳肴，如川菜中颇有特色的麻婆豆腐、回锅肉、宫保鸡丁等菜色用材都非常普通。味型多样也是川菜一大特色，当今常见的有麻辣、红油、豆瓣、怪味、鱼香、家常等十多种丰富的特殊味型，调味灵活多变，堪称独树一帜。

其著名的菜品有：鱼香肉丝、宫保鸡丁、麻婆豆腐、回锅肉、盐煎肉、水煮牛肉、毛肚火锅、樟茶鸭子和蒜泥白肉等。

二、淮扬菜系

淮扬菜主要由淮扬、金陵、苏锡、徐海4个地方菜组成。它始于春秋，兴于隋唐，盛于明清。淮扬菜发源地有长江横贯于中部，运河纵流于南北，一年四季物产丰富，烹饪原料应有尽有。反映到菜品特色上就是淮扬菜用料广泛，选料精良，特别擅长做河鲜类产品，喜用品质精良的鲜活原料。此外，淮扬菜还特别注重营养调配，并且根据材料的特色进行加工，体现出较强的科学性。在工艺方面，它注重刀工，刀法多变而精良，豆干切丝可以做到细如毛发；在调味上，它追求本味，清鲜适口，醇和宜人；在造型方面，它力求色、香、味、形俱佳，菜品风格雅丽，展现出精美的艺术性。

其著名的菜品有：霸王别姬、沛公狗肉、松鼠鳜鱼、水晶肴蹄、蟹粉狮子头、三套鸭、大煮干丝、清蒸鲥鱼和将军过桥等。

三、山东菜系

山东菜也叫鲁菜，由济南和胶东地方菜构成，其孕育期可追溯到春秋战国，南北朝时发展迅速，经元明清三代被公认为一大流派，主要风行于北方地区。山东是粮食和水产品的生产大省，蔬菜水果种类繁多，丰富的原料为鲁菜的精细选料创造了条件。鲁菜除选料讲究外，烹饪技艺非常全面，有爆、炒、烧、炸、溜、蒸、扒等烹饪工艺，其中尤以爆为最："爆"制菜需旺火速成，从而得到保护食品营养素最佳的效果，特别是油爆菜，旺火快炒瞬间完成，成菜洒油芡汁，食之鲜嫩香脆、清爽而不腻。此外，鲁菜擅长用汤，以汤为百鲜之源，鲁系厨师习惯于在炒锅旁备好一锅高汤，无论炒、溜、烧、扒，都以汤溅锅，代替味精，这样做出来的菜更鲜美、更健康。

其著名的菜品有：奶汤蒲菜、葱烧海参、糖醋黄河鲤鱼、德州扒鸡、扒原壳鲍鱼、九转大肠、油爆双脆和锅烧肘子等。

四、广东菜系

广东菜也叫"粤菜"，以广州、潮州、东江三地的菜为代表而形成，最早可以上溯到秦始皇南定百越之际，历经发展，明清时随着海运大开，口岸开放，饮食业愈加兴隆，终于形成集南北风味、中西烹饪于一体的独特风格。粤菜最突出的特色之一就是用料广博，据粗略估计，粤菜的用料达数千种之多，除其他菜系常用的禽畜鱼虾外，蛇、鼠、猫、鸟、龟、猴、蜗牛、蚕蛹等都可以用来制作佳肴，正如南宋时周青非《领外带答》中所记："遇蛇必捕，不问长短；遇鼠必捉，不问大小。蝙蝠之可恶，蛤蚧之可畏，蝗虫之微生，悉取而燎食之；蜂房之毒，麻虫之秽，悉炒而食之。"粤菜由于常以生猛海鲜为原料，在调味上讲究清鲜爽滑，又兼顾浓醇，调料也很独特，很多是其他菜系不用或很少用到的，如蚝油、柱侯酱、沙茶酱、鱼露和柠檬汁等；不同季节和不同菜品要选用不同的调料，一般说来，夏秋力求清淡，冬春偏重浓醇。粤菜烹调技法也很精良，而且融汇中外精华，加以变化，形成自己独具一格的烹饪特色，如粤菜煎、炸中的新法是借鉴西法而得，各地方菜常用的炒、蒸、烩、炖等，粤菜均常用到，而许多地方菜不用的软炒、软炸等，粤菜则有独到的造诣。

其著名的菜品有：红烧大裙翅、龙虎斗、烤乳猪、白云猪手、虾子扒海参、东江盐焗鸡、蚝油牛柳和玫瑰酒焗双鸽等。

第三节　中国茶文化

茶是风靡世界的三大无酒精饮料（茶叶、咖啡和可可）之一，全世界有 50 多个国家种植茶叶。然而，寻根溯源，中国才是茶的故乡，中国存有最原始的野生大茶树树种，世界各国最初的栽培技术、加工工艺、饮茶方法、茶事礼俗等，都是直接或间接地由中国传播出去的，中国茶文化是中华民族对世界文明作出的特殊贡献。

一、茶的起源与发展

在我国，茶是"举国之饮"，茶叶的生产和饮用在几千年的文化沉淀中，随着人们需求的改变，发生着不断的变化。茶最初被人们饮用是作药用的，据《神农本草经》所记："神农尝百草，日遇七十二毒，得茶而解之"（注：茶原名荼），这段文字是说，远在上古时代，传说中的神农氏为解救人类被疾病缠身的痛苦而尝百草，希望寻找到有利于人类生存的植物，某一天他多次中毒，却都因为服用了茶叶而化解，于是茶被神农氏发现，并用为药料逐渐推广。中国的文化发展史，往往是把一切与农业、与植物相关的事物起源都归结于神农氏，神农氏所处时期大抵是新石器时代，当时的食用方法应该是咀嚼茶的鲜叶。

夏商周也有与茶相关的记载，据《华阳国志》载，约公元前 1000 年周武王伐纣时，巴蜀一带已用所产的茶叶作为"纳贡"珍品，并且写明这些贡茶不是野生的，而是园圃中栽培的，说明当时我国西南地区已经有了人工栽培的茶树。《晏子春秋》记载："婴相齐景公时，衣十升之布，食脱粟之食，炙三戈、五卵、茗菜耳。"晏子为春秋时人，茗菜是用茶叶做成的菜羹，说明茶在那个时候已作为菜肴汤料，供人食用。

秦汉魏晋时，茶叶在巴蜀地区已非常兴盛，并且随着人口的迁徙向陕西、河南等地传播，陕西、河南成为我国最古老的北方茶区之一，其后沿着长江逐渐向长江中下游推移，进而传播到南方各省。公元前 59 年的王褒《僮约》一文，曾提到"武阳买茶"、"烹茶尽具"等工作内容，可知汉时饮茶已成为上层社会的生活时尚。魏晋南北朝时，江南和浙江一带都已经种茶，饮茶的人也明显增加，不再限于少数的贵族之家，茶已变成江南士大夫日常待客之物了。这一时期，茶叶的简单加工已经开始出现，据《广雅》所记，"荆巴间采茶作饼，叶老者，饼成以米膏出之"，就是把鲜叶用木棒捣成饼状茶团，以米膏作黏合剂黏合后再晒干或烘干，饮用时先将茶团捣碎放入壶中，再加入开水，并可加葱姜和橘子进行调味。

隋唐是我国封建社会的鼎盛时期，经济文化空前繁荣，中国茶业也有了迅猛发展，茶叶产地遍布全国，茶叶生产和贸易蓬勃发展，茶作为饮料开始迅速普及，从社会的上层走向全民。唐代茶叶制造以蒸青团饼茶为主。茶叶采来后，先放在甑釜中蒸一下，然后将蒸软的茶叶用杵臼捣碎，再把捣碎的茶末放在铁制的模中，拍压制成团饼，接着将茶饼穿起来烘焙至干，封存。唐人普遍饮茶，更由于陆羽《茶经》一书的出现，总结了前人饮茶经验的累积，罗列了相关的植茶、制茶、烹茶的知识，使得茶饮的内容大为丰富，而出现了饮茶之道，开拓了茶饮生活的精神境界。

宋时全国茶叶产区又有所扩大，特别是随着气候的由暖变寒，南方茶业获得了明显发展。宋人饮茶继承了唐人的饮茶方式，但比唐人更为讲究，制作也更为精细，而尤为精细的是宫廷饼茶的制作。宋代饮茶虽以饼茶为主，但同时也有一些蒸而不捣的散叶茶。在饮用上，其改唐代的煮茶法为点茶法，即不再把茶末投入水中煎煮，而是放在茶盏用开水冲注，再充分搅拌，待到呈现乳状，满碗出现细密的白色泡沫时，便可慢慢品饮了。

由宋入元，另一种通俗饮茶方式的发展，则是散茶冲泡的逐渐普遍。散茶的制作方法，有蒸青、炒青，都是唐代就有的工艺，相对于饼茶，茶叶的香味在散茶中得到了更好的保留。南宋以后，散茶的生产越来越多，民间讲究品赏者也越来越以散茶为重。宋末元初，普遍饮茶的南方已经是以散茶为主了。

明清时代的饮茶，无论在茶叶类型上，还是在饮用方法上，都与前代差异显著。明太祖朱元璋洪武二十四年（1391年）发布诏令，废团茶、兴散茶，使得散茶成为盛行明、清两代并且流传至今的主要茶类。明代炒青法所制的散茶大都是绿茶，兼有部分花茶。清代除了名目繁多的绿茶、花茶之外，又出现了乌龙茶、红茶、黑茶和白茶等类茶，从而确定了我国茶叶结构的基本种类。特别是因为江南商品经济的迅速发展，使得长江中下游及沿大运河一带的地区都跟着富庶起来，人们的生活也讲求精致的享受与品味。茶饮的品赏就在士大夫的生活艺术追求中占据了重要的一席，与制茶工艺的新发展相辅相成，造就了中国独特的茶文化。

二、茶的种类与名品代表

茶的分类标准有很多，按季节分类分为春茶、夏茶、秋茶和冬茶，按其生长环境来分类分为平地茶和高山茶。一般来说，通用的分类方法是将茶分为基本茶类和再加工茶类：基本茶即绿茶、红茶、青茶、黄茶、白茶、黑茶；以这些基本茶类做原料进行再加工以后的产品统称再加工茶，主要有花茶、紧压茶、萃取茶、果味茶、药用保健茶和含茶饮料等。下面主要对6种基本茶的制作、特色和代表名茶进行简要介绍。

绿茶是历史上最早的茶类，距今至少已有3 000多年的历史，属不发酵茶，以适宜的茶树新梢为原料，经杀青、揉捻、干燥等典型工艺加工制成。成品干茶和冲泡后的茶汤、叶底皆以绿色为主调，故名。绿茶较多地保留了鲜叶内的天然物质，维生素损失较少，从而形成了绿茶"清汤绿叶"的特点。科学研究表明，绿茶中保留的天然物质成分，对防衰老、防癌、抗癌、杀菌、消炎等均有特殊效果，为其他茶类所不及。中国绿茶中，名品最多，主要有西湖龙井、洞庭碧螺春、六安瓜片、黄山毛峰和信阳毛尖茶等。

红茶是发酵茶，以适宜制作本品的茶树新芽叶为原料，经萎凋、揉捻、发酵和干燥等典型工艺过程精制而成。因其干茶色泽和冲泡的茶汤以红色为主调，故名。红茶在加工过程中发生了化学反应，鲜叶中的化学成分变化较大，从而形成了红茶、红汤、红叶和香甜味醇的品质特征。名品红茶有祁门红茶、川红功夫茶、云南红碎茶和滇红功夫茶等。

乌龙茶，亦称青茶、半发酵茶，是我国几大茶类中，独具鲜明特色的茶叶品类。乌龙茶综合了绿茶和红茶的制法，制作工序包括萎凋、摇青、杀青、揉捻、干燥等步骤，其品质介于绿茶和红茶之间，既有红茶浓鲜味，又有绿茶清芬香，品尝后齿颊留香，回味甘鲜。优质乌龙茶的外形壮大，汤色橙黄至橙红明亮，香气浓郁持久，而且乌龙茶在分解脂肪、减肥健美等方面的药理作用表现突出，在日本被称为"美容茶"、"健美茶"。名茶代表有武夷岩茶、安溪铁观音、闽北水仙和冻顶乌龙茶等。

黄茶最早是从炒青绿茶中发现的，在炒青绿茶的过程中，人们发现，如果杀青、揉捻后干燥不足或不及时的话，茶的叶色会变黄，品质也会发生相应的变化。具体来说，黄茶的制作比绿茶多了一道"闷黄"的工艺，这一特殊的工艺，使得茶叶进行了发酵，最终区别于绿茶，形成"黄叶黄汤"的特色。较著名的黄茶有君山银针、蒙顶黄芽、北港毛尖和温州黄汤等。

白茶是我国的特产，它的加工工艺是只将细嫩、叶背满茸毛的茶叶晒干或用文火烘干。这种制作方法既不会破坏酶的活性，又不会促进氧化作用，而且保持了茶叶清新自然的口感。白茶冲泡后汤色黄亮，鲜醇可口，不仅如此，不炒不揉的制作工艺使得白茶还具有清凉降暑、退热降火之功效。名品代表有银针白毫、白牡丹、贡眉和寿眉等。

黑茶属于后发酵茶，生产历史悠久，多产于四川、云南、湖南、湖北和广西等地，主要供边区少数民族饮用，藏族、蒙古族和维吾尔族群众喜好饮黑茶，是日常生活中的必需品。黑茶的基本工艺流程是杀青、揉捻、渥堆、干燥，成品黑茶呈黑褐色，汤色黄中带红，香味醇和。普洱茶和六堡茶是特种黑茶，品质独特，香味以陈为贵，在中国香港、中国澳门、东南亚和日本等地有广泛的市场。

三、中国茶文化

中国茶文化是中国制茶、饮茶的文化，不但包含物质文化层面，还包含深厚的精神文化层面。茶的精神渗透于社会的各个阶层，深入中国的诗词、绘画、书法、宗教、医学等不同领域。几千年来，中国不但积累了大量关于茶叶种植、生产的物质文化，更积累了丰富的、有关茶的精神文化，这就是中国特有的茶文化。

1. 茶诗

数千年来，茶作为中华民族的国饮，与诗结下了不解之缘。在我国数以千计的茶诗、茶词中，各种诗词体裁一应俱全，有五言古诗、七言古诗，五言律诗、七言律诗、排律、五言绝句、六言绝句、七言绝句，可以说咏茶诗浩如烟海，历朝历代不衰。

其中比较著名的有唐代诗人元稹的一首宝塔诗，题名《一字至七字诗·茶》：

茶，

香叶，嫩芽，

慕诗客，爱僧家。

碾雕白玉，罗织红纱。

铫煎黄蕊色，碗转曲尘花。

夜后邀陪明月，晨前命对朝霞。

洗尽古今人不倦，将至醉后岂堪夸。

此外，同是唐朝诗人的卢仝在《走笔谢孟谏议寄新茶》诗中吟道：

一碗喉吻润，两碗破孤闷。

三碗搜枯肠，惟有文字五千卷。

四碗发青汗，平生不平事，尽向毛孔散。

五碗肌肤轻，六碗通神灵，七碗吃不得也，惟觉两腋习习清风生……

还有北宋文学家、书画家苏轼所作回文诗《记梦回文二首并叙》，叙中说"十二月十五日，大雪始晴，梦人以雪水烹小团茶，使美人歌以饮余，梦中为作回文诗，觉而记其一句云：乱点余花唾碧衫。意用飞燕唾花故事也。乃续之，为二绝句云"：

其一

酡颜玉碗捧纤纤，

乱点余花唾碧衫。

歌咽水云凝静院，

梦惊松雪落空岩。

其二

空花落尽酒倾缸，

日上山融雪涨江。

红焙浅瓯新火活，

龙团小碾斗晴窗。

诗中字句，顺读倒读，都成篇章，而且意义相同。

2．茶画

茶是雅事，自然是入画的题材。可以说，中国的茶与画先天有缘。茶画几乎是一个固定题材，代有名作。如唐代阎立本所作《萧翼赚兰亭图》，描绘了唐太宗遣萧翼赚《兰亭序》的史事。

唐朝贞观年间，太宗喜欢书法，酷爱王羲之的字，唯因得不到《兰亭序》而遗憾，后听说辨才和尚藏有《兰亭序》，便召见辨才，可是辨才却推说不知。太宗令监察御史萧翼查访此事。萧翼化装成书生，寄读于辨才所在寺院，骗得辨才好感和信任后，假意与其辩论《兰亭序》之真伪，从而赚得真迹。

《萧翼赚兰亭图》展现的正是他们欣赏辩论《兰亭序》真伪的画面，画中有 5 位人物：中间坐着一位高僧，辨才与萧翼分别在高僧左右，二人相对而坐，左下有老仆与童子在煮茶。画面上，机智而狡猾的萧翼和疑虑为难的辨才和尚神态惟妙惟肖。老仆人蹲在风炉旁，炉上置一锅，锅中水已煮沸，茶末刚刚放入，老仆人欲搅动茶汤；童子弯腰，手持茶托盘，小心翼翼地准备分茶。矮几上，放置着其他茶碗、茶罐等用具。这幅画不仅记载了古代僧人以茶待客的史实，而且再现了唐代烹茶、饮茶所用的茶器茶具以及烹茶方法和过程。

3．茶联

茶联是以茶为题材的对联，是茶文化的又一种文学艺术载体。我国的茶联文化中，有很多令人玩味无穷的趣作，如妙手天成的回文茶联"趣言能适意，茶品可清心"，回过来则为"心清可品茶，意适能言趣"，仔细品读，意境非凡。也有的茶联大俗大雅，直白的文字，点出了人生的一些道理："为名忙，为利忙，忙里偷闲，且喝一杯茶去；劳心苦，劳力苦，苦中作乐，再倒一杯酒来。"

还有一些茶联，其由来还伴随着一些传说故事：据说清代大书法家郑板桥一天造访了一间寺庙，寺庙住持并不认识他，见他相貌平常，因此随意说了句："坐"，对小和尚说："茶"；交谈时，发觉他谈吐不俗，因而心生敬意，于是改口说："请坐"，吩咐小和尚说："上茶"；后来住持得知他就是大名鼎鼎的郑板桥时，态度大变，毕恭毕敬地说："请上坐"，连忙叫小和尚："上好茶"。当郑板桥欲离去时，住持请郑板桥题字留念，小和尚奉上笔砚，郑板桥不假思索地写下了："坐，请坐，请上坐；茶，上茶，上好茶。"短短两句话，却道出了世态人情。

第四节　中国酒文化

我国是酒的故乡，也是酒文化的发源地，是世界上酿酒最早的国家之一。早在《诗经》中就记有"十月获稻，为此春酒"的诗句。在中国数千年的文明发展史中，酒与文化的发展基本上是同步进行的。

一、酒的起源与发展

关于酒的起源，一直以来都流传着一些美好的传说故事，其中以"酒星造酒说"、"仪狄造酒说"、"杜康造酒说"和"猿猴造酒说"最为著名。

1．酒星造酒说

自古以来，中国人的祖先就有酒是天上"酒星"所造的说法。甚至《晋书》中有关于酒旗星座的记载："轩辕右角南三星曰酒旗，酒官之旗也，主宴饮食。"轩辕，古称星名，共17颗星，酒旗三星是其中3颗，呈"一"形排列，肉眼很难辨认，要借助现代天文仪器才可观测到。在当时天文科学仪器极其简陋的情况下，能在浩渺的星汉中观察到这几颗并不明亮的"酒旗星"，给予命名并留下关于酒旗星的种种记载与传说，这不能不说是一种奇迹。但是，认为酒是酒星所造，很明显缺乏科学依据。

2．仪狄造酒说

据汉代刘向《战国策》载："昔者，帝女令仪狄作酒而美，进之禹，禹饮而甘之，曰：'后世必有饮酒而亡国者。'遂疏仪狄而绝旨酒。"大意是说：夏禹的女儿令仪狄酿酒，仪狄经过一番努力，酿出来的酒味道很好，于是奉献给夏禹品尝。夏禹喝了之后，觉得的确很好喝，却非但不奖励，反而从此疏远了仪狄。因为，他认为后世一定会有因为饮酒无度而误国的人。此外，其他史籍中也多处提到仪狄"始作酒醪"，似乎仪狄乃制酒之始祖。

但孔子 8 世孙孔鲋说尧、舜都是酒量很大的君王。尧、舜，都早于夏，他们饮的是谁人制造的酒呢？可见，说酿酒始于仪狄并不可信。

3. 杜康造酒说

关于杜康的身份和所处年代，一直以来，众说纷纭。有人说他是夏的君王少康，有人说他是汉时人，晋朝江统在《酒诰》中言杜康"有饭不尽，委之空桑，郁结成味，久蓄气芳，本出于代，不由奇方"，是说杜康将未吃完的剩饭，放置在桑园的树洞里，剩饭在洞中发酵后，有芳香的气味传出。这就是酒的作法。事实上，用粮食酿酒是件程序、工艺都很复杂的事，单凭个人力量是难以完成的。还有一种说法是"仪狄作酒醪，杜康作秫酒"。"醪"，是一种糯米经过发酵而成的"醪糟儿"，醪糟儿洁白细腻，稠状的糟糊可当主食，上面的清亮汁液颇近于酒。"秫"，高粱的别称，杜康作秫酒，指的是杜康造酒所使用的原料是高粱。如果硬要将仪狄或杜康确定为酒的创始人的话，只能说仪狄是黄酒的创始人，而杜康则是高粱酒创始人。

4. 猿猴造酒说

据清朝彭贻孙《粤西偶记》记载："粤西平乐（今广西壮族自治区东部）等府，山中多猿，善采百花酿酒。"清朝文人李调元也在他的著作中有类似记述。这些记载可以证明这样的事实，即在猿猴的聚居处，多有类似"酒"的东西发现。至于这种类似"酒"的东西是怎样产生的，是纯属生物学适应的本能性活动，还是猿猴有意识、有计划的生产活动，是值得商榷的。

总之，按照酒的生成原理，以科学的角度来看，酒是一种发酵食品，它是由一种名为"酵母菌"的微生物分解糖类产生的。酵母菌是一种分布极其广泛的菌类，在广袤的大自然原野中，尤其在一些含糖分较高的水果中，这种酵母菌更容易繁衍滋长。因而地球上最早的酒，应是落地野果自然发酵而成的。此外，天然谷物受潮后会发霉和发芽，吃剩的熟谷物也会发霉，这些发霉发芽的谷粒，就是上古时期的天然曲蘖，将之浸入水中，便发酵成酒，即天然酒。所以，我们可以这样认为：酒的出现，不是人类的发明，而是天工的造化。我们的先祖从最初尝到天然酒到"酝酿成酒"，是一个漫长的过程，其具体时间已无法考证。但据考古发掘，近现代出土的新石器时代的陶器制品中，已有了专用的酒器。这说明至少当时，我国酿酒技术已经开始盛行。

远古时期，酿酒的基本过程是：将谷物蒸熟（经过蒸熟的原料，便于微生物的作用）—制成酒曲（便于被酶所分解）—发酵成酒—滤去酒糟—得到酒液。这样的酿酒过程主要是通过考古器具的发现来推测的，由于酿酒器具的组合中，都有供煮料用的器具，说明酿酒原料是煮熟后才酿造的，进一步可推知在 5 000 年前，用酒曲酿酒可能是酿酒的方式之一。

夏商周贵族饮酒极为盛行，从已发掘出来的大量青铜酒器可以证实。西周王朝建立了一整套机构对酿酒、用酒进行严格的管理。在这套机构中，有专门的技术人才，有固定的酿酒式法，有酒的质量标准。这说明当时的酿酒技术已较为完善。

酒之大兴，始自东汉末年至魏晋南北朝时期，盛于隋唐。魏晋南北朝时，各国连年争战，社会动荡不安，统治阶级内部产生了不少失意者，大家借酒浇愁，狂饮无度；饮酒不但盛行于上层，而且进入寻常百姓家。隋唐统一天下后，中国进入封建社会的繁盛时期，汉唐盛世及欧、亚、非陆上贸易的兴起，使中西酒文化得以互相渗透。秦汉及至唐宋，《齐民要术》、《酒法》等科技著作问世，新丰酒、兰陵美酒等名优酒开始涌现，黄酒、果酒、药酒及葡萄酒等酒品也有了发展，刘伶、阮籍、李白、杜甫等酒文化名人辈出，中国传统酒的发展进入了灿烂的黄金时代。

宋末到晚清，是我国传统酒的提高期。明代李时珍在《本草纲目》中说："烧酒非古法也，自元时起始创其法。"指的是西域的蒸馏器传入我国，举世闻名的中国白酒登上了历史舞台，从此，白酒、黄酒、果酒、葡萄酒、药酒五类酒竞相发展，绚丽多彩，特别是白酒开始深入生活，成为人们不可或缺的杯中珍品。

二、酒的种类与名酒代表

酒的分类标准很多，按酒的生产方法通常可以分为发酵酒、蒸馏酒、配制酒；按酒精含量可分为高度酒、中度酒、低度酒；按商品类型分为黄酒、白酒、葡萄酒、果酒、啤酒和药酒等。

黄酒是我国最古老的饮料酒，至今已有 3 000 多年历史，因其酒液呈黄色而取名为黄酒。黄酒以糯米、大米或黍米为主要原料，经蒸煮、糖化、发酵、压榨而成。黄酒度数一般比较低，多在 16～18 度，营养价值很高，含有糖、氨基酸、维生素等多种成分。成品黄酒用煎煮法灭菌后以陶坛盛装封口，酒液在陶坛中越陈越香，故又称"老酒"。黄酒中最为著名的当数浙江绍兴黄酒和江苏丹阳封缸酒。

白酒是中国传统蒸馏酒。中国白酒以谷物等富含淀粉的作物为原料，经过糖化发酵后，用蒸馏法制成。酒的度数一般都在 40 度以上，酒液清澈透明，质地纯净，有酱香型、窖香型、清香型和米香型等不同香型，各有其风味。其代表名品有茅台、五粮液和宝丰酒等。

葡萄酒是用新鲜的葡萄或葡萄汁经发酵酿成的酒精饮料。法国生物学家巴斯德曾说过，"没有葡萄酒的一餐，如同没有阳光的一日"，足见葡萄酒的营养成分很高。葡萄酒除去酒和水以外，还含有糖、蛋白质、无机盐、微量元素、有机酸、果胶、各种醇类及多种维生素，这些物质都是人体生长发育所需要的，对于维持人体的正常生长、代谢是必不可少的。国内较著名的葡萄酒有张裕葡萄酒、长城葡萄酒等。

啤酒是以大麦芽、酒花、水为主要原料，经酵母发酵作用酿制而成的饱含二氧化碳的低酒精度酒。其作为外来酒种，约在 20 世纪初传入我国。啤酒营养价值很高，成分除水和二氧化碳外，还有碳水化合物、蛋白质、维生素及钙、磷等物质，有"液体面包"之称，经常饮用有消暑解热、帮助消化、开胃健脾、增进食欲等功能。国内著名的啤酒品牌有青岛啤酒、燕京啤酒等。

果酒的生产是以新鲜的水果为原料，利用野生或人工添加酵母菌来分解糖分，产生酒精及其他副产物，除了葡萄外，其他水果制成的酒都叫果酒。与白酒、啤酒等其他酒类相比，果酒的营养价值更高，它含有人体所需多种氨基酸和维生素及铁、钾、镁、锌等矿物元素。民间的家庭时常会自酿一些果酒来饮用，常见的有樱桃酒、荔枝酒、李子酒和水蜜桃酒等。

药酒是一种将药物置于白酒中浸泡而成的，具有医疗和保健功能的酒。从制作方法上，有冷浸法、热浸法、酿酒法等，家庭配制也很方便。适当饮用药酒，有防治疾病、延年益寿的作用。

三、中国酒文化

酒文化在中国源远流长，其中既有酒自身的物质特征，也有品酒所形成的精神内涵，酒文化作为一种特殊的文化形式，在中国的传统文化中有其独特的地位。

1．酒令

饮酒行令，是中国人在饮酒时助兴的一种特有方式，由来已久，盛行于各个朝代，形式多种多样。

最古老而又持久的酒令当首推"投壶"。投壶产生于春秋前，盛行于战国。游戏时，参与者手持一头齐一头尖的"矢"，投入"壶"中，壶口广腹大、颈细长，极难投入。即便投入壶中，因壶内盛小豆，圆滑且极富弹性，所投之矢往往弹出。投入者为胜，胜方罚输方饮酒，并奏乐助兴。

魏晋时，文人雅士喜作流觞曲水之举。所谓"流觞曲水"，是选择一处风雅静僻所在，文人墨客按秩序安坐于水边，一人置盛满酒的杯子于上流使其顺流而下，酒杯止于某人面前即取而饮之，再乘微醉或啸吟或援翰，作出诗来。此酒令令文人墨客十分喜爱，流行较盛。

唐朝较盛行"藏钩"、"射覆"。"藏钩"即甲方将"钩"或藏于手中或匿于手外，握成拳状让乙方猜度，猜错罚酒；"射覆"的"射"就是猜或度量之意，是先让一方暗暗覆物于器皿下让另一方猜。

明清两朝流行的酒令当推"拧酒令儿"，即不倒翁。参与者先拧着它旋转，一待停下后，不倒翁的脸朝着谁就罚谁饮酒。

此外还有其他雅令和通令，丰富多彩，不一而足。

2．酒诗

中国是世界上酿酒与饮酒最早的国家之一，在漫长的岁月中，诗与酒结下了难解之缘。在古代文人那里，有酒必有诗，酒能激发诗人的创作灵感，诗能增添饮酒的高雅情调，酒和诗彼此依托，相互映衬。

翻开中国灿烂辉煌的诗歌史，数以万计的诗章仍旧飘溢着酒香。曹操《短歌行》："对酒当歌，人生几何？譬如朝露，去日苦多。概当以慷，忧思难忘。何以解忧？唯有杜康。"表达他求贤的渴望。李白《将进酒》："五花马，千金裘，呼儿将出换美酒。与尔同销万古愁。"将满腔的不合时宜借酒抒情，来了一次淋漓尽致的抒发。白居易《问刘十九》："绿蚁新醅酒，红泥小火炉。晚来天欲雪，能饮一杯无？"以朴素亲切的语言，富于生活气息的情趣，不加雕琢地写出了朋友间诚恳亲密的关系。诗人们兴随酒起，诗的灵感从中泛出，思与酒来，酒的芳香在诗中留存，美诗佳句，油然成吟。

3．酒事

在历史上，有很多与酒相关的故事和名人，如"箪醪劳师"，"竹林七贤"等，而其中最为著名的当属赵匡胤"杯酒释兵权"。

宋太祖赵匡胤即位后，手下大将依然手握重兵，联想到五代时大将屡屡叛乱取代前朝的旧事，赵匡胤心中非常不安。于是公元 961 年，宋太祖赵匡胤在赵普的建议下，在宫里举行宴会，请石守信、王审琦等几位老将喝酒。席间宋太祖说："一个人活在世上，生命非常短促，贪图富贵的人，不过想多积聚一些金银财宝，好好享福，使子孙不会贫穷。你们倒不如交出兵权，到地方上去做个大官，买一些最好的田地，华丽的住宅，替子孙多置办一些产业，再多买一些歌妓舞女，早晚饮酒作乐，过上一辈子。我再和你们联婚，君臣之间，没有猜疑，上下相安，不是很好吗？"石守信等人这才恍然大悟，原来宋太祖要他们交出兵权，赶快向宋太祖叩头谢恩。第二天上朝，石守信等人纷纷推说有病，请求辞去军职。

宋太祖收回地方将领的兵权以后，建立了新的军事制度，从地方军队挑选出精兵，编成禁军，由皇帝直接控制；各地行政长官也由朝廷委派。通过这些措施，新建立的北宋王朝开始稳定下来。"杯酒释兵权"的故事更被传为佳话。

练 习 题

一、选择题

1. 新石器时代，最主要的烹饪器具是（　　　）

　　A. 打制石器　　　　B. 磨制石器　　　　C. 竹木器　　　　D. 陶器

2. 宋元明清时期，中国传统饮食文化处于（　　　）

　　A. 萌芽时期　　　　B. 形成时期　　　　C. 发展时期　　　　D. 成熟时期

3. 在我国几大茶类中，综合了绿茶和红茶的制法，独具鲜明特色的茶叶品类是（　　　）

　　A. 黄茶　　　　　　B. 乌龙茶　　　　　C. 白茶　　　　　　D. 黑茶

二、填空题

1. 在人类饮食的发展历程中，对_____的掌握和使用，使得人类真正跨入了熟食时代，为人类的文明饮食播下了种子。

2. 中国的四大菜系主要是指四川菜系、_____、山东菜系和_____。

3. 关于酒的起源，一直以来都流传着一些美好的传说故事，主要以_____、"仪狄造酒说"、_____和"猿猴造酒说"最为著名。

三、问答题

1. 简述中国传统饮食的渊源发展。

2. 中国的四大菜系各有什么样的特色？分别有哪些代表菜品？

3. 中国茶文化对世界文化有什么贡献？

第四篇

中国传统艺术与工艺美术文化

第（十）（三）章

中国传统艺术

第一节 汉字和书法艺术

一、汉字的起源

汉字，是我们中华民族特有的一种文字，是世界上最古老的文字之一，是中华儿女在长期的社会实践中，因生活和交流的需要，在劳动中不断创造和发展起来的，是中华文明的象征。在日常生活中，我们时时处处都能见到它的身影，可以说，只要有中国人的地方，就一定有汉字。可是，大家知道汉字是怎样来的吗？中华文字，源远流长，从仓颉造字的古老传说到 100 多年前甲骨文的发现，历代中国学者一直致力于揭开汉字起源之谜，至今说法不一。

关于汉字的起源，中国古代学术文献上有种种说法，如"结绳"（见图13-1）、"八卦"、"图画"、"书契"等，古书上还普遍记载有黄帝史官仓颉造字的传说。现代学者认为，自成体系的文字工具不可能完全由一个人创造出来，仓颉如果确有其人，应该是文字的整理者或颁布者。

据学者考证，最早的刻画符号（最早的书法艺术）距今已有 8 000 多年。最近几十年，中国考古界先后发布了一系列较殷墟甲骨文更早、与汉字起源有关的出土资料。这些资料主要是指原始社会晚期后逐渐出现在陶

图 13-1 古代的结绳记事

器上面的刻画或彩绘符号，另外还包括少量刻写在甲骨、玉器、石器等上面的符号。可以说，它们共同为解释汉字的起源提供了新的依据。通过系统考察、对比遍布中国各地的 19 种考古学文化的 100 多个遗址里出土的陶片上的刻画符号，有学者认为，中国最早的刻画符号出现在河南舞阳贾湖遗址，距今已有 8 000 多年的历史。

现代学者们通过科学的途径，比如综合运用考古学、古文字构形学、比较文字学、科技考古等一些基本方法以及高科技手段，进一步对这些原始材料进行了全面整理，从而梳

理排比出商代文字之前汉字发生、发展的一些头绪。据悉，从考古发掘的出土文字资料来看，中国至少在三皇五帝及夏时期已经有了正式的文字。如近年考古工作者曾经在山西襄汾陶寺遗址所出的一件扁陶壶上，发现毛笔朱书的"文"字。这些符号都属于早期文字系统中的基本构形，可惜这样的出土文字信息迄今仍然稀少。

就目前我们所知和所见到的殷商文字资料来说，文字载体的门类已经很多。当时的文字除了用毛笔书写在简册上之外，其他的主要刻写在龟甲兽骨、陶器、玉石上以及陶铸在青铜器上。商代文字资料以安阳殷墟出土的占卜用甲骨和青铜礼器为主要载体，是迄今为止中国发现的最早的成熟文字。可以说，汉字最早成熟于商代。文字的发展大致经历了甲骨文、金文、篆文、隶书、楷书、行书、草书7个阶段。伴随着文字的发展，书法艺术应运而生。

二、汉字的发展与书法艺术

书法是汉字的书写艺术。它不仅是中华民族的文化瑰宝，而且在世界文化艺术宝库中独放异彩。汉字在漫长的演变发展的历史长河中，一方面起着思想交流、文化继承等重要的社会作用，另一方面它本身又形成了一种独特的造型艺术。

1．甲骨文

在原始社会，先民们为记事而刻画的那些线条只是汉字的前身，不能算是真正的汉字，所以也不存在真正意义上的书法。我国最早的、比较成熟的文字是殷商时期的甲骨文（见图13-2）。甲骨文是清光绪二十五年（1899年）在河南安阳小屯村商朝遗址发现的殷商人刻在龟甲和兽骨上的文字，主要记载占卜、祭祀等活动，又被称为"甲骨刻辞"。安阳小屯殷墟出土的甲骨文年代，约在3 000年前，是商王武丁到帝乙200多年间的遗物。虽然后来也发现了一些西周早期的甲骨文，但从整体上说，甲骨文可以作为商代文字的代表。甲骨文虽然是早期的文字，但不少专家认为，古人在契刻中已经将甲骨文作为美的对象来加以表现了，因此可以将其看作中国书法的滥觞。

图13-2 甲骨文

2．金文

如果将甲骨文看做商文字的代表，那么金文就可以被看做西周文字的代表。金文是指商周时期青铜器上的铭文，古代的青铜器又称"吉金"，所以又把青铜器铭文称作"金文"，亦称"钟鼎文"（见图13-3）。青铜器种类很多，有酒器、食器、兵器、乐器等。商周时代的青铜器多被用做礼器，而金文主要存在于这类礼器上。其内容多为祀典、锡命、征伐、约契等的记录。殷代金文的字体和甲骨文相近，铭文的字数也较少。在青铜器上铸长铭文的多见于西周，最长的铭文达

图13-3 金文

497 字。春秋以后，铭文日趋简短，多为督造者、铸工的姓名和器名等。金文绝大多数是与器物一起被浇铸出来的，偶尔也有用刀直接契刻的。从文字的发展来看，甲骨文的象形味较重，字形繁复，笔画随意增减，异体字很多；金文则略具象形味道，字形比较简单，异体字也大量减少。从书法的角度看，因为甲骨文是用刀契刻出来的，所以笔画很细，换向不能圆转自如，一般都是重新起笔刻成方折形；而金文由于浇铸笔画较粗，圆转自如，不带棱角。战国末年，金文的字体逐渐和小篆接近。

3. 篆书

篆书是大篆和小篆的统称。大篆有广义和狭义之分。广义的大篆指甲骨文、金文、籀文和春秋战国时通行于六国的文字。狭义的大篆专指籀文，即春秋战国间通行于秦国的文字。大篆的象形意味已趋消失，字形也逐渐简易与整饬，笔锋逐渐收敛，并已重视整体美观。西周晚期，大篆日趋规范化和个性化，字体匀称，笔画有力，风格厚重雍容，却也逐渐失去早期的粗犷和质朴。现存的石鼓文（见图 13-4）就是大篆的代表作。

小篆是大篆的对称，也叫"秦篆"，是秦代通行的文字。秦统一后的文字称为"秦篆"，又叫"小篆"，是在金文和石鼓文的基础上删繁就简而成。著名书法家李斯主持整理出了小篆，代表作有《绎山刻石》（见图 13-5）、《泰山刻石》、《琅琊刻石》、《会稽刻石》，历代都有极高的评价。秦始皇统一中国后，采用李斯的建议，实行"书同文"的政策，统一了全国文字，在前代文字的基础上，将正体字整理为小篆，将草体字整理为隶书。秦代以小篆为汉字的正宗。小篆除字形的简化外，形体匀圆齐整，线条粗细一致，结构严谨缜密、均衡对称，且更加抽象化，较大地减少了象形意味，进一步推动了汉字从图案化向符号化的转变。秦代书法在我国书法史上留下了辉煌灿烂的一页，气魄宏大，堪称开创书法艺术之先河。自两汉以后，除在特别庄重或需要特别美化的场合，篆书已逐渐失去了它的实用价值，篆书艺术也随之式微。直到清代，篆书艺术才重新兴盛起来，并出现了一批篆书大家。代表人物有桂馥、吴大澂、洪亮吉、邓石如、章太炎等人。

图 13-4 大篆—石鼓文　　　　　图 13-5 小篆—李斯《泰山刻石》

4. 隶书

隶书又被称为"八分"、"分书"，是由籀文大篆的草体字变化而来，作为篆书的辅助书体而盛行。晋卫恒《四体书势》说："秦既用篆，奏事繁多，篆字难成，即令隶人佐书，曰隶字……隶书者，篆之捷也。"这说明隶书是篆书的快写，是为了提高工作效率而发展起来的。隶书把篆书圆转的笔画变成方折，象形意味极大地减少；隶书将图案化的线条变成符号化的线条，因而更加便于书写。隶书的出现是汉字书写的一大进步，是书法史上的一次革命。它不但使汉字趋于方正楷模，而且在笔法上也突破了单一的中锋运笔，为以后各种书体流派奠定了基础。早期隶书，字形构造保留篆书形迹较多，后来逐渐发展成为与小篆完全不同的字体，打破了六书的传统，奠定了楷书的基础，是文字发展演变的一个转折点。西汉时期是秦篆和隶书并用，到东汉时期，篆书已较少使用，主要大量使用的是完全成熟的隶书。"后汉以来，碑碣云起"是汉隶成熟的标记。东汉是隶书发展的鼎盛时期，民间无名书法家大量涌现，作品风格流派纷呈。但就整体艺术特征来看，其运笔藏露相间，表现了笔力含蓄蕴藉之美，给人以秀润遒劲之感。其中杰出的碑刻有《礼器碑》、《曹全碑》、《华山碑》、《乙瑛碑》、《鲜于璜碑》、《石门颂》（见图 13-6）等。尤其以《石门颂》最著名，被书法家视为"神品"。与此同时，东汉蔡邕的《熹平石经》（见图 13-7）达到了恢复古隶、胎息楷则的要求，成为汉隶书的杰出代表。汉以后的隶书大家有唐代的韩择木、清代的郑簠、金农、邓石如、伊秉绶、赵之谦等。隶书的演变有主要有两个方向，一是楷化，一是草化。

图 13-6　《石门颂》摩崖石刻　　　　图 13-7　《熹平石经》

5．楷书

楷书因形体方正，笔画平直，可作楷模而得名。楷书又称"正书"、"真书"，因为"正"和"楷"都有"标准"的含义，所以又把它称为"正楷"。东汉之后的三国至魏晋南北朝是隶书向楷书的过渡时期。楷书的点画和结体形式是从隶书草体中逐渐产生的，所以在尚未成为流行的正体之前，还是被称为隶书。在隶书向楷书转化的过程中，三国时期的钟繇起了非常重要的作用，据说楷书是钟繇所创。他把流行于民间的隶书中那种突破传统隶书陈规的方正平直、简省易写的笔画集中起来进行活用，以平实的横、捺取代藏锋、翻笔隶书的蚕头磔尾，参以篆书、草书的圆转笔画，促进了楷书的定型。宋以来法帖中所刻《宣示表》、《贺捷表》、《荐季直表》（见图 13-8）、《力命表》和《墓田帖》等，真迹已无存，都出于后人临摹。到东晋王羲之、王献之父子登上书坛，楷书才真正地成熟了。唐代的楷书艺术极为繁荣，是中国书法史上楷书发展的高峰，代表人物有欧阳询、虞世南、颜真卿（其作品见图 13-9）、柳公权。元代的书法家赵孟頫以楷书见长。其中欧阳询、颜真卿、柳公权、赵孟頫四人被称为"楷书四大家"。

6．行书

行书相传始于汉末，是介于草书和正楷之间的一种字体。它不像草书那样潦草，也不像正楷那样端正，是一种很有实用价值的书体。楷法多于草法的叫"行楷"，草法多于楷法的叫"行草"。在行书艺术的发展过程中，东晋的王羲之功不可没。他在行书上取得的成就就像钟繇在楷书上取得的成就一样，二人是中国书法史上的两座并秀齐美的高峰。王羲之最有代表性的行书作品《兰亭序》（见图 13-10），有"天下第一行书"之称，他亦被人称为"书圣"。其笔势"飘若浮云，矫若惊龙"。其子王献之的《洛神赋》字法端劲，所创"破体"与"一笔书"为书法史上一大贡献。另外王羲之的《快雪时晴帖》（见图 13-11）、王献之的《中秋帖》和王珣的《伯远帖》并称为"三希贴"，是行书的杰出代表作。宋代的楷书不如唐代那样受重视，于是书家们把注意力都集中在艺术性更强的行书上。代表人物是苏轼、黄庭坚、米芾、蔡襄四大家。元明清的行书成就总的来说不如宋代。

图 13-8　钟繇《荐季直表》

图 13-9　颜真卿《多宝塔》

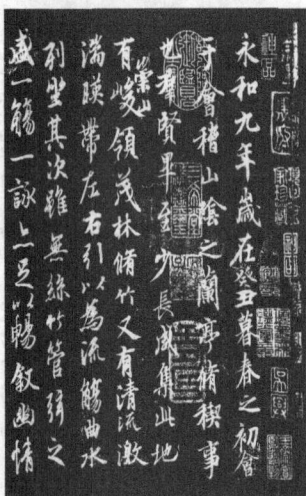

图 13-10　《兰亭集序》

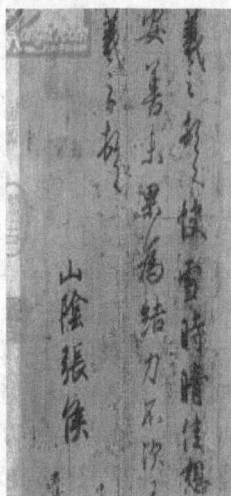

图 13-11　《快雪时晴帖》

7. 草书

隶书的草化首先是章草，其后是今草。章草是隶书的草写，它还保留着隶书笔画的特点，字形扁平，有波磔，字字独立，但笔画连绵，结构简化。现在可以见到的最早的章草作品是西汉时史游所写的《急就章》。今草是章草的快写，也就是一般所说的草书，相传是东汉张芝所创。今草的特点是脱去了章草中保留的隶书笔画，波笔消失，字形由扁平趋于狭长，纯以锋尖线条运笔，上下字之间的笔势往往牵连相通，体势连绵起伏，笔画奔放飞舞，偏旁相互假借。东汉时期草书大家以杜度、崔瑗、张芝为代表，张芝被后人称为"草圣"；当时还出现了中国第一部书法理论专著——崔瑗的《草书势》。唐代的张旭（作品见图13-12）和怀素，以癫狂醉态将草书表现形式推向极致，笔势连绵回绕，字形变化繁多，成为"狂草"，时人并称其为"癫张醉素"。

图13-12　张旭草书

第二节　绘画和雕塑艺术

一、绘画的起源和发展

1. 原始社会的岩画和彩陶

要了解中国绘画的起源，首先要了解原始社会时期的岩画。岩画，顾名思义就是在岩石上作的画。岩画是一种石刻文化，在人类社会早期发展进程中，人类祖先以石器作为工具，用粗犷、古朴、自然的方法——石刻，描绘、记录他们的生产方式和生活内容，它是人类社会的早期文化现象。原始社会岩画的内容大多是狩猎、征战、舞蹈、祭祀等，造型简单，形象粗放，可以看做中国绘画的雏形。

中国岩画大致分为南北两个体系。南方体系除广西左江流域，还有四川、云南、贵州、福建等地。南方体系岩画大都以红色涂绘，颜料主要是以赤铁矿粉调和牛血等制成，制作年代在战国至东汉期间。北方体系以阴山、黑山、阿尔泰山等地为主。北方体系岩画（见图13-13）大都是刻制的，刻制又包括磨制、敲凿与线刻。制作时间的跨度很大，最早的可能在新石器时代，最晚的在元代。南北方这些数以万计的岩画为后来中国绘画的发展奠定了坚实的基础。

中国岩画除了南北两个体系外，东南沿海地区的岩画（见图13-14）也自成体系，它们都是抽象性的符号，用磨刻的方法制成。

中国是世界上最早发明陶器的国家，彩陶的出现是陶器发展史的一大进步，也是绘画艺术的新阶段。从新石器时代遗址发现的陶器看，彩绘分图案和图画两大类，其中大多是图案。图画中植物画、动物画、人物画都有发现。其构图虽稚拙，却质朴自然，饶有趣味。图案是图画的变形，其装饰性更强。如陕西西安半坡村出土的人面鱼纹彩陶盆和舞蹈狩猎图像等，反映了人们处于当时的环境下，发自内心的、对更美好生活的向往，是仰韶工艺的代表作。除此之外，从河姆渡文化、大汶口文化、良渚文化等出土的陶器来看，图纹、色泽、形制等有不同程度的变化，代表着不同的艺术风格。

综上所述，岩画和彩陶可以说是中国绘画的源头。直到现在，我们对史前绘画的了解都是从出土的彩陶及遍布全国的岩画遗存中得来的，而这些作品的创作大多源于宗教和巫术，并不是出于审美和欣赏的需要。

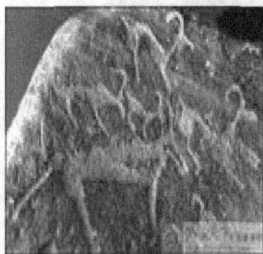

图 13-13　贺兰山岩画

图 13-14　连云港将军崖岩画

2．先秦绘画

从公元前 21 世纪建立的夏开始，经过商、西周直到春秋、战国的这一时间段统称为"先秦"。先秦绘画主要见于历史传说和文献记载。夏商周的绘画遗物很少，考古仅有零星的发现。1975 年在河南殷墟出土的壁画残片和在洛阳东郊第二号殷人墓葬中出土有红、黄、白、黑四色画的残迹都说明夏商时代已经有了绘画。春秋战国时期的绘画，开始脱离工艺母体而独立成长，绘画的用途扩大，绘画手段也进一步完善。1949 年在长沙陈家大山 1 号楚墓出土的《龙凤人物图》（见图 13-15）、1973 年在长沙子弹库 1 号墓出土的《人物御龙图》和现已流落国外的于 1942 年在长沙子弹库楚墓出土的《缯书》，是先秦绘画中极其珍贵的实物资料。这三幅帛画以墨线勾画人物的技法为后世传统绘画表现技法奠定了基础。

图 13-15　《龙凤人物图》

3．秦汉绘画

秦汉时期是中国统一的多民族封建国家的建立与巩固时期，也是中国民族艺术风格确立与发展的极为重要的时期。秦汉时代的绘画艺术，大致包括宫殿寺观壁画、墓室壁画、帛画等门类。

（1）宫殿寺观壁画。秦朝是一个短命的王朝，除壁画以外，其他类型的绘画几乎没有任何实物资料，而壁画大多也在大火中化为灰烬。20 世纪 70、80 年代，咸阳发现了大批壁画，内容有人物、动物、植物、建筑、神怪等，壁画的颜料有黑、赭、黄、大红、朱红、石青、石绿等，使人可以依稀领略到秦代宫廷绘画的辉煌（见图 13-16）。汉代时的宫殿衙署普遍绘有壁画（见图 13-17），但随着建筑物的陆续消亡，这些壁画也几乎消失殆尽。

图 13-16 秦朝壁画

图 13-17 西汉壁画

（2）墓室壁画。秦代的墓室壁画遗迹，迄今尚未发现。汉代崇尚厚葬，从而使得汉代的绘画通过墓室壁画和帛画的形式保留到现在。20 世纪 20 年代初，洛阳八里台的空心砖壁画，是有关西汉墓室壁画的首次重要发现。1931 年，辽宁金县营城子壁画墓的清理，则揭开了东汉墓室壁画的面纱。在随后的数十年间，全国各地又发现了 40 余座壁画墓，为探讨汉代绘画艺术的发展状况，提供了最为重要的实物资料。

（3）汉代帛画。汉代画在缣帛上的作品很多，但历经千年之后，遗存极少。目前最重要的发现有 20 世纪 70 年代分别出土于湖南长沙马王堆、山东临沂金雀山的汉墓中的西汉帛画（见图 13-18）。

（4）漆画。漆画指古代彩绘漆器上的装饰画，并非泛指一般的"髹漆工艺"。漆画历史悠久，有着与壁画、帛画不同的表现技法。它虽不能和今天的油画相提并论，但漆画艺术中应用油漆的方法很重要。长沙出土的漆器很丰富，马王堆 1 号墓出土了 180 多件漆器，3 号墓出土了 316 件漆器；近 50 年来，从湖北、长沙、四川、贵州、江苏、安徽、甘肃、新疆、陕西、浙江、山东、河北等地均发现了丰富多彩的汉代漆器。

图 13-18 马王堆汉墓帛画

（5）汉画像石。画像石是遗存丰富、很有特色的汉美术史资料（见图 13-19、图 13-20）。艺术家们以刀代笔，在坚硬的石面上创作了众多精美的图像，用以作为建筑构件，构筑和装饰墓室、石阙等。全国发现的汉画像石数以千计。据载，画像石萌发于西汉昭、宣时期，新莽时有所发展，到东汉时进一步扩大，主要分布于山东、河南、陕西、四川及其周围地区。

图 13-19 墓门石虎

图 13-20 乐舞百戏图

4. 魏晋南北朝绘画

魏晋南北朝时期的绘画内容，概括起来有"三多"：第一是表现生产活动的画面多，如壁画中的《屯田图》，描写人们的垦田、放牧、采桑等活动，颂其辛劳；第二是表现宴享、出行、狩猎等娱乐活动的多，从嘉峪关壁画中，可以看到人们聚会、狩猎等活动以及奴仆为主人奏乐舞蹈的情景；第三是表现少数民族的画面多，如嘉峪关新城 6 号墓中，有一幅《采桑图》，图中短衣窄袖、垂发赤足者，就是少数民族妇女。

5. 隋唐绘画

隋代的绘画风格承前启后，有"细密精致而臻丽"的特点。来自各地、集中于京畿的画家，大多擅长宗教题材，也善于描写贵族生活。作为人物活动环境的山水，由于重视了比例，较好地表现出"远近山川，咫尺千里"的空间效果，山水画开始独立出来。隋代的著名画家有杨契丹、郑法士、董伯仁和展子虔，孙尚子与尉迟跋质那亦名重于时。

唐代的绘画在隋的基础上有了全面的发展，人物鞍马画取得了非凡的成就，青绿山水与水墨山水先后成熟，花鸟与走兽也作为一个独立画科引起人们注意，不再作为人物画的背景而出现，可谓异彩纷呈。初唐时的人物画发展最大，山水画则沿袭隋代的细密作风，花鸟画已经出现个别名家，宗教绘画的世俗化倾向逐渐明显和增多。从已发现的乾陵陪葬墓壁画的山水画中，我们已经可以看到比较简单的斧劈皴。以薛稷、殷仲容为代表的花鸟画，设色和水墨的形式都已出现。此外，阎立德与康萨陀等是这时最著名的画家。他们的作品和作风丰富了初唐时期的画坛，为盛唐画风的突变奠定了基础。虽然他们的作品大多没有流传，但是我们从乾陵各陪葬墓的壁画、新疆出土的绢画与敦煌莫高窟的壁画中，都可以看到当时他们不同的风格。

盛唐时期是中国绘画发展史上一个空前繁盛的时代，也是一个出现了巨人与全新风格的时代。这一时期的宗教绘画更趋世俗化，经变绘画又有发展。不同地区的画法交融为一，产生了颇受欢迎的新样式，以"丰肥"为时尚的现实妇女进入画面。以吴道子、张萱为代表的人物仕女画（见图 13-21），从初唐的政治事件描绘转为日常生活描绘，造型更加准确生动，在心理刻画与细节的描绘上超过了前代的画家。中晚唐的绘画，一方面完善盛唐的风格，另一方面又开拓了新的领域。此时，以周昉为代表的人物仕女画及宗教画更见完备。

图 13-21　张萱《虢国夫人游春图》

6. 五代、两宋绘画

五代十国的书画，在唐代和宋代之间形成了一个承前启后的时期。无论是人物、山水还是花鸟，都在前代的基础上有了新的变化和面貌。北宋继承了五代西蜀和南唐的旧制，建国之初，就在宫廷中设立了"翰林书画院"，对宋代绘画的发展起到了一定的推动作用，也培养了大批的绘画人才。

北宋画坛上的突出成就是山水画的创作，李成和范宽为其代表。花鸟画在北宋时期的宫廷绘画中占有主要地位，风格是黄筌的富贵之风，直到崔白等画家的出现才改变这个局面。北宋人物画的主要成就表现在宗教绘画和人物肖像画及人物故事画、风俗画的创作上。武宗元、张择端（作品见图 13-22）都是人物画家中的卓越人物。

从北宋中期以后，苏轼、文同、黄庭坚、李公麟、米芾等人在画坛上活跃起来，文人画声势渐起。南宋山水画的代表人物主要是号称"南宋四家"的李唐、刘松年、马远、夏圭，他们各自在继承前代的基础上有所创造。南宋绘画的活动中心，仍集中在画院。南宋的画风与北宋有所不同，山水画家一部分仍沿袭北宋，以全景式的构图、雄浑的自然山水为表现题材。而真正能够代表南宋山水风格的是着重意境，以抒情为目的的偏角山水。南宋的著名人物画家有李唐、萧照、苏汉臣等。他们的人物画创作，很多都与当时政治斗争形势有关，多选择历史故事及现实题材。擅长减笔人物画的梁楷的出现，则为中国人物画的创作开辟了一条新的道路。

图 13-22　张择端《清明上河图》局部

7. 元代绘画

元代绘画在唐、五代、两宋的基础上，有了显著的发展，特点是取消了画院制度，文人画兴起，人物画相对减少。此时的绘画注重诗、书、画的结合，舍形取神，简逸为上，重视情感的发挥，审美趣味发生了显著的变化，体现了中国画的又一次创造性的发展。这一时期的画家思想活跃、重视感情，从而将宋以来形成的文人画推向新的高峰。这也就是所谓的"宋画重理，元画重情"。作为清高傲岸品格象征的梅、兰、竹、菊"四君子画"也日益兴盛起来。

山水方面，初期的钱选、赵孟頫（作品见图 13-23）、高克恭等对唐、五代、宋以来的山水画的继承和发展进行了认真的探索。中后期，黄公望、王蒙、吴镇、倪瓒"元末四大家"出现，在赵孟頫的基础上又各具特色和创造，以简练超脱的手法，把中国山水画提高到了一个新的高度，对明清的影响极大。元代山水画家还有商琦、曹知白、朱德润、唐棣、孙君泽、盛懋、陆广、马琬、陈汝言和方从义等，以及工楼台界画的王振鹏、李容瑾、夏永、朱玉等。人物画的画家有刘贯道、何澄、钱选、赵孟頫、任仁发、周朗、颜辉、张渥、卫九鼎和王绎等。花鸟画以梅兰竹石为主体的文人画广泛流行，讲求自然和笔墨情趣。许多山水画家也兼擅水墨花鸟和梅兰竹石，如钱选、陈琳、王渊、张中、黄公望、李息斋、王蒙、赵孟頫、柯九思、吴镇、顾安、倪瓒、张逊、邹复雷和王冕等。

图 13-23 《鹊华秋色图》赵孟頫

8. 明清绘画

中国绘画经过 1 000 多年的发展，到了明清时期，无论从绘画技法上还是审美观念上，都已达到了一定的高度，显现出画派林立、名家名作迭现的特点。

明朝前期的绘画主要形成三大体系：文人画、宫廷院体画和浙派绘画。文人画，以王履、徐贲、王绂、夏永、谢缙、杜琼和姚绶等为代表。宫廷院体画，以王仲玉、周位、郭纯、边景昭、谢环、李在、商喜、倪端、周文靖、石锐、周全、刘俊、缪辅、殷偕和孙隆等为代表。浙派宗南宋院体，以戴进、夏芷等为代表。明朝中期主要以院体画家林良、吕纪，江夏派的吴伟，吴门画派的沈周、唐寅、文征明等为代表。明朝后期有以董其昌为代表的华亭派，以赵左为代表的苏淞派，以沈士充为代表的云间派，以程嘉燧、李流芳、卞文瑜、邵弥为代表的吴门画派，以篮瑛为代表的武林派，以项圣谟为代表的嘉兴派。人物画的代表画家有陈洪绶。写意花鸟画的代表画家有徐渭（作品见图 13-24）、周之冕、孙克弘等。

清代绘画的发展，大致也可以分为早、中、晚三个时期。早期，"四王（王时敏、王鉴、王翚、王原祁）"画派占据画坛的主体地位，江南则有以"四僧（弘仁、髡残、朱耷、石涛）"和"金陵八家"为代表的创新派；清代中期，宫廷绘画由于社会经济的繁盛和皇帝对书画的爱好而得到很好的发展，但在扬州，却出现了以"扬州八怪"为代表的文人画派，力主创新；晚清时期，上海的海派和广州的岭南画派逐渐成为影响最大的画派，涌现出大批的画家和作品，影响了近现代的绘画创作。此外，壁画的创作渐趋衰败，但仍有许多精彩作品传世。便于传播的版画和年画在明代中期以后得到了极大的发展，直至晚清，出现众多的版画流派和年画生产中心。清代著名画家除"四王"、"四僧"、"金陵八家"和"扬州八怪"外，还有龚贤、恽寿平、任熊、任薰、任颐、赵之谦、虚谷、陈洪绶、吴昌硕等。

图 13-24 徐渭《黄甲图》

二、雕塑的起源和发展

1. 原始社会的雕塑

在人类漫长的历史中，雕塑艺术几乎与人类文明相伴而生，中国原始时期的雕塑艺术，大致可以追溯到公元前四五千年以上。最初的雕塑可以从原始社会先民们使用的石器和陶器算起，这是中国雕塑的雏形。

中国原始雕塑的最初形态是陶制品，这与其实用价值密不可分（见图 13-25）。按照工艺手段的不同，可以将其分为以下几种。一是以动物外形为器皿，如仰韶文化遗址出土的陶质鹰鼎，高 36 厘米，以鹰身为鼎体、以二足和鹰尾为三个支点，器形饱满，为此类雕塑与器皿完美结合的代表作品之一。二是装饰部分的雕塑，它们有的以配件的形式出现，如盖钮、把手等；有的以表面浮雕等形式出现。题材有动物、植物、人物等。如甘肃大地湾出土的陶瓶人头像，可谓中国早期人物雕塑的开端。作者巧妙地将陶瓶的口部塑成一个人头像，制作细腻，形象生动。三是小型动物或人物捏塑，这种小雕塑都是古代工匠不假任何工具而信手捏制的，形体小巧，带有浓厚的人情味。浙江余姚河姆渡文化遗址出土的陶塑猪可能是我国江南地区最古老的雕塑作品，距今已有 7 000 年，尽管作品只有 6.3 厘米长，可它的形象却非常生动，可见雕塑者对生活观察之细腻。

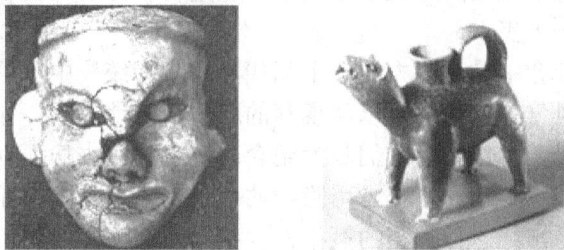

图 13-25　原始社会雕塑

2. 奴隶社会的雕塑

当历史的脚步进入奴隶社会，中国的雕塑也与时俱进，跨入了奴隶社会（见图 13-26、图 13-27、图 13-28）。这一时期雕塑的主要代表是商、周时期的青铜器。与原始陶塑的性质一样，商、周时代的青铜器也并非实际意义上的雕塑，而是用于祭祀、生活的乐器、兵器、工具、礼器等方面的实用器物。因此，有的历史学家将夏、商、周称为"青铜时代"。这一时期的青铜器多为奴隶主所占有，也是某种统治、权威、财富、礼仪的象征。

从整体风格上看，商代青铜器的特点比较端庄、沉重，气质伟岸；西周前期、中期的青铜器比较华丽、装饰繁缛，形象乖张，有一种神秘的色彩笼罩其上；而西周晚期的青铜器则比较写实，不再咄咄逼人，装饰上也相对简洁了一些。

奴隶社会时期，有活人殉葬制度；到了春秋晚期，墓葬已大量使用陶俑替代人殉葬。在山东临淄周代墓葬中出土的陶俑只有 10 厘米左右，外表使用彩绘。此外，在湖南、河南、湖北等地的楚墓中，还发现有木雕人俑，形体轮廓简练，注重整体效果。这一类殉葬品都为"明器"，但是部分在制作上比较粗糙，做工不精细。春秋、战国时代的其他雕塑作品，文献上有零星记载，但实物已无处可见。

图 13-26　鸮尊（妇好墓）　　图 13-27　四羊方尊（湖南）　　图 13-28　象牙杯（妇好墓）

3. 封建社会的雕塑

（1）秦汉雕塑。秦代在雕塑方面有了重大发展，最引人注目、让世人惊叹的就是大型陶塑兵马俑（见图 13-29）和铜车马。秦代只有短短的 15 年，但是其间仅兵马俑的出现，就足以改变中国的雕塑史。秦始皇兵马俑出土于 1974～1976 年，大部分是兵俑和马俑。它的出现立即震惊了世界，被称为"世界第八大奇迹"。这些兵俑的特点是：体态与真人等大，数量众多，神态各异；姿势有立、有跪；身份有驭手、射手，更有军官、士兵之分。马俑特点是形象写实，身手矫健，可见当时雕塑者对生活观察之细致、对塑造技术之精通。作为一种特殊的世界文化遗产，秦代兵马俑的出土，有着不可估量的价值。它显示出我国在 2 000 多年以前就有了很高的雕塑艺术水平，它是古代劳动人民智慧的结晶，比以往任何一个时代都前进了一大步。

汉代是中国封建社会中最具魅力的一个朝代，自秦朝统一中国后，一直在盛衰变化中持续了 400 余年。汉风气势，我们可以从现存的雕塑清楚地看到。如西汉霍去病墓，至今还存有一批杰出的石雕艺术作品，它们是为纪念西汉名将霍去病而创作制造的。"马踏匈奴"高 190 厘米（见图 13-30），作者用隐喻的手法，借战马的形象来体现霍去病的威猛和战功卓著，充分体现出纪念性雕塑的概括性。整个雕塑浑然一体，四肢之间没留空间，增强了体、量的沉重感。

图 13-29　兵马俑　　　　　　图 13-30　马踏匈奴

西汉也有大量的陶俑陪葬。陕西杨家湾就出土了数千件彩绘陶俑，有人有马，阵容整齐。西汉的工艺装饰性雕塑也十分发达，玉雕是不可忽视的小型雕刻艺术之一。常见的有带钩、印牛、头饰、玉佩等，还有随葬品玉蝉、玉猪等。这些小型玉雕小中见大、选材精良、造型完整。

东汉时期，豪强争斗激烈，社会因素很不安定。两个世纪中，厚葬习俗成风，所以留至后代的墓室有很多保存完好。河南南阳是东汉皇帝刘秀的老家，当地的富豪官员、皇亲国戚众多。现在的南阳汉画像博物馆藏有千余件保存基本完好的墓石壁雕。在其他地区也有典型的东汉时期雕塑被发现，如 1969 年甘肃武威出土的"马踏飞燕"（见图 13-31），使全世界为之轰动。这匹奔马三足腾空，一足落在支撑点上，雕塑家巧妙地将底座设计成一只飞燕，象征"天马行空"的潇洒和独行。该作品为铜铸而成，虽只有 34.5 厘米高，但它的气势却是雷霆万钧、无拘无束、不可一世。

图 13-31　马踏飞燕

（2）三国、两晋、南北朝时期雕塑。三国、两晋、南北朝时期是我国雕塑艺术的全面发展时期。佛教在中国的盛行促使佛窟造像艺术蓬勃发展，对中国雕塑史的面貌进行了根本性的改变。石窟佛像艺术以北方地区为主，通过丝绸之路传入内地。甘肃的敦煌石窟、新疆拜城克孜尔石窟等，都有明确的年号题记。一路开凿的还有甘肃天水麦积山石窟、张掖马蹄寺石窟、山西大同云冈石窟、河南洛阳龙门石窟、河北邯郸南北响堂山石窟、江苏南京栖霞山石窟等。下面以我国"四大石窟"为代表重点分析这一时期雕塑的艺术风格。

敦煌莫高窟：此窟所处的地理位置较为偏僻，受战乱影响较小，所以其千佛洞的建造基本上没受到什么干扰。但当地土质疏松，不宜于雕刻造像，只能以泥塑代之。这也是中国佛像艺术的特点之一。敦煌莫高窟的建设规模巨大，从十六国到北朝这一时期的塑像来看，匠师们已把人物形象渐渐中国化，并在造型审美尺度上趋向于当时的流行形式，与同一时期绘画作品中"秀骨清姿"之特点基本保持一致。它的后期作品开始出现唐代的风格迹象，受内地影响的因素也越来越多，比如服装、饰物等方面；再是色彩上，重彩浓抹，表现技法日渐成熟。

麦积山石窟：它的得名是由于外形似麦垛。它位于甘肃天水，同样由于石质的问题，不宜于雕刻造像，属北齐时期的作品较多。相对而言，麦积山石窟雕塑更加生动和世俗化：在众多塑像当中，有面目秀美的佛像、有低声耳语的供养人、有活泼生动的比丘，还有虔诚苦修的老僧以及狰狞怒目的金刚力士。这些泥塑的制造工艺十分精湛，选材讲究，虽未经焙烧但历经千余年仍未损坏。

云冈石窟：该窟位于山西大同，石窟延绵 1 公里之长，大小石窟（龛）约千余个，规模庞大。云冈石窟的开凿年代主要是北魏时期，充分利用了当地石材的特点：体魄巨大、形象庄严，极具体量感和空间感。主佛高达 13.7 米，坐落于石窟中的主要位置，为云冈石窟群的第一期作品；第二期造像的尺寸明显比第一期要小，但更加注重形象刻画，人物动态也更加活泼；第三期已近尾声，时间拖至 6 世纪初，当时的大规模开凿工作已经停止。这一时期的人物形象及衣饰装扮已完全中国化，"褒衣博带"式的中原服装形式已经普及。

洛阳龙门石窟：该窟位于洛阳城南，历经东魏、北齐、隋、唐多个朝代之开凿，作品庞杂，遗留作品也较多。遗憾的是，该石窟曾被外国列强盗去了许多造像以及头、手臂等局部，造成了无法挽回的损失。宾阳中洞是龙门石窟中比较重要的一处，是北朝时期有史实可查的，其形制结构与云冈昙曜五窟相似，窟内饰有莲花、飞天、云气等图案，气氛神秘、纹饰华丽，但无琐碎之感；莲花洞内的石雕莲花特别突出，窟内主佛像为站立姿势，手臂的雕刻尤为动人，似有柔软弹性之感；古阳洞是龙门石窟中较大的一个，历史年代最早，其最有代表性的是在洞内壁面上雕满了小佛龛，几乎每龛都有造像题记，中国著名的魏笔书法碑帖"龙门二十品"中，古阳洞中就有十九品。

（3）隋代雕塑。隋代为短命的统一王朝，经开国帝王文帝杨坚的治理，社会曾在短期内出现了农、工、商繁荣富强的局面。佛教已然成为封建思想统治的主要工具，全国大力恢复被北周武帝毁坏的佛寺和雕像。炀帝继位后，造像之风更盛。除以十几万计的小型佛教雕像以外，还继续开凿石窟，几乎遍布全国。隋代雕塑艺术的主要成就，集中在石窟造像上，其中最有代表性的是敦煌莫高窟、麦积山石窟、济南玉函山石窟等处。其造型上的主要特点是，人物普遍较前代更为健硕，体态丰满。但这一时期的另一个特点，也可以说是弱点，就是比例上的失衡，一些作品在结构和比例上明显不够合理，如莫高窟第 427 窟的隋代菩萨像，头颅显大。这是一个过渡性发展时期，国家统一以后，各种文化相互融合，社会发展急剧变化，是南北朝末期经隋向盛唐的转折阶段，可以说，我国的雕塑艺术从隋代开始拉开了更加灿烂辉煌的序幕，是中国雕塑艺术发展的新阶段。

（4）唐代雕塑。唐代雕塑艺术，与前代的形式几乎相同，主要体现于宗教造像、陵墓随葬。但这一时期，随着工艺技术之发展，材料的运用更加丰富，除石雕、木雕、陶瓷外，还大量使用夹苎、铸铜等工艺材料。

唐代的佛教造像数量非常之多，主要还是体现在石窟、摩崖石刻等。现存的遗迹多集中于新疆克孜尔石窟、甘肃敦煌莫高窟、天水麦积山石窟、山西天龙山石窟、陕西彬县大佛寺、河北响堂山石窟、河南龙门石窟、山东云门山石窟、四川广元千佛崖、乐山摩崖石刻、云南剑川石窟等。其中规模最大、艺术特点最明显者，首推敦煌莫高窟。其菩萨造像，从形象上和装扮上，基本依据当时美人的典型形象，其坐姿出现了一腿盘起、一腿下垂的半倚坐式。世俗化的美丽已打破了宗教禁锢的气氛，更为强调艺术效果。

龙门石窟中，唐代的雕刻占有大部。这一时期的雕像普遍宏伟庞大，体型饱满。以盛唐武则天时期完成的奉先寺为代表，中央大佛（卢舍那大佛）高 17.14 米（见图 13-32），两旁并列的另外 8 尊雕像也都在 10 米以上。大佛有明确年代题记（672 年），据说大佛的面部是参照了武则天的形象雕凿的，这种传说并非完全不可能，在佛像台座上的题记中记录着："……皇后武氏助脂粉钱二万贯。"许多石窟的中、晚唐作品明显不如其前代，有许多减色，尺度、体量、气魄都出现退化的迹象。

四川的广元、巴中、通江以及川南的邛崃、乐山、夹江等地散落着许多摩崖石刻，也是唐代雕塑发展的重要写照。其中最为世人瞩目的要数乐山大佛摩崖雕像（见图 13-33），它比阿富汗的巴米扬大佛（高 53 米，现已被塔利班炸毁）还高出 18 米。乐山大佛公元 713 年始雕，到公元 803 年完工，整整用了 90 年的时间。乐山大佛是借用整个山体开凿的，脚下就是奔腾的三江汇合激流，它是世界上最大的佛像。

唐朝实行"以山为陵"制度，陵前雕刻有动物或人物。如昭陵前置 14 个人物雕像，是唐太宗所降服的外番俘虏，象征外邦小国的归顺；献陵前还置有石虎、石犀，体积巨大，造型简洁有力。在此期间最为著名的雕塑艺术当推"昭陵六骏"（见图 13-34），这是为纪念李世民在唐朝建立过程中立下功劳的六匹战马所制作的六块浮雕。乾陵为高宗李治与武则天的和葬地。陵墓石雕众多，有狮、人物、仗马、朱雀、华表等上百个之多，都是坚硬的石雕，反映出当时那些没有留下姓名的雕塑家的无尽才能。

（5）两宋雕塑。两宋时期雕塑艺术的功用更加宽泛：不仅用于宗教、陵墓、明器，还深入到日常家居生活当中，比如以浮雕山水来替代壁画风景，一时间颇为盛行。北宋的绝大多数习俗都沿袭唐制，尤其是帝王陵墓形式，几乎完全依照唐代乾陵（见图 13-35、图

13-36、图 13-37)。宋代八帝当中的六位都葬于洛阳附近,徽宗和钦宗则被金人擒为俘虏,押往漠北,客死他乡。所以在巩县一带,遍布了包括皇亲国戚在内百余座有名有姓的陵墓,为我们研究当时的雕塑艺术提供了不少实物资料。

图 13-32　卢舍那大佛　　　　　　　　图 13-33　乐山大佛

图 13-34　昭陵六骏

图 13-35　宋陵(鞍马)　　　　图 13-36　宋陵(狮子)　　　　图 3-37　宋陵(象)

　　宋代雕塑最大的一个特点就是统治者的整体文化水平较高,普遍热爱艺术,皇帝本人也直接参与到艺术创作之中。这一时期的艺术美学,倾向于舒缓、柔情、细腻、收敛、雅致,如诗词文学、文人绘画、瓷器艺术等方面尤为突出;表现在雕塑方面,则显露出明显的退化迹象,与其他艺术形式形成了对比。宋代雕塑的致命弱点(或可称特点)就是过分的世俗化严重削弱了雕塑艺术所应有的纪念性、恒久性,更谈不上雕塑艺术在空间上、体量上的追求;但是,任何事物都有它的两面性,作为雕塑艺术众多分支的一种——民间工艺雕刻艺术,却由于世俗化而得以弘扬,像现代的泥、面、糖等彩塑,以及石、玉、牙、骨、竹等雕刻和金工、漆雕等技艺,大都可以把它们的始创年代定为宋代。

　　(6)元、明、清雕塑。可以说,中国的雕塑艺术,在元、明、清三代,一直走着下坡路;在前代繁荣发达的宗教雕塑、陵墓石刻、明器塑造等雕塑艺术形式,都走向尾声,甚至几近消失。此时期只有手工艺雕塑、建筑装饰雕塑等有些发展。这种结局与前代的辉煌极不相称，尤其在清代，仅有的雕塑艺术品种也被淹没于烦琐的装饰、平庸的造型。

明朝最初建都南京，后来迁至北京。明朝统治者起先是本着"驱逐胡虏、恢复中华"的原则推翻元朝统治的，所以它的文化艺术特点明显有追溯唐、宋风格的痕迹。在名目繁多的寺庙里，供奉着各式各样的神像，从题材到表现手法上日趋世俗化、民间化。

山西平遥双林寺便是其中之一。双林寺的历史较为古老，原名"中都寺"，至宋改名。现存明代造像1000余身，最有代表性的是金刚力士像、渡海观音像、罗汉像以及众多的供养人像。至于石窟雕刻方面，到明代已接近尾声。城市经济的发展促使远离人群的石窟艺术为寺庙艺术所替代，尤其是私人祠堂的兴起，几乎使石窟开凿在明、清两代走向绝迹。

明太祖孝陵设置在南京钟山。孝陵规模宏大，布局独特，这座建于永乐十一年（1413年）的陵墓至现在尚存石雕18对，体积比较庞大，形象概括、简练，线条简洁，可作为这一时期雕塑艺术的代表作。十三陵以成祖长陵为中心线，排列的雕塑群与孝陵一致，但与前代有所不同，计有独角兽2对、石狮2对、华表2对、石马及石人物6对、石虎4对、石羊4对、官吏2对、侍臣28对（见图13-38、图13-39）。十三陵的石雕在体积上大于孝陵，从总体风格上看，虽有比较精细的技术处理，但与前代比较起来，缺乏艺术活力，有概念化的倾向。

明代建筑至今尚有许多得以留存，我们可以看到大量以砖、石、木、陶等材料制成的装饰雕刻构件。这种以装饰为目的的雕刻艺术遍布全国各地，广泛存在于宫殿、庙宇、祠堂、园林建筑以及民间住宅等建筑上。其雕刻内容依据建筑的功能不同而包括神话传说、历史故事、动物植物以及几何图案、吉祥图案等，大多雕制精细、色彩亮丽。如明十三陵前的石质牌楼，就是以圆雕、浮雕以及线刻等手法组合而成，艺术效果较好。

图13-38 明十三陵（卧马）　　　　图13-39 明十三陵（文官）

清朝初定都沈阳，后定都北京。其入关以前在沈阳建造了努尔哈赤和叶赫那拉氏的福陵以及皇太极的昭陵。昭陵周围有6座下马碑，以轻纱石材建成，碑身上、下都有"如意纹"浮雕为装饰；位于正红门前的石牌坊为仿木结构雕刻，集圆雕、浮雕、镂雕、透雕为一体，刀法粗犷；神道两侧依次排列着华表1对、石狮子1对、石獬豸1对、石麒麟1对、石马1对、石骆驼1对、石象1对。从整体上看，这一时期的雕塑制作比较粗糙，石质较疏松，到目前仅400年，但风化痕迹已很明显，造型上与秦汉雕塑不能同日而语。

顺治入关以后，帝王陵墓分别建在河北的遵化和易县，亦称"东陵"和"西陵"。清东陵的陵墓前都有各自独立的石雕仪仗，它们分别是石兽 12 对、石人 6 对，共 18 对，有的要略少些。"西陵"陵墓则无艺术性可言。

在整个中国雕塑史上，清代的陵墓雕塑已经是尾声。清代后期，中国受到帝国主义列强的侵略，而腐朽没落的晚清政府统治者软弱无能，导致了 1840 年"鸦片战争"的失败，使中国进入被列强瓜分的半殖民地半封建社会。在这种社会背景下，艺术创作主要以模仿、世袭为主，少有新的创造，缺乏生机和活力。一段时期的洋为中用和盲目办学之风，又使许多寺庙的雕像被毁掉，大量具有很高艺术价值的寺庙雕塑惨遭毁灭和破坏。

（7）近代和现代雕塑。我国的雕塑艺术自 20 世纪以后发生了本质上的变化。真正意义上的造型艺术家开始产生，雕塑艺术创作不再由工匠来完成。但是，由于在相当长的一段时期内，民主革命兴起导致旧制度崩溃，军阀混战、民不聊生，使艺术事业的发展受到前所未有的影响，甚至出现倒退的现象。

新中国成立以后，雕塑艺术得以蓬勃发展，出现了一批卓有成就的雕塑家，如滑田友、王朝闻、刘开渠等。"文化大革命"时期的雕塑艺术也有鲜明的时代印记，具有显著的政治特点，尤其是一些大型的纪念性雕塑，带有一定的典型性、概念化和程式化的美学意志。泥塑《收租院》（见图 13-40）、《农奴愤》（见图 13-41）可以说是中国雕塑史上的两大奇迹，其艺术手法都采用传统的泥塑，以类似于舞台造型的叙事性场面，体现了旧中国的农民和农奴的苦难遭遇，人数众多、场面宏大，由许多优秀的雕塑家共同完成。这一时期雕塑的艺术风格基本上保持了现实主义的特点，在技术上继承了传统"泥菩萨"的做法，制作精细，而其整体性较强，具有完整的故事性。

图 13-40 泥塑《收租院》 图 13-41 泥塑《农奴愤》

20 世纪 80 年代以后，中国社会逐步走向开放，西方的雕塑艺术体系被全面纳入我国的艺术教育，在观念上、技术上基本打破了本民族的传统模式，只有一小部分传统意识还在民间延续。尽管从整个"大美术"的概念上观察，我国的造型艺术的确是"立交桥式"的多向发展结构，但仅从雕塑这个艺术门类来看，民族的、传统的雕塑艺术特色几乎荡然无存。这是一个值得我们深入研究和反思的课题。

第三节 中国戏曲艺术

戏曲是中国传统的戏剧形式，是由文学、音乐、舞蹈、美术、武术、杂技以及表演艺术综合而成的艺术形式。中国戏曲的产生可追溯到远古时代，之后在漫长的发展过程中，经过许多时代的不断丰富、革新与发展，逐渐形成比较完整的戏曲艺术体系。

一、先秦时期

先秦乐舞是戏曲产生的初期。这在《尚书·舜典》上就有早期的记载："予击石拊石，百兽率舞。"这是一群原始社会的人在出猎以前，或猎获回来之后的一种原始宗教仪式：人装扮成兽形跳舞，以祈福或酬神。在舞的时候还伴随着欢呼和歌唱。《吕氏春秋·古乐》说："葛天氏之乐，三人操牛尾，投足以歌八阕。"这里所唱的是祈求风调雨顺、作物丰登之词。在原始社会里，人们过节日，往往以歌舞祀神，同时也娱乐自己。

氏族聚居的村落出于娱神的宗教目的产生了歌、乐、舞三者结合的原始艺术形式——巫舞。巫舞混杂在祈神和娱神的宗教仪式中，呈现出宗教仪式依附物的面貌，最典型的特征就是带有强烈节奏、模拟鸟兽的表演。这样的表演具有拟态性和歌舞性，巫的表演不可避免地带有一定的戏曲成分。因此后人常常把巫的降神表演视做戏剧的起源。随着氏族的逐渐壮大和社会变迁，先秦时期的乐舞逐渐远离宗教和信仰，倾向与人们日常生活和精神需求相结合。在春秋时期，已经出现了专职的人员用说笑话、讲故事以及舞蹈和杂技形式在国王或国王客人面前献艺来取乐的事情。在当时来说，这种形式是音乐和表演相结合，也可以说是最古老的戏曲了。战国时代，俳优、优舞成为人们娱乐的形式之一。楚国"优孟衣冠"的故事更是表明早在先秦时期，就已出现表演性极强、具有一定教化目的的演出活动。

二、秦汉时期

秦朝是个短命的王朝，在戏曲史上可以忽略不计。汉代民间出现了"角抵戏"和"百戏"，"百戏"又称"散乐"，具有更多的表演成分。角抵戏有的是无故事的竞技表演，有的是有故事的表演，与戏曲的距离更近了一步，其中尤以《东海黄公》为著。汉代的百戏上承周代散乐，是多种民间艺术的汇合。它包括角抵、杂技、魔术、歌舞、武术等丰富的内容。百戏中多有丝竹鼓乐伴奏，接近今天的戏曲音乐伴奏。在汉代关中地方的民间歌舞，见于记载的有《东海黄公》等。

三、三国两晋南北朝时期

这时期出现了歌舞与表演相结合的"歌舞戏"，表演成分更加突出。主要见于史载的有《拔头》、《代面》、《踏摇娘》等，戏剧开始形成。蜀博士许慈、胡潜曾经因辩论文义产生分歧乃至互殴。刘备让人表演这段故事，"效其讼阅之状，酒酣乐作，以为嬉戏，初以辞义相难，终以刀杖相屈"（《三国志》卷四二《蜀志·许慈传》）。有人认为这是中国戏剧的开端。后赵石勒以俳优演出某位参军的故事，作为娱乐，这是唐代参军戏的先声。北齐《兰陵王入阵曲》唐时称为《代面》或《大面》歌舞演出兰陵王著假面作战的故事；《踏摇娘》演出醉汉殴妻，其妻怨苦悲诉的故事。在这些歌舞中，故事情节更为完整，更接近后代的戏剧。

四、隋唐时期

随着封建社会的进步，封建社会进入鼎盛时期——唐朝，优戏发展到了一个新的水平，上起宫廷下至民间，经常有优戏演出活动。民间的歌舞戏进入宫廷，得到上层社会的提倡，取得更大的发展。作为戏剧的核心部分——演唱、故事情节、舞蹈动作已经有机地结合在一起。唐代玄宗李隆基时，已经开始设立教坊，教练年轻的艺人练习歌舞。据说唐玄宗就曾经亲自在梨园控弦抚琴，粉墨登场。故此戏曲界往往自称梨园弟子，而将唐玄宗视为梨园祖师。可以说，专业的演员在唐玄宗时才正式存在。从这一点上可以看出，戏曲演员把自己的演出当做一种职业，是在唐代才形成的。优戏的演出题材相对扩大，据文献记载有参军戏、弄假官（假吏）、弄孔子、弄三教等。其中，参军戏受到普遍欢迎，据唐代赵璘的《因话录》记载，公主就曾经在皇宫内观看优戏；李商隐《娇儿诗》里"忽复学参军，按声唤苍鹘"描述的就是唐代参军戏演出的情景。还有，唐代范摅《云溪友议》卷下"艳阳词"记载浙江某民间戏班演出"陆参军"时，女优刘采春扮演参军角色，以其载歌载舞的风流秀媚，竟然吸引住众多闺妇行人。可见当时参军戏演出已经达到相当高的水平，与歌舞戏的结合更使其艺术魅力大为增强。

唐代歌舞戏中较为著名的有《大面》（即《兰陵王入阵曲》）、《钵头》、《苏中郎》、《踏摇娘》等。尤其是《踏摇娘》，运用装扮歌舞等手段来揭示人物心理活动以达相应效果，表演形态已经接近后世的歌舞小戏。因此，它成为唐代歌舞戏的突出代表。这些都表明了歌舞戏与优戏的结合。此外，唐朝的民间还出现了"俗讲"和"变文"等和宗教有关的通俗说唱艺术形式。这些都有利于戏曲的最终形成。

唐代戏曲已经逐步趋于成熟，但形态还不完善，没有完整的故事情节，音乐结构尚未达到程式化的阶段，表演的行当化刚刚起步。但是，它在我国戏曲发展的历史进程中至关重要。从此以后，我国戏剧飞跃发展，戏剧艺术逐渐形成。

五、宋金时期

真正的中国戏曲文学的产生是在宋代。首先，宋代的平话、小说的产生为戏曲演员准备了充足的素材。这些小说内容经过改编都成了木偶戏或皮影戏的主要故事情节，也是宋代开始出现杂剧的主要内容。这些艺术形式确定了剧曲艺术的基本原则。宋代曲谱和剧本的产生更是对戏剧发展的重大贡献。其次，隋唐以前，中国的诗一般都是为演唱而作；但到了唐代，诗的韵律基本形成了不变的格式，因而，千篇一律，有些呆板。这种情况在宋代逐渐发生了变化，为演唱所需要的韵律各异的词牌出现了，并在宋代大为流行。

北宋时期，商品经济发达，北宋都城东京（今开封）等地成为繁华的大商业都市。东京除相国寺为游观之地外，还有专为各种艺术表演而设的瓦舍。据宋孟元老《东京梦华录》所记，12世纪初，东京的瓦舍已遍布东西南北四城，有桑家瓦子、中瓦、里瓦等若干座，尤其以城东靠近大商业区的瓦舍为最大。在这一带不仅紧连着几家瓦舍，而且每座瓦舍中有好几十座"勾栏棚"，多的有50余座。瓦舍是一个集合多种技艺长年卖艺的地方。瓦舍的艺人以卖艺为职业，观众主要是市民，即手工业工人、商人，也有知识分子和官僚、贵族。瓦舍虽集合各种技艺在一处，但分别在各自的勾栏棚里表演。瓦舍勾栏所演出的技艺范围很广，有小说、讲史、诸宫调、合生、武艺、杂技等，也有从滑稽戏发展出来的"杂剧"。南宋都城临安（今杭州）的瓦舍勾栏承袭北宋体制，但杂剧在数量和质量上都有所发展和提高。瓦舍勾栏中各种技艺集中表演，招徕观众，它们互相观摩、互相竞争，也互相吸收，逐渐汇合，这就促进了戏曲的形成。起源于滑稽戏的宋杂剧就是在瓦舍勾栏中吸收了各种技艺而形成的综合性戏曲艺术。在这种情况下，早期的戏曲形式——南戏（宋杂剧）就应运而生了。

宋元南戏又称"戏文"、"南曲戏文"、"温州杂剧"、"永嘉杂剧"等。南戏大约产生于南北之际，城市经济的繁荣和民间表演技艺的兴盛，为南戏的产生创造了良好的条件。南戏的剧本一般都为长篇，一场戏为一出，早期的南戏虽有段落可分，但不注明出数，往往牵连而下。一本戏，长的可达五十多出，短的则为二三十出。南戏的曲调分为引子、过曲、尾声三大类，按它们不同的声情分隶于各个宫调。南戏的曲韵因受南方土音的影响，故有平、上、去、入四声。南戏的角色，通常为生、旦、净、丑、末、外、贴七种。其中以生、旦为主展开剧情，其他角色皆为配角。南戏最初产生于民间，当时的作者全为一些穷困潦倒而流落民间的下层知识分子，他们大都为生计所迫而从事南戏的编撰活动。他们聚集在一些大中城市里，组织起一个个编剧团体，即书会，故当时把这些编撰南戏剧本的穷书生称为"书会才人"。如《张协状元》是由温州的九山书会编撰的，《宦门子弟错立身》和《小孙屠》都是由杭州的古杭书会编撰的。揭露社会黑暗、抨击封建统治阶级、伸张正义、表达劳动人民的愿望和要求是南戏作家们笔下反映最多、最突出的内容。歌颂青年男女之间自由幸福的爱情、提倡婚姻自主，也是宋元南戏的一个重要内容，如《司马相如题桥记》、《祝英台》、《浣纱女》等。南戏因出于书会才人之手，最初多采"村坊小曲"、"里巷吉歌谣"而为之（《南词叙录》），因此，南戏的文辞皆朴实自然，充满乡土气息。南戏流传的时间长、地域广，在其发展过程中，产生的剧本应不在少数，但流传下来的南戏剧本很少。现在全本留存的仅有《张协状元》、《荆钗记》、《拜月亭》等16种，而且在全本流传下来的南戏剧本中，有许多已经过明人的篡改，如《荆钗记》、《拜月亭》等已非原来面目了。

六、元朝时期

元代，"杂剧"在原有基础上大大发展，成为一种新型的戏剧。它具备了戏剧的基本特点，标志着我国戏剧进入成熟的阶段。

元代杂剧也叫"北曲杂剧"，这是为了与南曲戏文相区别而有的名称。元杂剧虽盛行于元代，但它在金朝末年就已经产生了。元杂剧最早产生于河北正定、山西平阳一带。元杂剧是在民间戏曲肥沃土壤上，继承和发展前代各种文学艺术的成就，经过教坊、行院、伶人、乐师及书会才人的共同努力而改进和创造出来的综合性舞台艺术。在形式上，元杂剧用北曲四大套数安排故事情节，不连贯处，则用楔子结合，形成了一本四折一楔的通常格式（王实甫的《西厢记》是元杂剧中独有的长篇，共写了五本二十一折）；每折用同一宫调的若干曲牌组成套曲，必要时另加"楔子"。结尾用两句、四句或八句诗句概括全剧的内容，叫"题目正名"。每折包括曲词、说白（宾白）和科（科泛）三部分。曲词是按剧情需要的曲牌填写的文字，也叫"曲文"、"唱词"或"歌词"，其作用是叙述故事情节、刻画人物性格。全部曲词都押同一韵脚。说白是用说话形式表达剧情或交代人物关系的一种艺术手段，分对白（角色之间的对话）、独白（角色独自抒发个人感情和愿望的话）和旁白（角色背着台上其他剧中人对观众说的话）、带白（插在曲词中的说白）等。科是动作、表情等。一本剧通常由正末或正旦一人来唱，其他角色有白无唱。正末主唱的称"末本"，正旦主唱的称"旦本"。

元杂剧作家颇有名声的较多，在短短的几十年内，创作的剧本至少在五六百种以上，保留到现在的也还有一百五十多种。这些作品全面而深刻地反映了元代社会生活的面貌，其中有许多优秀作品，已成为我国珍贵的文化遗产。在当时出现了以下几位代表剧作家和代表剧目：关汉卿作《窦娥冤》，郑光祖作《倩女离魂》，白朴作《梧桐雨》，马致远作《汉宫秋》。这四位作家被称为"元曲四大家"。其中，关汉卿的《窦娥冤》通过描写一个善良无辜的童养媳——窦娥的悲惨遭遇，反映了高利贷者的残酷剥削、地痞流氓的敲诈勒索和贪官污吏的徇私枉法，深刻地揭露了元朝社会的黑暗现实，歌颂了被压迫者感天动地的坚强意志和宁死不屈的反抗精神。

七、明清时期

明朝初期，北曲杂剧开始衰落，南戏却得到了迅速的发展，并且融合了北曲杂剧的优秀部分，逐渐演进到了传奇的阶段，从而开创了我国戏曲史上以传奇为主的新时期。传奇的体制是在南戏的基础上发展而成的，它保持了南戏原有的一些基本体制和格律，同时又有了新的发展和提高。

明清传奇从明初开始到清代中叶衰落，在这 350 多年的发展过程中，它大致经历了三个阶段。第一阶段：明代初年。这是南戏逐渐向传奇演进的阶段，因此，在体制和表演形式上还不够完善，统治者在传奇内容上的干涉，也影响了传奇的发展。第二阶段：明代中叶到明末清初。这是传奇发展的黄金时期，在这一时期，传奇创作上出现了三个高潮。第一个高潮是在嘉靖年间，魏良辅改革昆山腔并经梁辰鱼作《浣纱记》，传奇将昆山腔搬上舞台以后，许多文人学士也纷纷拈笔挥毫，编写传奇，一时作家和作品大量涌现。第二个高潮是万历年间以汤显祖"四梦"为标志的传奇创作高潮。第三个高潮即是明末清初以李玉为首的苏州派作家的出现。第三阶段：清代中叶以后。这是传奇逐渐衰落的阶段。在传奇走向衰落的时期，虽也出现了以南洪北孔为标志的最后一个创作高峰，但终究挽回不了传奇创作衰落的命运。自此以后，传奇为新兴的花部诸腔戏所代替。

清代花部是指昆山腔以外的各种地方戏曲，取其花杂之义，故也称"乱弹"。它们虽不为士大夫们所重视，但为下层观众所欢迎，在乡村山区及小城镇流行着，并逐步形成了自己独特的唱腔和剧本体制。到了清代康熙年间，这些在各地流行的地方声腔的势力便开始发展兴盛，形成了各种地方戏曲蓬勃兴起的局面。其中影响最大、流传最广的有以下几种：高腔、梆子腔（秦腔）、皮黄腔、柳子腔等。花部诸戏的兴起，取代了昆山腔在曲坛上的霸主地位，使我国的戏曲艺术自宋元南戏产生以来又发生了一次重要的变革，即由原来的联曲体变成了板腔体，从此结束了戏曲史上的传奇时代，开始了新的乱弹时期，从而使我国的戏曲艺术更加丰富多彩。

清朝，中国戏曲发展达到了顶峰，地方戏曲开始兴起。地方戏曲的兴起促成了京剧的形成。

1．地方戏曲的兴起

经过汉代百戏、唐代参军戏、宋元杂剧和南戏、明清杂剧和传奇等漫长的发展阶段，到清代中后期，我国戏曲达到了顶峰，其标志是数量众多、面貌各异的地方戏曲的蓬勃发展和全国最大剧种——京剧的形成。

明末清初的作品多是写人民群众心目中的英雄，如穆桂英、陶三春、赵匡胤等。这时的地方戏，主要有北方梆子和南方的皮黄。清中叶以后，地方戏兴盛起来，包含了昆曲之外多种剧种。其中，占主导地位的就是乾隆年间被称为"花部"或"乱弹"的梆子、皮黄、弦索等新兴剧种。清代的地方戏作品主要通过梨园抄本或艺人口传心授得以流传，刊刻者微乎其微。至今尚可看到早期面貌的，仅存乾隆年间刊刻的选本《缀白裘》。

在艺术形式方面，如花部戏中梆子、皮黄等剧种，为了达到通俗易懂，完全脱离了曲牌联套的结构，而改以七言、十言为主的排偶唱词，替代了传统的长短句。唱腔音乐则以一对上下乐句为基础，突出了节奏、节拍，这样，板腔体的出现，就引发了中国戏曲结构形式的变化，有利于中国戏曲向综合唱念做打、整剧一体、更为自由灵活的方向发展。明清时期，我国少数民族戏曲也表现出良好的发展势头。比如贵州侗族的侗戏、布依族的布依戏、云南白族的吹吹腔剧（白剧之前身）、傣族的傣剧以及分布在云南、广西两省的壮族的壮剧等都是在花部戏蓬勃发展的时代初露峥嵘的。

2．京剧的形成

京剧是在清代地方戏高度繁荣的基础上产生的。在中国戏曲史上，人们通常将"徽班进京"视为京剧形成的标志。清乾隆五十五年（1790 年），为了庆祝乾隆皇帝八十寿诞，浙江盐务大臣携皖南艺人组成的戏班"三庆班"入京演出。至嘉庆、道光年间，京都舞台形成"四大徽班"（三庆、四喜、春台、和春）称盛的局面。以徽班为基础，拉开了京剧形成的大幕。

在此期间，涌现出一批杰出的京剧艺人，如余三胜（1802—1866）、张二奎（1814—1864）、程长庚（1811—1880）等。他们是徽汉合流，并萃取昆腔、京腔（高腔）、梆子等诸腔杂调之长，促使京剧（即京调皮黄戏）形成的代表人物。当时人们将他们称为"三鼎甲"，就是对于他们在京剧艺术上作出的重大贡献的高度认可和评价。还有"小三鼎甲"（即京剧新三杰谭鑫培、汪桂芬、孙菊仙）、"四大须生"等多种说法。同治、光绪年间，"同光十三绝"（第一代京剧表演艺术家及不同流派的宗师群体）的出现，标志着京剧艺术的成熟与兴盛，将中国的戏曲艺术推进到一个新的高度。

练 习 题

一、选择题

1．西周文字的代表是（　　　）

　　A．金文　　　　　　B．甲骨文　　　　　　C．小篆　　　　　　D．行书

2．从绘画风格上来讲，承前启后，有"细密精致而臻丽"特点的绘画是（　　　）

A. 唐代绘画　　　B. 元代绘画　　　C. 隋代绘画　　　D. 两宋绘画

3. 运用装扮歌舞等手段来揭示人物心理活动以达相应效果，表演形态已经接近后世歌舞小戏的作品是（　　　）

A.《大面》　　　B.《钵头》　　　C.《苏中郎》　　　D.《踏摇娘》

4. 京剧代表人物"三鼎甲"不包括（　　　）

A. 余三胜　　　B. 张二奎　　　C. 程长庚　　　D. 陶三春

5. 被视为梨园祖师的是（　　　）

A. 唐高宗　　　B. 唐玄宗　　　C. 唐太宗　　　D. 明成祖

二、问答题

1. 汉字的起源是怎样的？经历了哪几个阶段？

2. 试述楷书的形成及其主要代表。

3. 分阶段简述书法艺术的发展过程。

4. 隋唐和两宋绘画各有怎样的风格？代表画家都有哪些？

5. 三国两晋南北朝雕塑中具有代表性的四大石窟各是什么？艺术风格怎样？隋唐时期有哪些发展？

6. 简述清代绘画的特点，举例说明清朝绘画的代表人物。

7. 南戏是如何形成的？在戏曲的发展中起到什么样的作用？对后世有何影响？

8. 元杂剧的代表作家和作品有哪些？京剧是怎样形成的？

9. 明清传奇是如何产生的？它对戏曲的最终形成起到什么样的作用？

10. 简述京剧的形成。

第（十）（四）章

中国传统工艺美术

中国传统工艺美术历史悠久，技术高超，在世界工艺美术发展史上首屈一指。中国传统工艺美术是中国人民为满足物质需要和精神需要，在不同的历史条件下，采用各种物质材料和工艺技术所创造的人工造物的总称。它是中华民族造型艺术的重要组成部分，既体现了工艺美术的一般本质特征，在内涵和形式上保持着实用性与审美性的统一，又显示了中华民族文化自身所具有的鲜明个性。

我国的传统工艺美术具有悠久的技艺传统，富有地方特色和民族特色，反映了中国古典文化精神。其主要门类有烧造、煅冶、染织、编扎、雕刻、木工、髹饰工艺等。下面我们从陶瓷、漆器、玉器、丝绸织品等几个方面一一叙述。

第一节 陶 瓷

陶瓷也就是陶器和瓷器，在中国传统工艺美术中占有绝对优势，其绚丽多彩、鲜艳夺目，一直受到世界各国陶瓷爱好者的青睐，经久不衰。陶瓷是文化的结晶，艺术的精华。陶瓷的发明，是人类社会发展史上划时代的成就，是人类发明史上的重要成果之一，也是中华民族对世界物质文明作出的又一重大贡献，所以我国有"陶瓷之国"的称誉。据考证，我国陶器的烧制已有近万年的历史，而瓷器的出现也有 1 800 余年的历史。古代就有黄帝命宁封制陶、舜在水滨制陶等传说。

一、陶瓷的起源和发展

人类在长期的劳动和生活实践中，经常和泥土打交道，逐渐发现了黏土与适量的水混合后，就会产生黏性和可塑性，可以用手随意塑造成各种形状；在强烈的太阳光下晒干，泥坯变硬，即可盛放干东西。当然，这些土器由于没有经过焙烧，不太坚固，使用时容易破碎，尤其遇水就要溶化。随着长期用火经验的积累，人类对火的使用有了进一步的认识。出于社会生活的需要，人们将火与土结合，这就为陶器的出现准备了必要的条件。从旧石器时代晚期起，人类已用黏土塑造某些形体，如江西万年县仙人洞发现的陶片，经测定，距今就有 1 万年以上，是我国发现迄今最早的陶器。

陶器的出现，揭开了人类利用自然、改造自然，与自然作斗争的新篇章，标志着新石

器时代的开端，是人类生产发展史上的一个里程碑。在新石器时代，我国的陶器工艺开始
出现。我们的祖先用智慧和勤劳的双手，制造各类日用陶器，如各种汲水器、炊煮器和储
藏器，并设计出实用与审美相结合的各式不同器皿造型，还创造了绳纹、划纹、篦纹、压
印纹、指甲纹、锥刺纹以及堆贴、彩绘、镂空等装饰手法，使陶器在器皿的基础上，发展
为原始社会灿烂的艺术之花。黄河流域是我国新石器时代文化分布较密集的地区，在此发
现的仰韶文化、马家窑文化、大汶口文化、龙山文化等，出土了大量陶器。

　　夏周商文化中，灰陶占制陶工艺的主流。商代原始瓷器的出现，为陶发展到瓷作出了
重要贡献，从此陶和瓷形成了各自发展的两个支流。采用纯白的高岭土造器皿，是我们祖
先的一大发明。由战国至秦汉 600 多年间，曾出现了第一个文化高潮，即陕西兵马俑。到
了汉代，有了彩绘陶壶，东汉晚期则创造性地烧成了青瓷，为人类的物质文明作出了巨大
的贡献。三国时期，越窑青瓷造型质朴，纹饰单纯。南北朝白瓷的烧成，是陶瓷史上的又
一件大事，其中白瓷莲瓣罐是后来彩绘瓷发展的基础，也是邢窑、定窑名瓷的先驱。隋唐
宋时期，正处于中国陶瓷发展中的重要阶段，在继承前代的基础，唐代的青瓷、白瓷都进
入成熟阶段，釉下装饰开始出现，斑驳绚烂的三彩陶开始大量生产。宋代是我国陶瓷发展
史上的高峰期，五大名窑（钧、汝、官、哥、定）各有特色的陶瓷制品名扬天下。元明清
是中国陶瓷美术发展的新阶段。特别是元代的青花瓷器在中国制瓷史占有一席之地。我国
制瓷工艺发展到明代，已进入到以彩瓷为主的灿烂的黄金时期。明清景德镇瓷窑已成为"天
下窑器所聚"，其生产的精美陶瓷是中华民族文明的瑰宝，是我们的骄傲。明清甚至出现
了大量陶瓷世家。19 世纪后半叶以来，特别是鸦片战争以后，我国国内的陶瓷手工业开始
走下坡路。

二、陶器的工艺特色

　　陶器是指以黏土为胎，经过手捏、轮制、模塑等方法加工成型后，在 800～1 000℃高
温下焙烧而成的物品，坯体不透明，有微孔，具有吸水性，叩之声音不清。陶器可分为细
陶和粗陶，白色或有色，无釉或有釉。品种有灰陶、红陶、白陶、彩陶和黑陶等。陶器具
有浓厚的生活气息和独特的艺术风格。

1. 原始陶塑

　　在 1953 年发现于陕西西安市半坡村的半坡遗址属仰韶文化类型，出土的陶器以卷唇盆
和圆底的盆、钵及小口窄颈大腹壶、直口鼓腹尖底瓶为典型器物，造型比较简单。据放射性
碳素断代，年代为公元前 4800～前 4300 年。半坡出土的陶器纹饰主要有动物纹、几何纹、
编织纹等。另外，彩陶钵口沿的黑色宽带纹上饰有各种符号，可能是某种特定的记号或代表
各种特殊的意义。仰韶文化半坡类型的葫芦形人面纹彩陶瓶（陕西临潼出土）、人面鱼纹彩
陶盆（见图 14-1），由细泥红陶制成，敞口卷唇，盆内壁用黑彩绘出两组对称的人面鱼纹。

　　在距今 7 000 年的裴李岗遗址，发现了泥条盘筑法制成的泥质或夹砂红陶杯、碗、盘、
钵、壶、罐等。其中三足钵、双耳壶最有代表性，有篦点纹、弧线纹、划纹、指甲纹、乳
钉纹、绳纹等纹饰。在河南博物院有一件保存完好的裴李岗时期的陶鼎，为夹砂红陶，手
工泥条盘筑而成；大口卷沿，底圆而鼓，下附有 3 个长方形扁状足，腹部装饰有三圈乳钉
凸饰（见图 14-2）。这件陶鼎被视为裴李岗文化的典型器物。

图 14-1 人面鱼纹彩陶盆

图 14-2 三足陶鼎

2. 秦汉陶塑

秦代陶器以关中秦故地的陶器为代表,秦代陶器多仿铜器,典型器物有茧形壶、盆、鬲等。许多器皿有独自的特点,如茧形壶,又习称"鸭蛋壶",腹部向两侧横延,酷似蚕茧,又似鸭蛋,因此得名;窖底盆,在秦都咸阳宫殿遗址中出土,口和底均似椭圆形,口缘外卷,腹部略向外突,厚实坚硬,出土时数节相套,口径 1 米,高 60 厘米,底径 50 厘米,可能为贮粮之用。在秦朝众多的陶器艺术中,最为辉煌的为秦始皇陵兵马俑,它是世界雕塑艺术史上的杰作,被誉为"世界奇观"。将军俑、军士俑威武高大、表情各异,车马俑大小逼真传神,阵形严整,气势雄壮。

汉代陶器的工艺水平很高,造型优美,质地精良。品种、装饰则因地区不同而不同。陕西关中地区常见的日用陶器有豆、盆、筒杯、勺、钵等。明器包括礼器鼎和模型明器仓、陶囤以及各种动物形象。纹饰多为变形回纹、三角纹和窝纹。汉代陶塑题材广泛,艺术性大为增强。成都天回山出土的击鼓说唱俑手舞足蹈、神采飞扬、活灵活现、神形皆备,令人叹为观止。汉代砖雕、瓦当画面细腻、内容丰富,极富时代气息,生动地再现了当时的社会风情。

3. 唐三彩

唐代是中国封建社会的鼎盛时期,经济上繁荣兴盛,文化艺术上群芳争艳,唐三彩就是这一时期产生的一种彩陶工艺品,它以造型生动逼真、色泽艳丽和富有生活气息而著称。

唐三彩是一种低温釉陶器,在色釉中加入不同的金属氧化物,经过焙烧,便形成浅黄、赭黄、浅绿、深绿、天蓝、褐红、茄紫等多种色彩,但多以黄、褐、绿三色为主。唐三彩在色彩的相互辉映中,显出堂皇富丽的艺术魅力。唐三彩用于随葬,作为明器,因为它的胎质松脆,防水性能差,实用性远不如当时已经出现的青瓷和白瓷。

唐三彩分布在长安和洛阳两地,在长安的称"西窑",在洛阳的则称"东窑"。唐代盛行厚葬,不仅是大官贵族,百姓也如此,已形成一股风气。唐三彩种类很多,有人物、动物、碗盘等。其中,马俑较受人喜爱,它们有的扬足飞奔,有的徘徊伫立,有的引颈嘶鸣,各种姿态栩栩如生。至于人物造型则有妇女、文官等,根据人物的社会地位和等级,刻画不同的性格和特征:贵妇面部丰圆,梳成各式发髻,穿着色彩鲜艳的服装;文官彬彬有礼,实为我国古代雕塑的典范精品。

4. 紫砂陶器

紫砂陶器由紫砂泥烧制而成(见图 14-3)。紫砂泥外观呈紫红色,质地柔软,结构致密,由水云母、高岭土、石英碎屑、赤铁矿等主要矿物组成,具有良好的可塑性。紫砂陶器的造型大体可分为几何形、自然形、筋纹形和仿古形等几大类。点、线、面的巧妙组合与泥色的浑然配置,集造型、色泽、书画、诗词、雕刻于一体,使紫砂陶器别具一格。紫砂陶器通常采用绞泥、浮雕、镂刻、填泥和银丝镶嵌等装饰手法,有餐具、茶具、文具、雕塑和陈设工艺品共 2 000 多种，年产量达 800 万件。其中以紫砂茶壶最具特色，造型典雅大方，色泽古朴浑厚，既可供人欣赏，又是优良的饮茶用具。

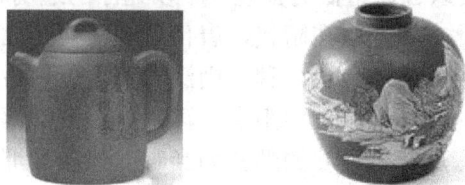

图 14-3 紫砂陶器

三、瓷器的工艺特色

瓷器是一种由瓷石、高岭土等组成，外表施有釉或彩绘的物器。瓷器在窑内经过高温（约 1 280～1 400℃）烧制而成形，表面的釉色会因为温度的不同而发生各种化学变化。烧结的瓷器胎一般仅含不足 3%的铁元素，且不透水，因其较为低廉的成本和耐磨不透水的特性广为世界各地的民众所使用。中国是瓷器的故乡，瓷器的发明是中华民族对世界文明的伟大贡献，在英文中"瓷器（china）"与"中国（China）"同为一词。大约在公元前 16 世纪的商代中期，中国就出现了早期的瓷器。因为其无论在胎体上，还是在釉层的烧制工艺上都尚显粗糙，烧制温度也较低，表现出原始性和过渡性，所以一般称其为"原始瓷"。中国制造瓷器，早于欧洲 1 000 多年。

1. 青瓷

青瓷，因釉料中含铁，是烧制后呈青绿色的瓷器。中国陶瓷史上，青瓷一直位居核心。青瓷素有"瓷海明珠"美誉。青瓷以瓷质细腻、线条明快流畅、造型端庄浑朴、色泽纯洁而斑斓著称于世。"青如玉，明如镜，声如磬"的"瓷器之花"不愧为瓷中之宝，珍奇名贵。

在商代和西周遗址中发现的"青釉器"已经明显具有瓷器的基本特征，青瓷釉下拍以云雷纹、网纹、方格纹等纹饰，是我国迄今发现最早的原始青瓷（见图 14-4）。

东汉以来至魏晋时制作的瓷器，从出土的文物来看多为青瓷（见图 14-5）。这些青瓷的加工精细，胎质坚硬，不吸水，表面施有一层青色玻璃质釉。这种高水平的制瓷技术，标志着中国瓷器生产已进入一个新时代。两汉时，青瓷生产初具规模，但未形成风格。在今浙江上虞就有几十处汉代瓷窑遗址。东汉晚期，青瓷成品胎质坚细，釉彩厚薄均匀。魏晋南北朝时，制瓷区由南向北扩展。北魏关中窑（在今西安）、洛京窑（在今洛阳）有许多精品。南北两大瓷系已经出现。

图 14-4 原始青瓷　　　　　　　　　　图 14-5 青瓷

2. 白瓷

白瓷是在青瓷烧制技术基础上将胎料中的铁元素含量控制到低于 0.75%，使其不干扰色质、表里皆白的瓷器。其以含铁量低的瓷坯，施以纯净的透明釉烧制而成（见图 14-6）。白瓷出现于南北朝晚期的北方，成熟在隋代，唐代达到极盛。北齐范粹墓出土的白瓷，是我国发现的迄今最早的白瓷。初唐白瓷，釉色尚泛青，盛唐以后，渐渐纯正。已查实北方地区生产白瓷的窑址有河北内邱邢窑、曲阳窑，河南巩县窑、鹤壁窑，安徽萧窑等。五代时，江西景德镇也开始烧造白瓷。河北的邢瓷为当时的代表，邢窑自北齐始，中唐鼎盛，五代后渐衰。其胎质细洁，釉色白润、致密，器壁坚而薄，器型稳厚，线条流畅，叩之悦耳。在唐代，南北两大瓷系最终形成，世称"南青北白"。

宋代白瓷以河北曲阳的定窑为代表。山西介休、盂县、平定和阳城窑也都生产白瓷。白瓷发展出甜白、青白（影青，为北宋中期景德镇独创）、象牙白（鹅绒白、中国白）等品种。人们用"白如雪、薄如纸、明如镜、声如磬"，"莹润剔透、凝脂冻玉"描述白瓷，称瓷塑观音为"东方的维纳斯"。意大利旅行家马可·波罗盛赞德化"制碗及瓷器既多且美"。福建德化与江西景德镇、湖南醴陵并称为"中国三大瓷都"。

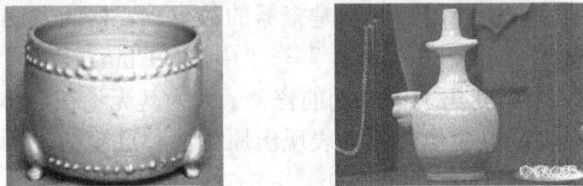

图 14-6 白瓷

3. 青花瓷

青花瓷又称"白地青花瓷器"，它是以含氧化钴的钴矿为原料，在陶瓷坯体上描绘纹饰，再罩上一层透明釉，经高温还原焰一次烧成，是釉下彩的一种（见图 14-7）。钴料烧成后呈蓝色，具有着色力强、发色鲜艳、烧成率高、呈色稳定的特点。以长沙窑为代表的彩瓷、河南巩县（今巩义市）青花瓷的出现，打破了"南青北白"的格局。

目前发现最早的青花瓷标本烧制于唐代（也有学者称唐青花并非青花瓷），成熟的青花瓷器出现在元代（见图 14-8），明代时，青花成为瓷器的主流，清康熙时发展到了顶峰。明清时期，还创烧了五彩青花、黄地青花、哥釉青花等品种。明清彩瓷集陶瓷之大成，有五彩、斗彩、素三彩等瓷器。单色釉品种不断创新，有霁蓝、祭红、孔雀绿等釉色。陶车旋刀取代了竹刀旋坯，并开始运用吹釉技术，瓷器质量与数量迅猛提高。据考证，成熟的青花瓷是在元代景德镇的湖田窑生产的。

图 14-7 青花瓷

图 14-8 元青花鬼谷子下山图罐

4．景德镇瓷器

景德镇有"瓷都"的美誉。景德镇瓷业发展到元代，工艺上出现了划时代的变革：在短短的一个世纪里，继宋代创青白瓷之后，又创烧成功具有高铝氧成分的白瓷、青花瓷、釉里红、青花釉里红等新品种，结束了我国瓷器以单色釉为主的局面，把瓷器装饰推进到釉下彩的新时代，形成了鲜明的中国瓷器之特色（见图14-9）。景德镇瓷业也由此占据遥遥领先的地位。

明代是景德镇瓷业鼎盛阶段的开始，其陶瓷艺术集历代瓷艺之精华，取得了更高的发展。凡前代已有的品种，此时应有尽有；大量新工艺、新的装饰手法，也先后涌现。例如，清新优雅、气韵生动、足与水墨画并驾齐驱的永乐、宣德青花，鲜红莹亮、色若朝霞、灿如霁日的宣德祭红等，都创始于明代，如百花齐放，万紫千红，尽态极妍。

明洪武二年（1369年），朝廷在景德镇设"御窑厂"。其时镇内官窑有58座，民窑达数百座，"昼间白烟掩盖天空，夜则红焰烧天"，足见当时生产规模之宏大。景德镇成为全国瓷器的烧造中心。

鸦片战争以后，中国沦为半封建半殖民地社会，中国的民族工业受到了严重摧残，千载名窑也停滞而趋向衰落。陶瓷生产水平继续下滑，生产规模日趋萎缩，制造工艺上仍沿行旧法。

现代景德镇的制瓷工艺继承了传统的技法，吸收和借鉴了国内外的精华，使陶瓷制作达到了一个又一个新高度。

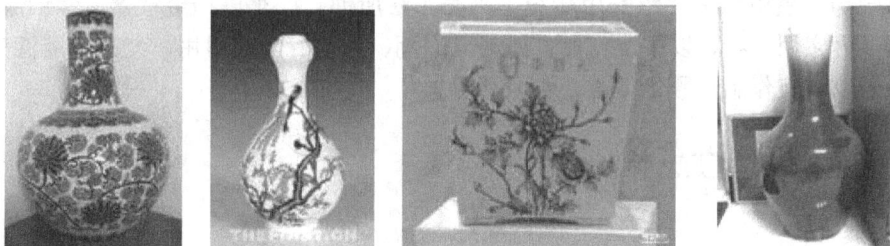

图14-9　景德镇瓷器

第二节　漆　　器

用漆涂在各种器物的表面上所制成的日常器具及工艺品、美术品等，一般称为"漆器"。漆器是中国古代在化学工艺及工艺美术方面的重要发明。

一、漆器的产生与发展

我国是世界上用漆最早的国家。据有关资料记载，早在4 200多年前的夏禹时代已见使用，当时的先民已经能制造漆器了，战国时期更加发达。历经商周直至明清，中国的漆器工艺不断发展，达到了相当高的水平。

1978年在浙江余姚河姆渡文化遗址中发现了朱漆木碗和朱漆筒，经过化学方法和光谱分析，其涂料为天然漆。夏代之后，漆器品种渐多；战国时期，漆器业独领风骚，据记载，庄子年轻时曾经做过管理漆业的小官。战国时漆器生产规模已经很大，被国家列为重要的经济收入，并设专人管理。在湖北曾侯乙墓出土的漆器有 220 多件。这些漆器是楚墓中年代最早也是最为精彩的，而且品类全、器型大、风格古朴，体现了楚文化的神韵。

汉代漆器以黑红为主色，漆器被作为日用器具，日渐普遍，汉代成为漆器的鼎盛期。唐代漆器工艺水平空前：有稠漆堆塑成凸起花纹的堆漆；有用贝壳裁切后施以线雕，漆面上镶嵌成纹的螺钿器；有用金、银花片镶嵌而成的金银平脱器等，工艺超越前代，镂刻錾凿，精妙绝伦，成为后世漆器的典范。

宋元的漆器基本承袭前朝，除剔红外，还有剔犀和戗金器名品，大都形制古朴素雅、纹饰简约怡人。在苏州瑞光寺塔发现的真珠舍利宝幢，底座上的狻猊、宝相花和供养人均以稠漆堆塑而成。

元代漆器成就最高的是雕漆：漆料堆叠肥厚，用藏锋的刀法刻出丰硕圆润的花纹，淳朴却又精致，富有质感。如北京故宫博物院馆藏的张成造栀子纹剔红圆盘、安徽省博物馆馆藏的张成造朱线剔犀盒等均为难得的珍品。

到了明清两代，中国漆器发展到了全盛时期。漆工艺与建筑、家具、陈设相结合，并由实用转向陈设装饰领域，进入了以斑斓、复饰、填嵌、纹间等技法为基本工艺的千变万化的新时代。明代雕漆，初以嘉兴（今浙江省嘉兴市）西塘张成、杨茂为代表，云南大理为另一雕漆产地，名漆工现仅知王松一人。

清代，除宫廷设有漆器工场外，民间漆器也普遍发展。福州漆器以脱胎见长，色泽华美，器体轻巧，系由名工沈绍安用传统"夹苎"法所创。广东以描金漆器、螺钿漆器为主；阳江漆器多为实用器物，以牛皮作胎，质轻、耐潮、防水、坚固耐用。北京以雕漆为主。贵州大方漆器以马皮作胎，彩色填漆，独具风格。

二、我国漆器的工艺特色与成就

1．雕漆

雕漆器的制作，至少有 1 400 余年历史，是中国传统民族艺术。雕漆，是皇家宫廷工艺器物，历来具有崇高的社会地位和艺术价值。雕漆在历史上又被称为"漆雕"、"剔红"、"剔黄"等，明朝中后期才统称"雕漆"（见图 14-10、图 14-11、图 14-12、图 14-13）。

唐代已有"剔红"的制作工艺，此外还有"剔黑"、"剔黄"、"剔绿"等，只是所涂颜色和制作方法有所不同。宋、元的雕漆工艺，在唐代的基础上继续发展，这一时期的雕漆一般为锡胎和金银胎，品种以盒为主。刀法灵巧，善用藏锋，刀口圆滑，花卉图案富有鲜明的装饰趣味。明代是我国雕漆艺术成熟的时期，并以明永乐、宣德两朝最为繁荣。当时的雕漆制品，仍以红为主，红中含紫，稳重沉着。品种也以盒为多，盘、匣次之。制胎则以木胎、锡胎为主，也有金银胎。在图案方面，山水、人物、花鸟的题材较多，这与元代有所不同。刀法流畅，雕刻精细，表现形象生动。这一时期的优秀作品在北京故宫、上海和南京博物馆都有珍藏。清代的雕漆工艺品，大多数是在乾隆和嘉庆年间所制。当时的雕漆制品，以木胎、锡胎为主，也有用脱胎的。品种丰富，类型繁多，造型精致，富于变化，并且还有与玉石镶嵌结合而成的珍品。

雕漆工艺在乾隆以后逐渐衰落，后来其技艺几乎失传。民国时期，雕漆工艺又有发展，建国以后雕漆工艺重新获得了新生。

图 14-10　雕漆瓶　　图 14-11　雕漆皮箱　　图 14-12　雕漆鼻烟壶　　图 14-13　雕漆盘

2．螺钿

螺钿，又称"螺甸"、"螺填"以及"罗钿"，在历史上也有叫"钿螺"的，它是中国特有的艺术瑰宝。所谓"螺钿"，是指用螺壳与海贝磨制成薄片，根据画面需要而镶嵌在器物表面的装饰工艺的总称（见图 14-14、图 14-15、图 14-16、图 14-17）。

螺钿的历史非常悠久，相传起源于商代的漆器。发展到唐代，中国的螺钿工艺已达到相当成熟的地步，尤其是铜镜漆背螺钿，更是这一时期的工艺瑰宝。

清代是螺钿家具达到高峰的时期，清朝宫廷对其十分青睐。有资料显示，乾隆三十六年（1771 年），两淮盐政李质颖在进贡清廷的单子上，就有"彩漆螺钿龙鸿福祥云宝座"、"彩漆螺钿龙福祥云屏风"等 10 余件扬州漆器螺钿家具，当时它们均存放在圆明园之中。

建国后，考古工作者在河南陕县和洛阳的唐墓均出土过螺钿漆背铜镜。铜镜背面以漆为地，用贝壳镶嵌制成画面图案，甚为精致典雅，具有很高的艺术价值和收藏价值。

螺钿的镶嵌工艺技法非常丰富，通常可分为硬钿、软钿与镶钿三大类，其中最著名的是软钿中的"点螺"，又称"点螺漆"。它产于江苏扬州，兴于唐宋，盛于元明，至清初达到炉火纯青的程度。

图 14-14　清代 螺钿人物圆盒　　　图 14-15　明代 黑漆嵌螺钿花鸟罗汉床

图 14-16　木质嵌螺钿八角盒　　　图 14-17　老红木螺钿古筝

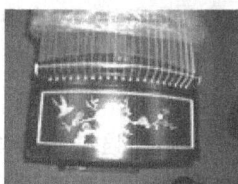

3．金银平脱

金银平脱是盛唐时期制作铜器的高级工艺（见图 14-18、图 14-19）。其采用金、银薄片，裁制成各种纹样，用胶漆粘贴，然后髹漆数重，再细加研磨，使金银片纹脱露出。金银平脱有两种：一是花纹与漆底在同一平面；二是花纹高出漆底。唐玄宗时曾大量制造平脱器物以赏赐臣僚。《杨太真外传》和《资治通鉴》等书，都记载了唐玄宗、杨贵妃赏赐安禄山金银平脱器，有金银平脱隔馄饨盘、金平脱宝枕等。安史之乱后，唐肃宗和唐代宗曾两次下令禁止制作平脱之器，以后逐渐衰落，至宋代几乎绝迹。

图 14-18　唐代金银平脱镜

图 14-19　金银平脱漆器对壶

4. 戗金

戗金即在器物表面先按照设计的图案阴刻出花纹，然后再在阴纹内打金胶、上金粉，使之成为金色的花纹。如果填的是银，则称之为"戗银"；如果填的是彩，则称之为"填彩"。

我国西汉时已有戗金漆器出现，但戗金器的流行则是在宋代。目前国内所能见到的最早的戗金漆器实物的年代为南宋。至明代，戗金技术进步，与彩漆相结合创出"戗金填彩漆"新技法。与戗金漆不同，戗金填彩漆是先在漆地上剔刻出花纹，以各色漆料来填充，磨平后即显露出平整光滑的花纹，接着用刀沿花纹轮廓契刻出纹路，然后打金胶、贴金箔，使填漆花纹具有金色的阴文边框和纹理（见图 14-20、图 14-21）。

图 14-20　清代填漆戗金凤纹莲瓣式捧盒

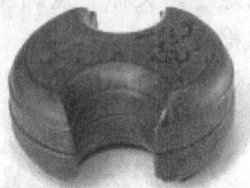

图 14-21　明代彩漆戗金银锭式盒

5. 脱胎漆器

脱胎漆器以福州最为著名，福州脱胎漆器是我国工艺美术的一个独特品种，也是漆器中的佼佼者。其初创于清朝乾隆年间，是由福州髹漆大师沈绍安在继承和发扬传统漆艺的基础上，经过改进创造出的一种民间工艺。这种漆器质地坚固而轻巧、做工考究、精巧细致、造型美观大方、装饰性强，色泽鲜艳古朴、耐酸碱，经受温度从冰点到沸点均不变形脱漆。福州脱胎漆器产品种类繁多、规格多样，既有可供观赏礼拜的佛像、人物、花果、鱼虫，也有居家实用的家具、茶具、餐具、文具等，古朴典雅，具有独特的民族风格和浓郁的地方特色。福州脱胎漆器是福州工艺三宝（即软木画与脱胎漆器、寿山石雕）之一，多年来被誉为"真正的中国民族艺术"。

此外，我国传统漆器中较为有名的还有北京漆器、扬州镶嵌漆器和天水漆器等，都是我国传统工艺品的杰出代表。

第三节 玉 器

　　中国是世界上用玉最早的国家之一，也是用玉持续时间最长的国家，同时还是世界上的主要产玉国。中国人民自古就有尚玉的传统，玉和中国传统文化、人民的生活结下了不解之缘。玉器工艺也是融合了最多历史文化内涵的传统工艺之一。中国人眼里的玉是与众不同的，它已经超越了单纯石器的范畴而成为中华民族的精神寄托。中国有着 7 000 年的用玉历史，2 500 年的玉器研究历史，这使中国赢得了"玉器之国"的美誉。中国古代玉器历史之早，延续时间之长，分布之广，器形之众，做工之精，影响之深，为其他任何国家所不能及。中国人在长期的历史进程中形成了根深蒂固的全民尊玉、爱玉的民族心理，玉的神化和灵物概念、特殊权力观点都植根于此，而玉文化本身则作为中国文明的一个重要组成部分，在中国几千年文明史中有着无法估量的深远影响。

一、玉器的起源和发展

1. 原始社会

　　早在近万年前的旧石器时代晚期，中国人的先祖就发现并开始使用玉石了。一般认为，上古时的人们在制作、使用石制工具时发现了玉这种矿物。它比一般石头更为坚硬，于是人们就用它来加工其他的石制品；它又有与众不同的色泽和光彩，晶莹通透，惹人喜爱，于是人们逐渐就用它来做装饰品，所以说最初是以"美石为玉"。随着生产力的发展，玉石渐渐演变成礼器、祭器或图腾。正是在这种长期缓慢的进化过程中，玉由原来仅仅是一种特别性质的石头转化为代表权力、地位、财富和神权的象征。

　　进入新石器时代，良渚文化和红山文化时期的玉成为典型代表。良渚文化玉器种类较多，典型器有玉琮、玉璧、玉钺等。良渚玉器以体大自居，显得深沉严谨，对称均衡得到了充分的应用，尤以浅浮雕的装饰手法见长，特别是线刻技艺达到了后世也几乎望尘莫及的地步（见图 14-22）。

　　与良渚玉器相比，红山文化少见呆板的方形玉器，而以动物形玉器和圆形玉器为特色（见图 14-23）。典型器有玉龙、玉兽形饰等。"神似"是红山古玉最大的特色。红山古玉不以大取胜，而以精巧见长。从良渚、红山古玉多出自大中型墓葬分析，新石器时代玉器除祭天祀地、陪葬殓尸等几种用途外，还可用来辟邪，象征着权力、财富、尊贵等。中国玉器从一开始，就带有神秘的色彩。

图 14-22　良渚文化玉龙　　　　图 14-23　红山文化玉猪龙

2．奴隶社会

夏代的玉器，应是良渚文化、龙山文化、红山文化玉器向殷商玉器的过渡形态，河南偃师二里头文化遗址出土的七孔玉刀（见图 14-24），造型源出新石器时代晚期的多孔石刀，而刻纹又带有商代玉器双线勾勒的特征，应是夏代玉器过渡形态的典型代表。

商代早期玉器发现不多，琢制也较粗糙。商代晚期玉器以安阳殷墟妇好墓出土玉器为代表，共出玉器 755 件，按用途可分为礼器、仪仗、工具、生活用具等六大类（见图 14-25、图 14-26）。令人惊叹的是，商代已有大量的圆雕作品，此外，玉匠还运用双线并列的阴刻线条，使整个图案变化曲尽其妙，既消除了完全使用阴线的单调感，又增强了图案花纹线条的立体感。

西周玉器继承了商代玉器双线勾勒的技艺，同时独创一面坡粗线或细阴线镂刻的琢玉技艺（见图 14-27）。但从总体上看，西周玉器不如商代玉器活泼多样，而显得有些呆板。这或许与西周严格的宗法、礼乐制度有关。

春秋战国时期，贵族阶层都把玉当做君子的化身。他们佩挂玉饰，以标榜自己是有"德"的仁人君子。当时佩玉特别发达，"君子无故，玉不去身"，每人身上都有一系列的玉佩饰。能体现时代精神的是大量龙、凤、虎形玉佩，有着浓厚的中国气派和民族特色。

图 14-24 二里头出土的七孔玉刀

图 14-25 妇好墓玉俑

图 14-26 妇好墓玉凤

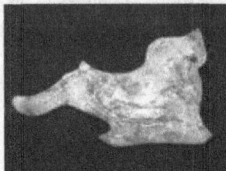

图 14-27 西周玉器凤鸟

3．封建社会

秦朝短暂而亡，玉器工艺没有得到多大的发展。汉代玉器在战国玉雕的基础上继续有所发展，并奠定了中国玉文化的基本格局。细腻莹润的和田玉是汉代玉器的主要材质，设计新颖而不墨守成规，构图巧妙又变幻莫测，精雕细琢，纹饰华丽却不落俗套，整体形象充满动态和灵气（见图 14-28）。三国魏晋南北朝时期，玉雕发展进入低谷，出土玉器极少。唐代玉器数量不多，但所见玉器件件都是珍品，雕琢工艺极佳（见图 14-29）。两宋时商业繁荣，手工业技术不断进步，玉器加工工艺更加高超。此时出现大量制作精巧、加工细腻、构思奇妙的玉摆饰、玉佩件。元代玉器承延宋金时期的风格，并有所发展。元代政府曾设"玛瑙局"、"诸路金玉人匠总管府玉局提举司"等机构进行玉的生产和管理。明清时玉器制作及玩赏达到顶峰，在制作工艺上借鉴绘画、雕刻等工艺表现手法，多种琢玉工艺融会贯通达到了炉火纯青的艺术境界（见图 14-30、图 14-31）。

图 14-28　秦汉玉神兽

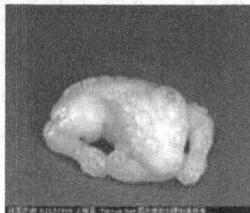

图 14-29　隋唐玉狮

图 14-30　乾隆白玉碗

图 14-31　乾隆玉壶

二、玉的分类和特点

19 世纪后半叶，法国矿物学家德穆尔曾将中国的玉分为硬玉和软玉两类。硬玉，是一种钢和铝的硅酸盐组成的矿物质，纯净者无色或白色，我国俗称"翡翠"。软玉与硬玉不同，是由角闪石族矿物中透闪石阳起石矿物（以透闪石为主）组成的致密块体。根据颜色的不同，软玉在我国有白玉、青玉、碧玉、黄玉和墨玉等不同类型，最具代表性的是白玉中白如羊脂的"羊脂玉"。按照我国传统玉的类型，主要有被称为"中国四大名玉"的新疆和田玉、陕西蓝田玉、河南南阳玉、辽宁岫岩玉。

1．新疆和田玉

和田玉主要产于新疆和田，因而得名。和田玉质地细腻，光洁滋润，颜色均一，柔和如脂，具有一种特殊的光泽，介于玻璃光泽、油脂光泽、蜡状光泽之间。和田玉"体如凝脂，精光内蕴，质厚温润，脉理紧密，声音洪亮"，以温润细腻的质地、纯净怡人的色泽，在传统玉石中占据着首屈一指的地位。和田玉中的代表首推"羊脂白玉"，羊脂玉质地细腻，"白如截脂"，是白玉中最好的品种，目前世界上以新疆出产的羊脂白玉最为著名，产出量稀少，价格昂贵（见图 14-32）。

图 14-32　和田玉

2. 陕西蓝田玉

蓝田玉因为历史上关于其产地的记载为陕西蓝田而得名。有关记载最早见于《汉书·地理志》，说美玉产自"京北（今西安北）蓝田山"。其后，《后汉书·外戚传》、张衡《西京赋》、《水经注》等古书，都有蓝田产玉的记载。至明万历年间，宋应星在《天工开物》中称："所谓蓝田，即葱岭（昆仑山）出玉之别名，而后也误以为西安之蓝田也。"从此引起后世的纷争：有的说蓝田根本不产玉，即使产玉也可能是菜玉（色绿似菜叶的玉石）；有的仍坚信蓝田玉产自蓝田。蓝田玉有翠玉、墨玉、彩玉等，多为色彩分明的多色玉，色泽好，花纹奇。不少玉石品隐现出天然的山水图像，不失为物美价廉的工艺品。蓝田玉有质地坚硬、色彩斑斓、光泽温润、纹理细密的特点（见图14-33、图14-34）。

图 14-33　蓝田玉雕

图 14-34　蓝田玉雕

3. 南阳玉（独山玉）

南阳玉因产于河南省南阳而得名，又因矿区在南阳的独山，故又称"独山玉"。南阳玉色泽鲜艳，质地比较细腻，光泽好，硬度高，可同翡翠媲美。据河南地质工作者近几年的研究，探明南阳玉是一种蚀变斜长岩，组成矿物除斜长石外，还有黝帘石、绿帘石、透闪石等。由于玉石中含各种金属杂质电素离子，所以玉质的颜色较为多样，以绿、白、杂色为主，也见有紫、蓝、黄等色（见图14-35、图14-36）。

图 14-35　独山玉雕

图 14-36　独山玉老子像

4. 岫岩玉

岫岩玉，简称"岫玉"，因产自辽宁省岫岩县而得名。这种玉石的主要品种表面看来同新疆的青玉或碧玉有些相似，但组成的矿物和硬度则不同。组成岫玉的主要矿物是蛇纹石。岫玉的颜色有白、黄、淡黄、褐绿及其他杂色。其中常以绿色调为主，颜色介于青玉和碧玉之间。岫玉玉质同翡翠和软玉极易区分，主要是光泽（带油脂光泽）和硬度不同（见图14-37、图14-38）。

图 14-37　岫岩玉雕

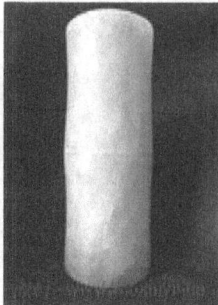

图 14-38　岫岩笔筒

第四节　丝绸织品

　　丝绸是中国古老文化的象征，中国古老的丝绸业为中华民族文化织绣了光辉的篇章，对促进世界人类文明的发展作出了不可磨灭的贡献。中国丝绸以其卓越的品质、精美的花色和丰富的文化内涵闻名于世。

　　几千年前，当丝绸沿着古丝绸之路传向欧洲，它所带去的，不仅仅是一件件华美的服饰、饰品，更是东方古老灿烂的文明，丝绸从那时起，几乎就成为东方文明的传播者和象征。目前已知的最早丝织物，是出土于距今约 4 700 年的良渚文化遗址。那么何谓丝绸呢？人们通过养蚕，当蚕结茧准备羽化成虫时，将蚕茧放入沸水中煮，并及时抽丝，抽丝后编制取得的天然蛋白质纤维，再经过精心编制而成的纺织品。

一、丝绸的起源和发展

　　专家根据现有的考古发现，证明中国的丝织技术最晚应该出现在 5 500 年之前的新石器时期中期，那时便开始养蚕、取丝、织绸了，中国人工养蚕则最早可以追溯到公元前 3 世纪。传说中西陵氏之女，黄帝的元妃嫘祖是中国第一个种桑养蚕的人。据《通鉴纲目外记》载，嫘祖"始教民育蚕，治丝茧以供衣服，而天下无皴瘃之患，后世祀为先蚕"。

　　到了商代，丝绸生产已经初具规模，具有较高的工艺水平，有了复杂的织机和织造手艺。周朝的时候中国已经设立了专门的蚕桑管理机构。到了西汉时期，张骞出使西域，开通通往中东和欧洲的通道，即著名的"丝绸之路"。中华民族的祖先不但发明了丝绸，而且对其加以研究利用，使其在服饰上、经济上、艺术上及文化上均散发出灿烂光芒，进而使丝绸衣披天下（见图 14-39、图 14-40）。被称为"三大名锦"的古代四川蜀锦、苏州宋锦、南京云锦是丝织品中的优秀代表，至今在世界上仍享有很高声誉。因此，丝绸在某种意义上说，代表了中国悠久灿烂的文化。

　　随着战国、秦、汉时代经济大发展，丝绸生产达到了一个高峰。几乎所有的地方都能生产丝绸，丝绸的花色品种也丰富起来，主要分为绢、绮、锦三大类。锦的出现是中国丝绸史上的一个重要的里程碑，它把蚕丝的优秀性能和美术结合起来，丝绸不仅是高贵的衣料，而且是艺术品，大大提高了丝绸产品的文化内涵和历史价值，影响深远。到了秦汉时期，丝绸的贸易和输出达到空前繁荣的地步。三国、两晋、南北朝经历了长期战乱，隋代，中国蚕桑丝绸业的重心已经转移到了长江流域。

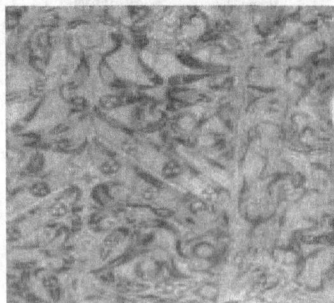

图 14-39　蟠龙飞凤纹绣浅黄绢面衾　　　　图 14-40　丝绸服装

　　唐朝是丝绸生产的鼎盛时期，无论产量、质量还是品种都达到了前所未有的水平。宋元时期，中国丝绸有过短暂的辉煌。不但丝绸的花色品种有明显的增加，而且出现了宋锦、丝和饰金织物三种有特色的新品种。

　　明清两代，由于资本主义的萌芽与发展，丝绸的生产与贸易也发生了较大的变化：丝绸生产的商品化趋势日渐明显，丝绸的海外贸易发展迅速。但是，清朝的封建制度对生产力的阻碍也十分突出，中国丝绸业在苛捐杂税和洋绸倾销的双重打击下，陷入了十分可悲的境地。

　　中华人民共和国成立后，丝绸业进入了一个新的历史时期。经过多年的努力，中国又争得了在世界丝绸市场上的主导地位，丝绸业成为国家的创汇支柱产业。目前，我国丝绸产品已行销全世界 100 多个国家和地区。我国古老的丝绸在改革开放的新形势下，正焕发出新的青春，走向灿烂的未来。

二、丝绸的分类和工艺

1. 锦

　　锦，原指仿刺绣类丝织物，一般是指经纬丝先染后织，三色以上，以经面缎、斜为地、纬起花的提花熟织物（即色织绸）。"锦"字的原意为"像金银一样华丽高贵的织物"。

　　锦的生产工艺要求高，织造难度大，所以它是古代最贵重的织物。"绵，金也，作之用功重，其价如金。"古人把锦看成和黄金等价。这种织物有经起花和纬起花两种，也叫经锦和纬锦。锦外观瑰丽、花纹高雅、花型立体生动。我国早在春秋以前就已织锦，《诗经》、《左传》中保存了相关记载。湖南战国墓葬出土的深棕地红黄菱纹锦和朱条暗花对龙对凤锦，工艺较为复杂。锦的品种按产地有蜀锦、荆锦，按年代分汉锦、宋锦，从花型看则有云锦，为著名品种。在我国锦的发展历史上，成都蜀锦、南京云锦、苏州宋锦、广西壮锦为"中国四大名锦"。

　　（1）蜀锦。蜀锦是中国四川生产的彩锦，已有 2 000 年的历史，是汉至三国时蜀郡（今四川成都一带）所产特色锦的通称。其以经向彩条和彩条添花为特色。蜀锦兴起于汉代，早期以多重经丝起花（经锦）为主，唐代以后品种日趋丰富，图案大多是团花、龟甲、格子、莲花等。清代以后，蜀锦受江南织锦影响，又产生了月华锦、雨丝锦、浣花锦等品种，其中尤以色晕彩条的雨丝、月华最具特色。蜀锦是成都历史悠久的传统丝织品，全系真丝织品，质地柔软、色泽艳丽、品种多样、牢固耐用，富有鲜明的民族色彩和地方色彩（见图 14-41、图 14-42）。

图 14-41　蜀锦熊猫

图 14-42　蜀锦牡丹鲤鱼

（2）云锦。南京云锦是至善至臻的民族传统工艺美术珍品之一。由于用料考究，织工精细，图案色彩典雅富丽，宛如天上彩云般瑰丽，故称"云锦"。吴村梅曾作诗来赞美云锦："江南好，机杼夺天工，孔雀妆花云锦烂，冰蚕吐凤雾绡空，新样小团龙。"南京云锦是南京传统的提花丝织工艺品，是南京工艺"三宝"之首。南京云锦配色多达18 种，运用"色晕"层层推出主花，富丽典雅、质地坚实、花纹浑厚优美、色彩浓艳庄重，其大量使用金线，形成金碧辉煌的独特风格（见图 14-43、图 14-44）。现代只有南京生产，常称为"南京云锦"，至今已有 1 580 年历史。它与苏州缂丝并誉为"二大名锦"。

图 14-43　南京云锦龙袍（局部）

图 14-44　南京云锦富贵牡丹

（3）宋锦。宋锦起源于宋代，发源地在中国的苏州，故又称之为"苏州宋锦"。宋锦历史悠久，可追溯至隋唐，它是在隋唐的织锦基础上发展起来的。宋锦属于织锦类工艺品，工艺复杂、品种繁多，主要分匣锦、大锦及小锦三类。大锦是宋锦中具有代表意义的一种，它的质地厚重、图案精美，多使用金银线编织，作品美观大气，适合于制作各类书画装饰品。小锦质地柔软而坚固，一般使用天然蚕丝制作而成。用小锦来制作服饰，高贵典雅、尽显身份，在近代非常盛行。匣锦则更多地用于制作一些仿古的作品，如仿古的屏风、名人的书画等，高档场合还常以匣锦的点缀来突出古典的氛围等。

宋锦的实用性非常强，它质地柔软坚固、图案精美绝伦、耐磨且可以反复洗涤，适用面非常广泛。宋锦织造工艺独特，经丝有两重，分为面经和底经，故又称"重锦"。宋锦图案精美、色彩典雅、平整挺括、古色古香（见图 14-45、图 14-46）。

图 14-45　宋锦服饰

图 14-46　苏州宋锦

（4）壮锦。壮锦是广西壮族自治区传统的著名丝织物，产生于宋代。在宋代，壮族称为僮族，故壮锦又称"僮锦"。这种利用棉线或丝线编织而成的精美工艺品，图案生动，结构严谨，色彩斑斓，充满热烈、开朗的民族格调，体现了壮族人民对美好生活的追求与向往。壮锦是以棉纱股线或麻纱股线为经、桑蚕丝为纬的色织提花织物，也有人采用染色桑蚕丝为经、染色有光人造丝或金（银）皮作纬织造。壮锦采用两组经线和四组纬线在缎纹组织地纹上提织各色纬花，形成对称花纹，或用多种彩纬线挑出花纹。传统的花纹图案有花、鸟、鱼、虫、兽以及"万"字、"双喜"等文字图案，色彩以红、绿、黑、黄为主，一般多以红色为背景（见图 14-47）。壮锦品种繁多，按服装和服饰用途，可分为花边绸、腰带绸、头巾、被面、台布、锦屏等。

图 14-47　广西壮锦

2．刺绣

刺绣是针线在织物上绣制的各种装饰图案的总称，即用针将丝线或其他纤维、纱线以一定图案和色彩在绣料上穿刺，以缝迹构成花纹的装饰织物。它是用针和线把人的设计和制作添加在任何存在的织物上的一种艺术。刺绣是中国民间传统手工艺之一，在中国至少有两三千年历史。中国刺绣主要有苏绣、湘绣、粤绣和蜀绣四类。刺绣的技法有错针绣、乱针绣、挑花等，刺绣的用途主要包括生活和艺术装饰，如服装、床上用品、舞台、艺术品装饰。

（1）苏绣。苏绣已有 2 600 多年的历史，在宋代已具相当规模：在苏州就有绣衣坊、绣花弄、绣线巷等生产集中的坊巷。明清时，苏绣形成自己的风格且达到盛期，当时的皇室绣品，多出自苏绣艺人之手；民间刺绣更是丰富多彩。苏州刺绣，素以精细、雅洁著称，其图案秀丽、色泽文静、针法灵活、绣工细致、形象传神，技巧特点可概括为"平、光、齐、匀、和、顺、细、密"8 个字。针法有几十种，常用的有齐针、抢针等。双面绣《金鱼》（见图 14-48）、《猫》（见图 14-49）是苏绣的代表作。《金鱼》曾在 1984 年第 56 届"波兹南国际博览会"上获金质奖。清末时，沈寿首创"仿真绣"，饮誉中外，是一位杰出的苏绣艺术家。其代表作有《万年青图》、《三马图》等。

图 14-48　苏绣《金鱼》

图 14-49　苏绣《猫》

（2）湘绣。湘绣是以湖南长沙为中心的刺绣品的总称，是在湖南民间刺绣的基础上，吸取了苏绣和粤绣的优点而发展起来的。清光绪二十四年（1898 年），优秀绣工胡莲仙的儿子吴汉臣，在长沙开设第一家自绣自销的"吴彩霞绣坊"，作品精良，流传各地，湘绣从而闻名全国。湘绣的特点是用丝绒线（无拈绒线）绣花，劈丝细致，绣件绒面花型具有真实感。其常以中国画为蓝本，色彩丰富鲜艳，十分强调颜色的阴阳浓淡，形态生动逼真，风格豪放，曾有"绣花能生香，绣鸟能听声，绣虎能奔跑，绣人能传神"的美誉。湘绣以特殊的鬅毛针绣出的狮、虎等动物，毛丝有力、威武雄健（见图 14-50）。1982 年，在全国工艺美术品百花奖评比中，湘绣荣获金杯奖。

图 14-50　湘绣《虎》

（3）粤绣。粤绣亦称"广绣"，泛指广东近两三个世纪的刺绣品。粤绣历史悠久，相传最初创始于少数民族，与黎族所制织锦同出一源。清代粤绣得到了更大发展。国内收藏以故宫藏品最多而有代表性。其构图繁而不乱，色彩富丽夺目，针步均匀，针法多变，纹理分明，善留水路。粤绣品类繁多，欣赏品主要有条幅、挂屏、台屏等；实用品有被面、枕套、床楣等。粤绣一般多作写生花鸟，富于装饰味，常以凤凰、牡丹、松鹤等为题材，混合组成画面（见图 14-51）。妇女衣袖、裙面，则多作满地折枝花，铺绒极薄，平贴绸面。其配色选用反差强烈的色线，常用红绿相间，炫人眼目，宜于渲染欢乐热闹气氛（见图 14-52）。1982 年，粤绣《晨曦》、《百鸟朝凤》（见图 14-53）等作品，荣获全国工艺美术品百花奖金杯奖。

图 14-51　粤绣《三羊开泰》　　　图 14-52　粤绣《八仙图》　　　图 14-53　粤绣《百鸟朝凤》

（4）蜀绣。蜀绣又名"川绣"，是以四川成都为中心的刺绣品的总称，历史悠久。据晋代常璩《华阳国志》载，当时蜀中刺绣已很闻名，同蜀锦齐名，都被誉为"蜀中之宝"。清代道光时期，蜀绣已形成专业生产，成都市内发展有很多绣花铺，既绣又卖。蜀绣以软缎和彩丝为主要原料。题材内容有山水人物、花鸟虫鱼等。针法经初步整理，有套针、晕针、编织针等 100 多种。品种有被面、绣衣、鞋面等日用品和台屏、挂屏等欣赏品。蜀绣以绣制龙凤软缎被面和传统产品《芙蓉鲤鱼》（见图 14-54）最为著名。蜀绣的特点是形象生动，色彩鲜艳，富有立体感，短针细密，针脚平齐，片线光亮，变化丰富，具有浓厚的地方特色（见图 14-55）。1982 年，蜀绣荣获全国工艺美术品百花奖银杯奖。

图 14-54　蜀绣《芙蓉鲤鱼》　　　　图 14-55　蜀绣《熊猫》

第五节　其他工艺文化

一、文房四宝

文房四宝，是中国独有的文书工具，即笔、墨、纸、砚。文房四宝之名，起源于南北朝时期，因为中国古代文人要经常使用毛笔、墨、宣纸、砚台，它们是文人书房中必备的四件宝贝（见图 14-56）。自宋朝以来"文房四宝"指湖笔（产自浙江省湖州）、徽墨（产自安徽省徽州）、宣纸（产自安徽省宣州）、端砚（产自广东省肇庆，古称"端州"），它们不仅具有实用价值，也是融绘画、书法、雕刻、装饰等为一体的艺术品。2007 年，中国科学院科技史所、中国文房四宝协会，向联合国教科文组织申报文房四宝为世界级"非物质文化遗产"。

文房四宝历来有不少美称。唐韩愈在《毛颖传》中称笔为"毛颖"，称纸为"楮褚"，称墨为"绛人"，称砚为"陶泓"。宋苏易简《文房四谱》说："管城侯毛元锐，笔也；

即墨侯石虚中，砚也；好時侯楮知白，纸也；松滋侯易玄光，墨也。"南宋到明清，制笔中心由安徽宣城移至浙江吴兴（元代属湖州路），"湖笔"逐渐取代了"宣笔"，有"湖笔甲天下"之说（见图14-57）。徽墨（见图14-58）以胡开文所制最为有名，"落纸如漆，色泽黑润，经久不褪，纸笔不胶，香味浓郁，丰肌腻理"；墨面还雕以山水人物，墨锭施以五彩，形态各异，函以锦匣，档次较高。宋时称端砚、歙砚、洮砚、红丝石砚为"四大名砚"，后因红丝石来源匮乏而用澄泥砚替代。四大名砚以端砚最为可观。端砚产于广东端州（今肇庆市），唐已著名，素称"群砚之首"（见图14-59）。另外，品质较好的砚还有山东的鲁砚，河南的盘谷砚，江西的罗纹砚等。

图 14-56 文房四宝全家照

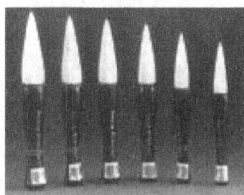

图 14-57 湖笔

图 14-58 徽墨

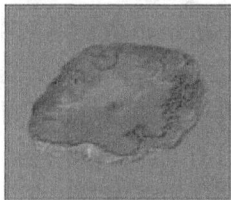

图 14-59 端砚

二、民间工艺

1. 捏塑

捏塑有泥塑、瓯塑和面塑三种。

（1）泥塑。泥塑也称"彩塑"，是我国一种古老常见的民间艺术（见图 14-60）。它以泥土为原料，以手工捏制成形，或素或彩，以人物、动物为主。其选材方便、造价低廉，起源很早，流传很广。著名的泥塑有陕西彩泥偶、无锡惠山泥塑等，其中影响最大的是天津泥塑及"泥人张"彩塑（见图14-61）。

图 14-60 泥菩萨

图 14-61 泥人张彩塑

（2）瓯塑。瓯塑俗称"彩色油泥塑"，又称"彩色浮雕"，是浙江温州（旧称东瓯）独有的传统工艺品，有1 000多年历史（见图14-62）。

它是用桐油和泥碾细合成为原料，运用堆塑技艺制成，用于装饰寺院、庙宇门壁和民间嫁妆品，如梳妆盒以及家具漆器等。瓯塑源于汉代，宋代达到相当高的水平。它由中国漆器艺术中的堆漆工艺发展演化而成，色彩丰富、技法繁多、题材广泛、规格不限，广泛应用于建筑浮雕、壁画、装饰图案及艺术挂件。

"瓯塑"与"黄杨木雕"、"东阳木雕"、"青田石雕"并称浙江"三雕一塑"。

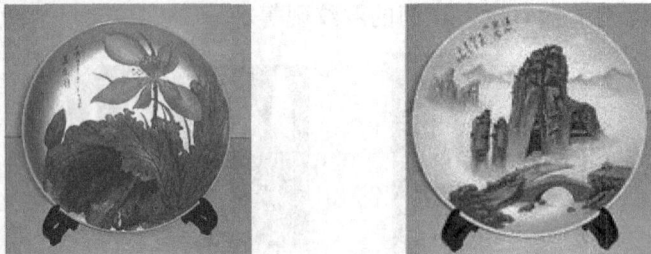

图 14-62　瓯塑

（3）面塑。面塑俗称"捏粉"、"捏面人"，是用面粉、糯米粉等原料，加上石蜡、蜂蜜和色料，做成品黄、品红、品蓝等各种色面，再经防裂、防霉变处理，然后全手工塑造而成的传统手工艺品。面塑源远流长，源于民间的面食艺术，吸收了泥塑的技艺手法。其在汉代已出现，现存最早的面塑是新疆吐鲁番出土的唐代面塑俑。此外，藏族的捏塑工艺"酥油花"，带有鲜明的藏族高原特色。山东面塑起源于菏泽，至今已有300多年的历史。旧社会的面塑艺人"只为谋生故，含泪走四方"，他们的作品被视为一种小玩意儿，是不能登上大雅之堂的。如今，面塑艺术作为珍贵的非物质文化遗产受到重视，"小玩意儿"也走入了艺术殿堂。

捏面艺人根据所需随手取材，在手中几经捏、搓、揉、掀，用小竹刀灵巧地点、切、刻、划，塑成身、手、头面，披上发饰和衣裳，顷刻之间，栩栩如生的艺术形象便脱手而成。婀娜多姿、衣裙飘逸的美女、天真烂漫的儿童以及各种神话故事、戏剧、历史人物置于精致的玻璃框内，就成为人们喜爱的工艺美术品（见图14-63、图14-64）。

图 14-63　面塑《演奏》　　图 14-64　面塑《相思》

2. 剪纸

剪纸，又叫"刻纸"、"窗花"或"剪画"。区别在于创作时，有的用剪子，有的用刻刀，虽然工具有别，但创作出来的艺术作品基本相同，人们统称为"剪纸"（见图14-65）。剪纸是一种镂空艺术，其在视觉上给人以透空的感觉和艺术享受。其载体可以是纸张、金银箔、树皮、树叶、布、皮、革等片状材料。

剪纸艺术流传极广，历史悠久。其发端于汉代，到南北朝时，剪纸艺术已达较高的水平。新疆曾出土1 500余年前的剪纸作品。唐代剪纸成风；宋代称剪纸为"剃剪纸"，水平更高，并将其作为装点及观赏品，出现了专业剪纸艺人。有窗花、墙花、灯花、喜花（贴顶棚）、门签、花样剪纸等不同品种。

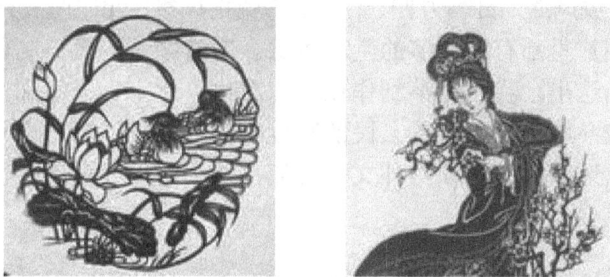

图14-65　剪纸

3. 灯彩

民间又叫"花灯"（见图14-66），我国民间灯彩早已驰名世界。灯彩多于传统节日、婚寿吉庆之时悬挂，以烘托喜庆气氛。相传，汉代"元宵不禁夜"，宫廷、民间张灯结彩，以示万民同乐，以后相沿成习。唐诗曰："紫禁烟花一万重，鳌山宫阙隐晴空。玉皇高拱云霄上，人物嬉游陆海中。"至宋代，汴梁、临安上元灯节，延续五夜，"四十里灯光不绝"，《东京梦华录》记载了当年灯会盛况。朱元璋建都南京，曾于元宵节在秦淮河上燃放水灯万支；迁都北京后，元宵辟专区悬灯，增设灯市。清代灯节也"竞出新意，年异而岁不同"。

灯彩从种类上分，有宫灯、纱灯、吊灯等；从造型上分，有人物、山水、花鸟、龙凤、鱼虫等；除此之外，还有专供人们赏玩的走马灯。灯彩的外观有圆形、正方形、圆柱形、多角形等不同形状。中国的灯彩综合了绘画、剪纸、纸扎、刺缝等工艺，利用各个地区出产的竹、木、藤、麦秆等材料制作而成。在中国古代制作的灯彩中，以宫灯和纱灯最为著名。宫灯制作以北京最为著名。用麻纱或葛麻织物作灯面的纱灯、浙江硖石针刺花灯、广东走马灯都是我国传统灯彩中的精品，声名远播。

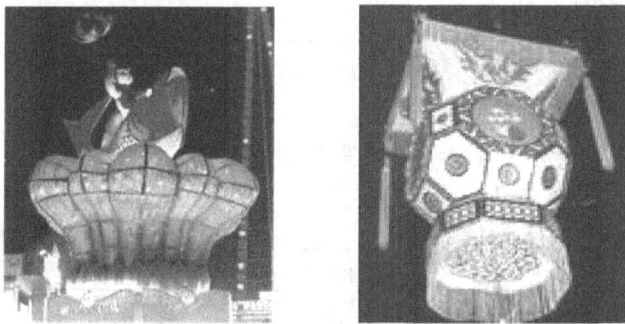

图14-66　灯彩

4. 风筝

风筝有"纸鸢"、"纸鸥"、"鹞子"等别称，在中国已有2 000多年的历史（见图14-67）。相传"墨子为木鸢，三年而成，飞一日而败"。中国是世界公认的风筝故乡。最早的风筝是用木或竹制成的，汉代改用纸制作风筝。到南北朝，风筝开始成为传递信息的工具。风筝原为军事所用，唐朝由于造纸业的发达，民间开始用纸来裱糊风筝。五代以后，风筝的娱乐性增强，五代时才真正称为"风筝"。北宋以后，风筝进一步由上流社会流向民间，成为大众化的玩具，放风筝成为人们喜爱的户外活动。宋人周密的《武林旧事》写道："清明时节，人们到郊外放风鸢，日暮方归。""鸢"就指风筝。北宋张择端的《清明上河图》，宋苏汉臣的《百子图》里都有放风筝的生动景象。明清之际，风筝制作相当精巧，种类也不断花样翻新，新品迭出。我国风筝制作以山东潍坊、北京、天津和江苏南京最为著名。风筝的制作工艺和产品早已受到世界人民的高度赞扬。

当今，我国的放风筝活动，在对外文化交流，加强与世界各国人民友谊，发展经济和旅游事业中发挥着重要作用。

图 14-67　风筝

练 习 题

一、填空题

1. 青瓷，因釉料中含铁，是烧制后呈青绿色的瓷器。青瓷素有"＿＿＿＿＿＿"的美誉。
2. 唐三彩是一种低温釉陶器，在色釉中加入不同的金属氧化物，经过焙烧，便形成多种色彩，但多以＿＿＿＿＿＿、＿＿＿＿＿＿、＿＿＿＿＿＿三色为主。
3. 宋代白瓷以河北曲阳的＿＿＿＿＿＿为代表。
4. 有"瓷都"美誉之称的是＿＿＿＿＿＿。
5. 螺钿的镶嵌工艺技法非常丰富，通常可分为＿＿＿＿＿＿、＿＿＿＿＿＿、＿＿＿＿＿＿三大类。
6. 红山古玉最大的特色是"＿＿＿＿＿＿"。
7. 和田玉和陕西＿＿＿＿＿＿、河南＿＿＿＿＿＿、＿＿＿＿＿＿岫岩玉并称为"中国四大名玉"。
8. 成都＿＿＿＿＿＿、南京＿＿＿＿＿＿、苏州＿＿＿＿＿＿、广西＿＿＿＿＿＿为"中国四大名锦"。
9. 文房四宝是中国独有的文书工具，即＿＿＿＿＿＿、＿＿＿＿＿＿、＿＿＿＿＿＿、＿＿＿＿＿＿。

二、选择题

1. 我国陶瓷发展史上的高峰期是（　　　）

　　A. 宋代　　　　　　　B. 元代　　　　　　　C. 明代　　　　　　　D. 汉代

2. 被誉为"真正的中国民族艺术"的是（　　　）

　　A. 福州脱胎漆器　　B. 北京漆器　　　　　C. 扬州镶嵌漆器　　D. 天水漆器

3. 具有"体如凝脂，精光内蕴，质厚温润，脉理紧密，声音洪亮"特点的是（　　　）

　　A. 南阳玉　　　　　　B. 蓝田玉　　　　　　C. 和田玉　　　　　　D. 岫岩玉

4. 形态生动逼真，风格豪放，曾有"绣花能生香，绣鸟能听声，绣虎能奔跑，绣人能传神"美誉的是（　　　）

　　A. 蜀绣　　　　　　　B. 粤绣　　　　　　　C. 苏绣　　　　　　　D. 湘绣

5. 素称"群砚之首"的是（　　　）

　　A. 广东的端砚　　　B. 山东的鲁砚　　　　C. 河南的盘谷砚　　D. 江西的罗纹砚

三、思考题

1. 我国传统陶瓷工艺主要有哪些类型？各有怎样的艺术特色？

2. 我国的玉器有哪些类型？各有怎样的特点？

3. 我国丝绸有哪些著名产地？特点怎样？

4. 我国漆器的工艺特色有哪些？有什么成就？

5. 青瓷和白瓷各有什么特点？

6. 漆器是如何产生的？是怎样发展的？

7. 刺绣分为哪几类？代表作有哪些？

8. 简述民间工艺的分类及特点。

9. 简述中国四大名砚及产地。

参 考 文 献

[1] 白金贵. 中国传统文化概论[M]. 郑州：郑州大学出版社，2003.

[2] 袁晓国. 中国历史文化[M]. 北京：高等教育出版社，2006.

[3] 张岱年，方克立. 中国文化概论[M]. 北京：北京师范大学出版社，1994.

[4] 冯友兰. 中国哲学简史[M]. 北京：新世界出版社，2004.

[5] 任继愈. 中国哲学发展史[M]. 北京：人民出版社，1983.

[6] 李宗桂. 中国文化概论[M]. 广州：中山大学出版社，1988.

[7] 冯天瑜. 中国文化史[M]. 上海：上海人民出版社，1990.

[8] 徐行言. 中西文化比较[M]. 北京：北京大学出版社，2004.

[9] 毛荣生. 中国传统文化概论[M]. 上海：上海财经大学出版社，1998.

[10] 何晓明. 中国文化概论[M]. 北京：首都经济贸易大学出版社，2007.

[11] 陈江风. 中国文化概论[M]. 南京：南京大学出版社，2005.

[12] 甄尽忠. 中国旅游文化[M]. 郑州：郑州大学出版社，2004.

[13] 宋采义. 中国旅游文化[M]. 开封：河南大学出版社，1999.

[14] 喻学才. 中国旅游文化传统[M]. 南京：东南大学出版社，1995.

[15] 王明煊. 中国旅游文化[M]. 杭州：浙江大学出版社，1998.

[16] 高立成. 中国旅游文化[M]. 上海：复旦大学出版社，1992.

[17] 沈从文. 中国古代服饰研究[M]. 北京：商务印书馆，1981.

[18] 周锡保. 中国古代服饰史[M]. 北京：中国戏剧出版社，1984.

[19] 周汛，高春明. 中国历代妇女妆饰[M]. 上海：上海学林出版社，1997.

[20] 黄能馥，陈娟娟. 中华服饰艺术源流[M]. 北京：高等教育出版社，1994.

[21] 江冰. 中华服饰文化[M]. 太原：山西人民出版社，1991.

[22] 戴争. 中国古代服饰简史[M]. 北京：轻工业出版社，1988.

[23] 华梅. 中国服装史[M]. 北京：人民美术出版社，1991.

[24] 赵超. 华夏衣冠五千年[M]. 北京：中华书局，1993.

[25] 梁思成. 中国建筑史[M]. 天津：百花文艺出版社，1998.

[26] 梁思成. 图像中国建筑史[M]. 天津：百花文艺出版社，2001.

[27] 赵擎寰，郭玉兰. 中国古代建筑艺术[M]. 北京：北京科学技术出版社，2005.

[28] 王世英，朱德明. 中国古代建筑文化[M]. 北京：旅游教育出版，2005.

[29] 楼庆西. 中国古建筑二十讲[M]. 上海：三联书店，2004.

[30] 楼庆西. 中国传统建筑文化[M]. 北京：中国旅游出版社，2008.

[31] 王其钧. 中国传统建筑屋顶[M]. 北京：中国电力出版社，2009.

[32] 林乃燊. 中国饮食文化[M]. 上海：上海人民出版社，1989.

[33] 黎虎. 汉唐饮食文化[M]. 北京：北京师范大学出版社，1998.

[34] 王子辉. 隋唐五代烹饪史纲[M]. 西安：陕西科学技术出版社，1991.

[35] 陈伟明. 唐宋饮食文化初探[M]. 北京：中国商业出版社，1993.

[36] 林永匡，王熹．清代饮食文化研究[M]．哈尔滨：黑龙江教育出版社，1990．

[37] 王学泰．华夏饮食文华[M]．北京：中华书局，1993．

[38] 王仁湘．饮食考古初集[M]．北京：中国商业出版社，1994．

[39] 邱国珍．中国传统食俗[M]．南宁：广西民族出版社，2002．

[40] 杜莉，姚辉．中国饮食文化[M]．北京：旅游教育出版社，2005．

[41] 吴澎．中国饮食文化[M]．北京：化学工业出版社，2009．

[42] 万建中．饮食与中国文化[M]．南昌：江西高校出版社，1995．

[43] 赵荣光．中国饮食史论[M]．哈尔滨：黑龙江科学技术出版社，1990．

[44] 姚伟钧．茶与中国文化[J]．华中师范大学学报，1995（1）．

[45] 曾庆钧．中国茶道简论[J]．东南文化，1992（2）．

[46] 张德水．殷商酒文化初论[J]．中原文物，1994（3）．

[47] 李元．酒与殷商文化[J]．学术月刊，1994（5）．

[48] 萧家成．论中华酒文化及其民族性[J]．民族研究，1992（5）．

[49] 周维权．中国古典园林史[M]．北京：清华大学出版社，2008．

[50] 王其钧．图说中国古典园林史[M]．北京：水利水电出版社，2007．

[51] 李敏．中国古典园林 30 讲[M]．北京：中国建筑工业出版社，2009．

[52] 蓝先琳．中国古典园林大观[M]．天津：天津大学出版社，2003．

[53] 余树勋．中国古典园林艺术的奥秘[M]．北京：中国建筑工业出版社，2008．

[54] 黄震宇，唐鸣镝，潘晓岚．中国古代建筑与园林[M]．北京：旅游教育出版社，2008．

[55] 黄震宇，唐鸣镝．古建园林赏析[M]．北京：旅游教育出版社，2006．